跟进·分享·改变

——山东行政学院 TFT 项目成果汇编

山东行政学院国际交流部 编

山东大学出版社

图书在版编目(CIP)数据

跟进·分享·改变:山东行政学院TFT项目成果汇编/山东行政学院国际交流部编.—济南:山东大学出版社,2016.6
ISBN 978-7-5607-5553-3

Ⅰ.①跟… Ⅱ.①山… Ⅲ.①教育培训—成果—汇编—中国 Ⅳ.①G52

中国版本图书馆CIP数据核字(2016)第122503号

策划编辑:张晓林
责任编辑:郑琳琳 王文珺
封面设计:张 荔

出版发行:山东大学出版社
社 址 山东省济南市山大南路20号
邮 编 250100
电 话 市场部(0531)88364466
经 销:山东省新华书店
印 刷:山东和平商务有限公司
规 格:720毫米×1000 毫米 1/16
13.75印张 223千字
版 次:2016年6月第1版
印 次:2016年6月第1次印刷
定 价:38.00元

全体学员在思腾集团教学楼前合影

思腾集团教务长致欢迎辞

思腾集团非执行董事会主席为培训团团长颁发结业证书

结业合影

序

开放、创新与积累

山东行政学院是山东省国家公务员和国有企业管理人员教育培训的主渠道。近年来，学院弘扬“求真、务实、开放、创新”的办学精神，坚持开门办学、开放办院，以此拓展工作创新的外延，打造特色精品品牌，从而激发内动力，增强影响力。2014 年 8 月，学院与欧洲知名培训机构荷兰思腾国际教育培训集团建立了国际战略合作伙伴关系，达成了关于“培训师的培训”项目的合作意向，签署了合作协议。2015 年上半年，山东行政学院选派 14 名骨干教师赴荷兰思腾总部接受培训。老师们回国后，学院组织召开了汇报会，将这次赴境外培训的成果整理、吸收、放大，通过这个过程，使开放、创新与积累的工作理念更进一步落地生根。

开放办学是行政学院的突出特色

打造一流学院，需要“走出去”，不做井中之蛙。这两年，我们积极搭建了教学科研咨询平台，中国政法大学教学实践基地、复旦大学教学实践基地、省应急管理培训基地、省政法系统干部教育培训基地、省管企业经营管理人员教育培训基地、省外专局出国(境)预培训基地等。我们主动服务，与 40 多家省直部门、大企业签署了战略合作协议，开展教学、科研、咨询等方面的实质性合作；与大众报业集团、鲁信发展研究院联手打造了社会化、公益性的高端文化品牌“泰山大家讲堂”；加强国际合作，与德国汉斯通经济文化交流中心、澳大利亚创业集团等签订了合作意向书，承担了中欧十国应急管理教育项目培训班、韩国公务员研修班等涉外培训班次。此次与思腾集团合作“专业培训师的培训”项目，更是为进一步扩大开放办学的广度与深度，迈出了坚实的一步。

不断创新是打造核心竞争力的灵魂所在

一流的学院必然要有一流的师资，教师或者说培训师是打造行政学院核心竞争力的主力军。目前，学院的一线培训师资大多从学历教育师资转型而来，他们的专业背景、研究领域、研究专长与公务员培训的主业之间存在差异，教学经验丰富而培训技能相对不足。这些年，行政学院“马车店”式的培训正在消失，一些班次表现出了比较高的水平，一些培训项目和课程正向品牌化、精品化靠拢，这些都得益于广大教师已有的教学水平和饱满的工作热情。然而由于历史的原因，大家在作为专业培训师的软技能方面还存在一定的局限性。不日新者必日退。欲要日新，需先“拿来”，不可闭门造车，只有博采众长，才能充满生机活力。思腾集团这次为学院量身定制的“专业培训师的培训”，不仅要提升教师们的基本培训能力，而且还要让教师们学会如何设计培训、开展培训、享受培训，完成从一名“教师”向一名“培训师”的转化。任何科学的理论、先进的方法，必须本土化、本地化才能够真正发挥作用。“言必称希腊”是不能成功的，正所谓“学而不化，非学也”。这些老师把在国外学到的东西，与自身经年教学之积累及山东干部教育培训的特点与实际相融合，必然能擦出智慧的火花。

积累沉淀是形成行政学院文化的必经之途

文化是根，是一种遵循，是一种传承。行政学院的文化应当有独特、鲜明的风格，它反映、恪守着大家共同的信念和追求，是群体意识的集中体现，既要有高度，也要细化；既要有宏观，也要有微观。行政学院的文化应当包括学院精神、办院宗旨、教学理念、学院风气等内容。有了文化，才有了底蕴；有了底蕴，才会有传承和彰显，才意味着发展。外树一面旗帜，内炼一支优秀的队伍，最终靠的是文化。古人云：“合抱之木，生于毫末；九层之台，起于累土。”收获与分享也是一种文化。譬如，我们研究山东、服务山东，结合教学培训实际，组织编写了《教学案例》《决策咨询报告》《大讲堂》三本书；为留史存献，组织编撰了《年鉴》《大事记》等，都是要把需要弘扬的、好的、真实实在的东西沉淀下来，一点一滴、积少成多，构建体系，形成文化。

由国际交流部组织编写的《跟进·分享·改变——山东行政学院 TFT 项目成果汇编》一书，有对培训理念的反思与碰撞，有对培训方案的设计与重塑，有对团队合作的评估与推介，还有对课堂节奏的探析与感悟。这原本就是“开放—创新—积累”的结晶。

是为序。

高玉清

2015 年 11 月

目 录

2015年山东行政学院与荷兰思腾国际教育培训集团合作TFT（专业培训师的培训）项目介绍

山东行政学院国际交流部　刘　隽

培训楼走廊与楼梯

培训教室

一、荷兰思腾国际教育培训集团简介

荷兰思腾国际教育培训集团由杨·思腾于 1980 年创立，为荷兰最大的教育培训机构，总部位于荷兰东部海尔德兰省的扎尔特博默尔。该公司是欧洲软实力培训、团队绩效培训和领导力发展培训方面的领导者，其全球培训网络拥有超过 700 名富有经验的培训师、教练和顾问，在中国、德国、比利时、瑞士、波兰、俄罗斯、美国等都设立了分支机构。该公司是壳牌石油、荷兰银行、TNT 快递、阿迪达斯、飞利浦集团等世界 500 强企业的指定培训机构，曾于 2011 年获得中国国家外专局颁发的“国际人才交流服务境外机构资格证书”，是获得国家外专局认证的境外培训机构。

思腾集团是专注于培训与组织发展的机构，以帮助组织成功提升其员工的愉悦感与工作效率为己任，可以为组织内部各个职级的员工进行培训。思腾集团开展的培训更倾向于“引导”，即引导参训人员发掘自己的潜力，并将这种潜力转化为个人能力，而不仅仅局限于知识的传授。

二、山东行政学院与思腾集团的合作

2014 年 8 月，学院党委书记高玉清一行 5 人赴荷兰、德国考察国际培训项目。经友好交流协商，高玉清书记代表山东行政学院与荷兰思腾集团总裁马塞尔先生签署了《关于"专业培训师的培训"项目合作意向书》和《出国（境）及国（境）内培训合作意向书》，双方在协议书中约定：

(1)在山东行政学院挂"荷兰思腾国际战略合作伙伴"标牌；

(2)将"专业培训师的培训"和"培训教练师"项目引进到山东。思腾集团专门为山东量身定制"专业培训师的培训"和"培训教练师"项目。2015年上半年，山东行政学院选派12名教师到荷兰参加培训师培训。

在协议签署之后，由学院领导牵头，国际项目部负责向外专局、外办等有关部门上报有关项目材料，推进项目实施。2015年3月，思腾集团中国区负责人张禾青来学院访问，与高书记对本次培训的细节问题进行了深入交流。2015年5月21日，张禾青先生为培训团组全体成员进行行前培训。2015年5月31日至6月13日，TFT培训项目在思腾集团荷兰总部如期举行。

三、思腾集团"培训师的培训"项目简介[①]

思腾集团的培训旨在通过挖掘培训对象的才能，以他们的优势为基础提出内在激励，并把行为模式与他们的核心价值观相结合，帮助培训对象切实地提高自身能力和他们的业务水平。

思腾集团提供的专业培训中，将更多地关注如何提升以实践为导向的技能。这些技能包括如何建立培训模型、如何制订培训计划、如何在培训中帮助其他人等。

(一)"专业培训师的培训"项目的培训对象

想成为沟通技巧方面的专家、专业的催化师或组织学习与发展的人力资源专家的人都可以参加本培训。即使是已经从事培训项目的研发与实施等相关工作的从业者，例如心理治疗师、研究者或是教师，如果期望在今后成为一名专业培训师，同样可以参加本培训。

(二)参加"专业培训师的培训"的必要条件

参加培训的培训师应当具有学士或是硕士学位，且应当具有心理学、人力资源管理领域三年以上的从业经历或团队工作与团队研究的经历。如果培训师同时满足上述所有条件，还将获得成为培训助理的机会。"专业培训师的培训"课程全程使用英文授课，具备一定的英语听说以及理解能力也是必要条件之一。

① 本部分内容为由刘隽翻译的自思腾集团发来的文稿。

（三）在“专业培训师的培训”项目中能学习到什么

培训是一项职业。作为一名培训师，应该学会掌控和影响团队活动中个体的行为。在培训中，培训师要运用一定的沟通技巧，对团队表现出同情心，运用创造力处理接受培训的团队中所出现的各种情况，包括各种突发情况。当培训师完成“专业培训师的培训”项目时，他能够学习到在个体发展领域作为一名认证培训师开展培训所需要的一切知识与技能。这些技能为：

(1)作为一名专业培训师，在培训对象的学习进程中提供足够的支持，包括个人与团队；

(2)以更科学的方法和更广泛的干预技巧在行为发展领域开展工作与研究；

(3)系统地设计学习进程，针对不同的培训情境，根据接受培训的组织的具体需求调整学习进程；

(4)熟悉主要的课程设计方法、教学原理以及评估学习进程的方法。

除上述技能之外，我们会通过个人态度反思、培训技巧的练习和以个人风格展开培训等方式关注参训人员的个人发展。

（四）培训中使用的学习方法

大量的、多样化的学习方法与实践活动是思腾集团所提供的培训项目的突出特点。我们在培训中会将简短的理论介绍与大量的练习(体验式培训)结合在一起，边学边练。“专业培训师的培训”将学习的重点放在让参训人员随时将学习到的理论运用到每天的练习中。除此之外，如果参训的培训师想进行在线学习或是学习网络课程，思腾集团也会提供一定的支持。

1. 制订个人目标

在培训一开始，每位参训人员将单独与培训师进行交流，设定自己的目标，这个目标包括个人的生活目标、工作目标以及为这次培训设定的目标。在这次交流中，参训人员将与他的培训师就一些共同的期待和原则达成一致，建立相互信任。在这次交流中，培训师也将对于参训人员所欠缺的知识以及实践经验进行简单评估，并有针对性地在培训计划中加入一定内容以强化这些方面。

2. 关于培训课程

整个培训项目包括六个模块，每个模块的培训需要两天时间。一般来说，在同一班次接受培训的人数是 20 人，配备两名培训师。培训大纲将会尽量符合受训者的需求。当然,培训大纲的制订兼顾互动性与多样性,培训内容包括理论知识、频繁密集的练习、角色扮演以及讨论。在培训中,参训人员可以自由地提出关于培训的任何问题,并结合参训人员的工作实际来进行练习、实践。

3. 互相审视与个人辅导

在培训课程中,参训人员将至少有五次机会与伙伴一起讨论其在培训师领域的个人发展。最后也将对参训人员所记录的互相辅导的过程的情况进行考核,并将结果计入总成绩。

4. 在练习中学习与合作学习

在练习中学习、在实践中学习将贯穿整个培训过程。参训人员将获得个性化的数字化学习环境,可使用在线资源进行在线评估,并可浏览大量的培训资源的网页。参训人员也可以随时调整其所在的互动小组,并有机会作为一名真正的辅助培训者进行演示。在一个培训模块与下一个培训模块之间,将有四周的间隔。

5. 后续支持

为了确保达到最佳培训效果,在培训结束之后不断进行知识更新是非常重要的。思腾集团可以为学员提供以下支持:

(1)为顺利完成课程并取得认证的学员举行同学聚会提供便利;

(2)为接受过培训的培训师提供后续培训、组织研讨会和交流会;

(3)允许已结业的学员继续使用在培训时使用的个人网络平台;

(4)为学员提供在线指导(特别是在学员遇到棘手的问题时);

(5)在完成培训后,继续为学员提供与培训师交流的机会。

6. 考核与认证

在顺利完成所有课程并通过考核之后,学员将获得正式培训师的培训结业证书。作为一名获得认证的培训师,参训人员有资格成为思腾集团培训师队伍中的一员,并自由选择适合自己的岗位。

四、"专业培训师的培训"项目前期调查问卷及反馈情况汇总

(一)"专业培训师的培训"项目前期调查问卷

在"专业培训师的培训"项目前期,我院参训人员填写了调查问卷,如表1所示。

表1　“专业培训师的培训”项目前期调查问卷

一、培训讲师的素质与角色定位				
1. 培训与教育的区别	□熟练掌握	□熟悉	□了解	□不知道
2. 成人学习的特点	□熟练掌握	□熟悉	□了解	□不知道
3. 培训师的两个职责(教师、导师)	□熟练掌握	□熟悉	□了解	□不知道
4. 培训师的三重角色(培训课程的设计者、培训活动的组织者、培训内容的表达者)	□熟练掌握	□熟悉	□了解	□不知道
5. 培训师的八大能力(沟通能力、影响力、表达力、变通力、洞察力、控制力、激励力、学习力)	□熟练掌握	□熟悉	□了解	□不知道
6. 培训师的工作理念(给知识、给系统、给思想、给体验)	□熟练掌握	□熟悉	□了解	□不知道
7. 培训师职业化的四阶段(常态随意、常态刻意、职业态刻意、职业态随意)	□熟练掌握	□熟悉	□了解	□不知道
8. 培训师的专业形象	□熟练掌握	□熟悉	□了解	□不知道
9. 培训师的自我学习和提升意愿	□熟练掌握	□熟悉	□了解	□不知道
二、培训课程的设计与组织				
1. 培训需求分析及常用工具	□熟练掌握	□熟悉	□了解	□不知道
2. 课程的内容体系设计	□熟练掌握	□熟悉	□了解	□不知道
3. 课程开发的方法和实施步骤	□熟练掌握	□熟悉	□了解	□不知道
4. PPT制作技巧	□熟练掌握	□熟悉	□了解	□不知道
5. 优化课程的关键步骤	□熟练掌握	□熟悉	□了解	□不知道
三、培训讲师授课技巧				
1. 如何自信上台	□熟练掌握	□熟悉	□了解	□不知道
2. 如何精彩地开场	□熟练掌握	□熟悉	□了解	□不知道

续表

3. 如何完美地结束	□熟练掌握	□熟悉	□了解	□不知道
4. 专业语言表达技巧	□熟练掌握	□熟悉	□了解	□不知道
5. 专业非语言表达技巧	□熟练掌握	□熟悉	□了解	□不知道
6. 表达的六大技巧(挖掘表达内涵、夯实语言基础、提升语言质量、把握表达原则、发挥语言艺术、增强语言魅力)	□熟练掌握	□熟悉	□了解	□不知道
四、培训中的互动和控场技巧				
1. 课堂组织技巧	□熟练掌握	□熟悉	□了解	□不知道
2. 专业提问技巧	□熟练掌握	□熟悉	□了解	□不知道
3. 专业应答技巧	□熟练掌握	□熟悉	□了解	□不知道
4. 专业教学方法	□熟练掌握	□熟悉	□了解	□不知道
5. 互动教学方式和专业互动技巧	□熟练掌握	□熟悉	□了解	□不知道
6. 现场控制和掌握	□熟练掌握	□熟悉	□了解	□不知道
7. 培训设施的使用	□熟练掌握	□熟悉	□了解	□不知道
五、培训评估				
1. 培训评估与需求调查的关系	□熟练掌握	□熟悉	□了解	□不知道
2. 培训评估的流程、方法与技术	□熟练掌握	□熟悉	□了解	□不知道
3. 培训评估的四个级别(反应评估、考试评估、行为变化评估、组织变化评估)	□熟练掌握	□熟悉	□了解	□不知道
4. 培训评估的表格工具与案例研讨	□熟练掌握	□熟悉	□了解	□不知道
六、您最想从“专业培训师的培训”项目中得到哪些方面的提升?				
七、您在日常培训过程中遇到的主要问题和困惑,可举例说明				

(二)问卷反馈情况汇总

在本次调查中,教务处主要针对一线教研和培训部门下发问卷55份,最终回收有效问卷50份。

特点与需求一:教师的授课及呈现技巧状况相对较好;专业培训所需的角色定位、专业知识与技能欠缺严重。

在“培训师授课技巧”与“培训中的互动和控场技巧”选项中答复“熟

悉”选项的比重为38.23%；而在“培训师职业化四阶段”“培训需求分析及常用工具”“优化课程的关键步骤”“培训评估的流程、方法与技术”“培训评估的四个级别”“培训评估的表格工具与案例研讨”等专业培训所必需的技能与认知选项上直接选填“不知道”的比重为36.78%。

同时还需特别注意一个矛盾现象：在问卷第六项文字答复教师最希望得到提升的内容中，有70.63%的教师表达了通过本次培训，得到培训师授课技巧和培训互动和控场技巧两方面技能提升的强烈愿望，和前期38.23%选填“熟悉”层级的结构比形成了相对矛盾的现象。

原因分析：我院绝大多数教师在长期的学历教学实践中积累了丰富的教学经验和技巧，但由于前期接触少、知识层面不对接，对于即将从事的公务员成人培训出现了角色定位、培训认知和知识结构的“木桶短板”效应和现象。认知上的“不确定、无把握”导致部分教师出现了既对过往经验充满信心，又对未来培训工作不自信的显性矛盾现象。但同时，这种矛盾也正好从侧面反映出目前我院教师积极盼望通过后期培训尽快调整自身定位和原有知识结构的强烈动力和愿望。

特点与需求二：对于培训所必需的技能和认知，选择较低层级的“了解”的比重高，选择能满足培训要求的“熟练运用”选项的比重过低。

针对本次调查所涉及的31个题目选填第三层级“了解”选项的平均值为45.06%，而选填了能满足培训工作需求的“熟练运用”选项的平均值仅为2.93%。

原因分析：其一，专业培训所需的技能和素养是一套独立、科学的知识体系，有其特有的规律与特点，且有别于学历教育，只有通过系统的学习和培训才能熟练掌握并在工作中娴熟运用，达到更好的教学效果。其二，由于前期学院教师接受系统培训的历史欠账过多，即使个别老师自学了部分培训教程，但他们的培训知识体系很难完整构建，这造成了他们目前培训必需技能严重欠缺的局面。

特点与需求三：具有学历教育教学经历的教师对于授课与呈现技巧的个人自信度较高，但对专业培训的认识和定位认知度不高，专业培训技能掌握较差；高学历年轻教师和目前正在从事培训业务的专业教师对于培训所需专业技能和培训工具的知识储备、掌握相对较好，但对于授课技巧和呈现的自信度相对较低。

原因分析：高学历年轻教师和目前从事专业培训的教师的理论知识相对扎实、知识体系初步建立，但由于前期教学实践活动少，培训课程的实践经验相比来自基层的学员相对欠缺，授课时底气不足，致使他们在开展培训课程时出现“不自信、忌登台”的现象。

特点与需求四：将教师在问卷第七项“您在日常培训过程中遇到的主要问题和困惑”中反映的问题汇总，主要有如下四项：

(1)如何平衡处理好课程设计与实际需求的问题，即培训内容为“谁”准备的定位问题；

(2)如何提升学员兴趣点，提高课堂互动，调动学员积极性和主动性的问题；

(3)教学理论和实践(实际)脱节问题；

(4)培训专业知识更新周期(时间、范围)问题。

五、思腾集团为山东行政学院设计的“专业培训师的培训”方案

(一)培训意向

山东行政学院要求思腾集团为学院专门从事培训的教师(培训师)提供认证培训即“专业培训师的培训”(TFT)课程。学院一线培训师资的专业背景不尽相同，研究专长、研究领域也有所差异，但是大多都拥有多年的培训(教学)经验。由于大部分教师是从学历教育教师转型成为培训师，所以他们在培训的方式方法上还存在一定的局限性，这也是学院要求思腾集团为教师们进行培训的初衷之一。通过培训，不仅要提升教师们的基本培训能力，而且还要让教师们学会如何设计培训、开展培训。培训师享受培训过程也是很重要的，这样，他们才能使自己的课程有趣并且充满互动，并且使自己在讲授过程中更富有热情、更加自信。

(二)培训计划

TFT(专业培训师的培训)将在一个生动的学习环境中进行，以一种积极的和激励式的方式使参训培训师熟悉并适应培训实施者的角色。在培训过程中，参训培训师可以对个人的培训方式及个人对培训课程的看法进行拓展和延伸，并能够把这些内化成自己的培训的语言。

1. 培训课程的四个原则

(1)体验学习原则。将实践放在核心位置。

(2)实用性原则。我们始终将参训培训师的实际工作环境作为出发点，使参训培训师结束培训后能将培训内容直接运用于日常培训实践。

(3)社交学习(互相学习)原则。“三人行必有我师焉。”参训培训师之间的相互学习与相互启发也是非常重要的，而且这种学习与启发能使培训

达到更好的效果。

(4)基本理论原则。具备一定的知识储备也是很重要的，背景知识和知识的深化有助于更好地进行实践。

2. 专业培训师的培训——监督和评估

专业培训师的培训不仅可以让参训培训师对“职业培训师”以及“培训师”这项职业有一定了解，知道从事这个职业所应具备的知识和技巧，同时更关注于使培训师通过培训审视自己的能力、培训技能、个人愿景以及培训风格。

通过六个培训模块可以达到上述目的。基于各人不同的专业背景、从业经历以及个人才能，成为职业培训师需要一定的时间和精力。专业培训师的培训为大家提供一个方向，指明道路，而不是直接告诉大家该如何去做。专业培训师培训的目的在于授人以渔而不是授人以鱼。

在培训过程中，参训培训师也要展示自己成为一名认证培训师的能力。在培训结束时，如果参训培训师完成了规定的课程，可以获得思腾集团颁发的结业证书。

3. 培训安排

培训的重点在于基本培训技能的提升与实践以及有关培训工作模式的监管。为了保证培训过程的生动性与互动性，不同的课程中的学习内容和实践内容将有所差别。案例练习与实践将占用大部分课堂时间，如果学习内容有需要，练习的时间也会相应延长。

具体的课程将采用以下几种形式：内容介绍、教学讨论、布置任务、小组讨论、角色扮演、案例分析。

培训由个人效能和培训师基本技能、教学技巧、掌控团队学习进程、作为个体的培训师、作为设计者的培训师、作为进程监督者的培训师六个模块组成。第一个模块关注于个人效能和基本培训技能；第二个模块是在有关的方法论的框架内灵活设计培训课程；第三个模块是深入的内容，关注团队进程与团队干预。第四至第六个模块关注知识的深化与拓展，提升培训师的角色。毋庸置疑，每个模块的内容都充分考虑到参训者的知识背景。具体模块设计如下：

模块一：个人效能和培训师的基本技能

培训一开始将对培训目标、培训内容、学习方法进行简要介绍。培训目标与个人学习目标将随着培训的推进逐渐一致起来。考虑到参训培训师在将来要参加专业培训师认证考试的需要，在设计课程时还尽量贴近了专业培训师资格认证考试的要求。

将培训师个体与培训师所应具备的能力结合起来作为培训课程的出发点，第一天的培训聚焦于对培训师的个人技能的交流与反思。参训培训师分析自己的行为偏好和影响力，这些将影响团队互动与交流。在该模块的练习环节，参训培训师将进行一些当众阐述与展示，练习如何进行非防御性沟通、练习给予和接受反馈。

模块二：教学方法

培训课程的内容设计是第二模块的核心。在第二个模块里，参训培训师将要学习如何在自己的培训工作中对培训课程的内容进行调整。通过这一模块的学习，参训培训师将深入了解不同学习的类型和进程及不同的课程内容安排方式有可能产生的结果。参训培训师将练习结果导向式培训并把握培训课程的主线。最后，参训培训师将练习对学习模式进行评估。

模块三：团队活力（团队进程以及对团队进行必要的干预）

第三个模块主要研究培训师与接受他（她）培训的团队在培训的不同阶段中的关系与培训师应在何种时机给予团队必要的干预。以研究团队活力与团队掌控为目的，这个模块是对参训培训师已经具备的能力与技巧进行延伸。参训培训师将学习如何有效地利用团队的一些特点和培训中出现的一些情况并进行引导。如何在高强度的实际工作中做好培训（例如山东行政学院的培训师所面临的大班授课、教学课程安排密集等情况）也将在这一模块中得到充分的讨论与练习。

后续的模块四至模块六均以模块三为基础。参训培训师将获得更有深度的理论支持并尝试进行反思，并在全体讨论过程中阐述自己的观点与认识。

模块四：作为个体的培训师

在这个模块中，参训培训师将了解互补性行为以及对称性行为，并学会运用。参训培训师将了解专业培训师的不同发展阶段，分析自己处于哪个阶段并根据所处阶段制订个人目标。

在这一部分培训中，参训培训师将要了解到如下内容：在团队发展的哪个阶段，培训师应当在培训中起主导作用；在团队发展的哪个阶段，培训师应当扮演向导或是主持人的角色；在团队发展到哪个阶段，培训师应当交出掌控权而仅仅作为一名观察者，由团队自由掌握培训节奏。

参训培训师还将了解到作为一名专业培训师所需要具备的四大要素：

权威性、理解力、包容力和辨别力，并在培训中进行实践、加强。

模块五：作为设计者的培训师

参训培训师学习如何在不同的教学方式中进行转换，选择更加生动的教学方式。参训培训师将学习到几种比较关键的交流模式，并有效地将这些模式充实到自己实施的培训中去，帮助培训对象建立一个团队共享环境。参训培训师将学习如何有效创建培训项目并平衡项目中的张力，并学习如何坚持自己计划的教学原则以及如何在必要的时候进行适当的调整。

模块六：作为过程监管者的培训师

参训培训师将学习如何运用结果导向培训，并坚持培训课程的主线。参训培训师可以命名学习内容并将其与培训目标联系在一起。参训培训师将了解到不同的团队干预方式，并清醒地利用它们，在培训实践中学会运用它们。参训培训师将学习处理团队遇到的困难以及培训中遇到的阻力。

在培训结束之后，培训方会选择合适的时间与参训培训师进行交流、讨论，跟进整个培训进程。

建议每个学习小组的人数不超过 12 人，较小的规模能够保证每个人都能在培训中得到关注，且能更好地将所学到的有关理论知识进行练习和实践。

由荷兰思腾国际教育培训集团TFT培训方法看中西文化之思维差异

山东行政学院社会和文化教研部　张　蕾

培训师与学员互动

学员课堂演讲

文化是被一个群体共享的价值观念系统，是被人类创造的经过历史检验沉淀下来的由人和环境互动而产生的精神和物质成果的总和。1871 年英国文化人类学家泰勒在《原始文化》一书中给文化下的定义是："包括知识、信仰、艺术、法律、习俗和任何一名社会成员可获得的能力和习惯的复杂整体。"荷兰教授霍夫斯塔德对文化下了这样一个定义："所谓'文化'，是在同一个环境中的人民所具有的'共同的心理程序'。"因此，文化并非是一种个体的特征，而是具有相似社会经验和受过相同教育的很多人所共有的心理程序。当然，在不同的群体、不同的国家或地区的人们身上，这种共有的心理程序是有差异的。而之所以会存在这些差异，主要是因为人们在成长过程中接受着不同的教育、从事着不同的社会分工和工作，因而也就产生了不同的思维方式。因此，我们说"文化差异"指的是国家或民族文化总体的差异，而不是个体的差异。这种差异在对外交流和跨文化交际活动中体现得特别明显。改革开放以来，中国有很多企业到国外开拓市场，在人力、技术和市场方面与外方展开了全面的合作，有不少企业取得了不俗的业绩。但是也有一些中国企业在走向国际的过程中受到了诸多挫折，在与外方的合作中遭遇了很多困难和矛盾，甚至最后以失败告终。究其原因，与中国的一些企业对所在国的法律法规了解不够有关,同时也与其忽视学习和了解当地的社会习俗与文化状况,没有深入分析中外文化差异可能对跨文化的人际交流与沟通所造成的重大影响有很大关系。

一、中西文化差异的主要表现

自改革开放以来,中国向欧美等西方发达国家派出了大量的人员进行学习交流,也有越来越多的企业到西方国家投资办企业。在这个过程中,无论是学习者还是经商办企业的中国人,都在一定程度上遭遇过诸多困难和"水土不服"的境况。造成这种"水土不服"的情况和对外经济文化交流中的诸多困难及障碍的原因除了中外在国情、法律及市场等方面存在巨大差异以外,还有一个很重要的原因就是中西文化的巨大差异,特别是中西文化中不同的思维方式对来自完全不同的文化背景下的人们的心理和行为方面的巨大影响。傅雷先生说过:"东方人与西方人则之思想方式有基本分歧,我人重综合,重归纳,重暗示,重含蓄;西方人重分析,细微曲折,挖掘唯恐不尽,描写唯恐不周。此两种 Mentalities(心理/思想)彼此殊难融合交流。"在中国文化中,中国人喜欢站在生命的高处思考问题,往往跳出现实,更重视对生命的思考。中国人自古重视人与自然之间的关系,同时对人的精神和肉体之间的关系也有深刻的思考。中国人往往偏重抽象思维或者感性思维,而西方人偏重于逻辑思维或者理性思维,更注重于从物质世界入手,去探索和求证问题的本源。

中西文化各自具有不同的特征。中西文化差异主要表现在政治制度、法制观念、道德观念、个人与集体、经济制度、宗教信仰及思维方式等方面。中西思维差异对跨文化的人际交流有着不可忽视的深刻影响,这种影响经常会大于语言和环境对跨文化交际的影响,有时候甚至决定着跨文化交际的成败。在思维运行线路上,中国人通常表现为迂回式、曲折式、圆滑式,在西方人则表现为直线式。中国人重视圆融、舒缓、和谐的人际关系,以天人合一为追求的理想境界。中国人在行为准则上遵循上下有序、长幼有别的人伦秩序,形成了比较有序的思维定势。在中国社会中,人与人之间愿意相互依靠,注意团结。人们一般不健谈,所谓"君子敏于行而讷于言"。中国人一般不喜欢与他人对立,说话喜欢绕弯子。在向别人提要求时,一般先是陈述背景、原因、时间等因素的来龙去脉,以便引起对方理解和同情或者使对方有个思想准备,然后再提出自己的要求。即使如此,也会提得非常含蓄、婉转,给双方都留足面子。由于西方文化的分析性特点及亚里士多德的形式逻辑思维渊源，一般认为西方人的思维呈线性方式展开，在一个方向上向前运行，是一种由点到线、以线为主体的直线式思维方式。西方人强调世界的统一性、非矛盾性和排中性，认为一个命题要么是对，要么是错，没有中间的选择。他们追求个性、开放与民主，注重表达个人意见，待人诚恳、直截了当，不绕弯子，习惯直截了当、开门见山地陈述看法或观点，然后再交代事件的背景、原因、条件等，以引起听者的注意和重视。他们公私分明，按规章办事，遵循游戏规则，不徇私情，不讲究客套，言行也不受繁文缛节的约束。在交往过程中如发生意见相左、相悖甚至发生冲突时，敢于直抒胸臆，遵循事实的是非曲直，不受太多感情的驾驭，养成了直接面对和解决冲突的个性。这些与中国文化讲究中庸之道、强调和谐的理念有着很大的不同。

二、TFT培训中的“三步练习法”和“培训师与团队合作六要素”两个项目展现了典型的中西文化差异

我们在荷兰参加的培训中有这样的两个项目：“三步练习法”和“培训师与团队合作六要素”。在这两个项目的培训学习过程中，中国学员和荷兰培训师之间的交流就充分体现了中西文化差异所造成的思维和行为方式的差异。在培训的初期阶段，往往一个看起来十分简单的练习项目，荷兰培训师的理解和要求与中国学员的实际反应相差很大，有时候简直南辕北辙。通过在培训中不断地沟通、反复地练习，受训的中国学员们逐步地理解了荷兰培训师的培训意图，并在后续的培训中达成了更好的合作，从而使我们的培训取得了良好的效果。

我们的培训项目之一是“三步练习法”。这个练习指的就是Seeing（看到），Affection（影响），Feedback（反馈）三个步骤。这是一个学员之间的循环互动训练，由培训师提出一个问题（事实），如你在对方那里看到了他/她的一个什么行为，你对他/她的这个行为有什么样的感受，受训者要把这个感受当面讲出来，然后再提出建议或意见。对话的双方就以上三个步骤互相提问、感知并反馈信息。循环方式可以是A对B，B对C，C对D，以此类推（直觉反应、真实感受、直接反馈）。该练习完全在学员之间进行，培训师说明规则之后便不再参与，只是作为观察者存在。这个练习其实非常简单，但是在刚刚开始练习的时候，虽然经过了培训师的详细讲解，大家也已经明白了这位培训师的要求，但学员们的表现仍然无法让培训师满意，因而屡屡被打断练习，并被要求重来。出现这种情况的原因是中国学员在当

着对方的面阐述他所发现的问题的时候，语言表达过于委婉，总是怕伤及对方的自尊心，加上了很多解释甚至是自我批评，以此缓和可能带来的对方的反感甚至矛盾冲突。这个练习在培训师的反复纠正、示范下，学员们终于认识到培训师的要求不过是让大家发现对方（合作伙伴）的问题，直截了当地说出来，然后提出一个可行的建议。虽然这样一个练习的内容很容易，在步骤上也很简单，但是因为培训师的要求恰恰触及到了中国人对当面论及别人是非的心理禁忌，使得练习在开始的时候很难进行下去。由这个练习中荷兰培训师和中国学员产生的因为文化差异而导致的沟通障碍可以非常清楚地看出西方人的直线形的思维方式，其表达方式直截了当、不拖泥带水；而中国学员则普遍呈现出了一种螺旋形的思维方式，瞻前顾后、进一退三并且犹豫不决。中国学员们在这个练习中认识到荷兰培训师更看重人际沟通中的表达方法，倾向于坦率直接地交流和提出解决办法，并不是十分关心沟通的具体内容，这样的特点在荷兰式培训的其他练习环节中一再出现。这种培训方式对中国学员固有的培训理念、习惯和方法具有很大的挑战性和颠覆性。

TFT 培训中还有一个项目叫作“培训师与团队合作六要素”，其核心内容是注重人际合作，并且注重对个人隐私的保护。这个项目的内容是：①聚焦内容（Content Focus）；②关注过程（Process Focus）；③给予导向（Direction Giving）；④给予保护（Protection Giving）；⑤询问感觉（Ask for Feelings）；⑥给予反馈（Feedback Giving）。

与“三步练习法”只在学员之间进行的方式不同，这个练习自始至终都是由培训师和学员共同参与。在这个过程中，培训师起到了引导、保护的作用。这是一个培训师如何与团队链接的训练，即培训过程的协调保护训练。这个“保护”既是培训师对学员的保护，也是以团队方式授课的培训师们之间的保护。保护，就是培训师要关注培训过程中学员的反应，掌控培训过程的发展，如有意外情况可以随时切入并及时加以引导。在这样的课堂互动讨论过程中，有几个重要的关注点：

1. 对讨论内容的掌控

在学员相互讨论的过程中，可能会发生内容的偏移跑题，这个时候培训师要及时介入，提醒参与者尽快回到研讨主题上来。

2. 对互动过程的及时关注

培训师要始终注意观察每一位学员的反应、参与度以及遭遇到的困难、瓶颈。当发现问题的时候，培训师要单独与学员沟通交流，并帮助该学员理解和分析出现问题的原因,找到解决途径并使其尽快返回练习中去。

3.对各种不同意见的合理引导

这个练习是在三个以上的学员中进行,所以非常容易发生意见分歧,造成在某一个环节上的讨论无法达成一致并造成时间上的拖延,进而可能影响到整个练习的顺利进行。培训师的做法是通过他在现场的观察,准确发现问题所在,引导学员们通过理性的分析讨论统一认识,最后达成一致意见。

4.对在练习中受到攻击的一方加以必要“保护”,以确保互动过程中各方的平等权益

俗话说,只要有人的地方就会有矛盾。在这种多人参加的互动活动(练习)中,由于参与练习项目的学员在理解能力、参与能力、表达能力、沟通能力以及个人性格等诸多方面都存在较大的差异,在培训进行的过程中经常会出现因某一位学员的想法与团队其他多数成员不一致而受到群体攻击的情况。这个时候培训师要及时介入,保护受到攻击的弱势学员,控制好现场的气氛,让受到攻击的学员也能充分发表自己的意见。对个人隐私和弱者的保护是西方社会文化中一个很重要的组成部分,保护社会中的弱势群体也是一个国家和社会文明程度的反映。中华文化传统倾向于从整体而不是局部的视角去考虑问题,往往注重强调集体利益而忽视对个人权利的保障。强调集体利益和重视个人价值是中西方文化差异的一个明显特征。“个人主义”与“集体主义”这两种不同的价值观在进行跨文化交流时发生矛盾是在所难免的。“个人主义”指的是一种结合松散的社会组织结构,其中每个人重视自身的价值与需要,依靠个人的努力来为自己谋取利益。“集体主义”则是一种结合紧密的社会组织,其中的人往往以“在群体之内”和“在群体之外”来区分,他们期望得到“群体之内”的人员的照顾,同时也以对该群体保持绝对的忠诚作为回报。欧美国家是普遍崇尚个人主义的社会,比较强调个性自由及个人的成就,积极开展个人之间的竞争,并对个人的卓越表现进行奖励,采取的是人本主义激励政策。而地处东亚、深受儒家文化影响的中国和日本都是崇尚集体主义的社会,个人对集体和组织会有一种天然的感情依赖,比较重视上下级之间和谐的关系。在TFT培训中的“三步练习法”和“培训师与团队合作六要素”这两个练习项目的进行过程中,团队中有的学员一直不讲话,有的因发表了与多数成员不大相同的意见并且固执己见而引起争执。中国学员大多认为个人应该服从集体,因而要求坚持己见的学员“归顺”大家。荷兰培训师十分敏锐

地注意到了这些现象，对沉默的学员加以耐心引导并反复示范启发，使得沉默者勇于克服自身心理障碍并发表自己的见解。对于因坚持己见造成在团队中被孤立的学员，荷兰培训师也会及时介入引导，让大家明白每一个人都有权利保留自己的意见，同时也让大家认识到在团队的合作互动活动中保护弱势成员也是对所有成员权利的保障，只有这样才能发挥每一个人的才智和创造力，呈现多样化。此外，荷兰培训师允许团队在最后的陈述中存在不同结论的做法也使受训学员们深受启发，因为中国人比较习惯于在一项集体活动中最后拿出一个一致的意见。荷兰培训师认为重要的不是告诉别人唯一正确的答案，而是保证每一个学员的参与并把所有的意见客观地呈现出来，以此让外界看到一个研讨项目的真实过程。

通过由简入繁、由难到易，从两个学员之间的交流到多人互动、团队合作等不同形式的练习，我们清晰地看到了荷兰培训师迥异于我们中国受训学员已经习惯多年的传统教学（培训）方式，感受到了思想观念和培训理念的巨大差异。

三、TFT 培训对我们培训工作的启发和借鉴意义

在思腾集团参训的经历对我们这些长期在国内从事教学和管理的人具有很大的冲击力，对我们习以为常的中国式思维也有很大的影响。荷兰培训师在培训过程中对每一位学员的细微观察和关注，每天上课开始时对每一位学员的问候以及他们丰富的表达能力、灵活的肢体语言、注重与学员的互动等方面都给参加培训的中国教师留下了深刻印象。这样的出国学习和培训，时间紧凑、课程丰富，使大家普遍开阔了眼界，增加了见识。荷兰培训师的教学方法对我们有很大的借鉴意义，促使我们更加注重对学员的深入了解，同时也使我们更加关注在教学过程中学员的反应和反馈，对我们今后授课方式的改进、矫正补充教学培训内容等方面都会有很大的启发作用。长期以来，中国式教育大多沿袭了过去很多年前的课堂教学方式，教师主要以“讲”为主，较少与学生（学员）互动，也较少关注课堂上学生的反应，关注点主要是在讲课内容上。中国式课堂上的教师不太注意听课者是否能够接受或者理解教师所讲的内容，因而就很难保证教学效果，更谈不上个性化教学。具体到干部培训的课堂上，我们可以借鉴荷兰培训师的很多教学方法，比如在人数较少的班次上增加与课堂内容相关联的互动环节。注重与学员的情感沟通以增加他们对教师的信任、注意观察授课过程中学员的反应并加以及时调整等。教学相长，教师更应该加强学习，并

且善于从各种不同的文化中汲取营养。无论是一个人，还是一个国家或民族，能够不断吸收外来文化的特长，不断丰富和发展自己的文化，这样的文化才能有生命力。一种文化要有持久的生命力，就要能够不断学习和提高。文化也需要不断创新，而跨文化的交流正是创新的源泉之一。今天，中国的改革开放已经深入到各个领域，中国与世界各国在文化、经济、教育和科技等领域的交流日益深入，我们的培训方法也要与时俱进。我们不仅要以现代化的理念培养干部，使他们注重学习最新的科学技术和管理手段，而且还应该为大家引入这种国际化的思维和交际方式。在不同的国家和不同的社会文化环境里，人们的生活方式、价值观念、时间观念和思维方式等诸多方面都存在很大的差异，因而在对外的经济和社会活动中发生各种文化冲突和碰撞是在所难免的。在生活节奏加快、中西文化和经济交流日益频繁的今天，我们一方面需要大力发扬中华文化的优秀传统，同时也要注意克服传统文化习俗中过于晦涩虚伪的部分，培养中国人开朗、乐观、坦率、向上的人格魅力。这将帮助我们认识和理解不同文化的差异，学习掌握跨文化交际的技巧，在对外交流合作中提高办事效率；有助于我们更好地与世界各国人民交流沟通，同时也有助于我们更好地向世界展示一个开放的、文明的泱泱大国。

现代培训理念与培训方法

——荷兰培训总结和思考

山东行政学院培训处　邱群生

学员到思腾集团 Thema 出版社参观学习

2015 年 6～7 月，山东行政学院 14 名从事教学培训的教师赴荷兰进行了为期两个周的专题业务培训，现场体验了一系列国外先进培训理念和培训方法。大家在培训中解放思想、大胆创新、相互学习、共同提高，真正收获了知识、开阔了视野、明确了思路。下面，我结合自己的感受和思考，就现代培训理念和培训方法方面的内容进行分析和总结。

一、优化思维，深刻感悟现代培训理念

（一）科学理解培训的含义

培训是一种有组织的知识传递、技能传递、标准传递、信息传递、信念传递、管理训诫行为，是给新员工或现有员工传授其完成本职工作所必需的正确思维认知、基本知识和技能的过程，是通过目标规划设定、知识和信息传递、技能熟练演练、作业交流评测、结论结果分享等现代化、信息化的流程，让员工通过一定的教育训练技术手段提升战斗力、个人能力、工作能力的综合过程。

但培训不等于教学。教学侧重于知识的传授，其内容多是同质化的。比如，小学教育、中学教育在过程设置方面几乎是一样的，教学过程是相对单一而程序化的过程，都是知识的传授与吸收，是为将来的专业深造而进行的能力储备过程。而培训的目标侧重于思维理念的转变和工作技能的提升，其内容是异质化的、有针对性的。比如现代服务业发展专题研讨班、突发事件应对专题培训班、人力资源领导干部专题的培训班等，这些培训项目在培训理念和培训内容方面存在巨大差异，因此培训过程必须根据培训班次特点和专题特点而采取与之相适应的方法：现代服务业发展专题研讨班侧重服务业发展的新思路、新举措，可以结合发达国家、先进省市的成功经验进行现场观摩和异地教学；应对突发事件专题的培训班侧重突发事件的应对和技能的训练，突出应对性和实效性；人力资源领导干部专题培训班则要侧重当前人力资源管理的政策、方针及相关问题的分析和对策，突出人力资源管理内容的研究与探讨。

培训也不等于普通教育。普通教育侧重提供基本的专业知识和层次相对较低的技能，而培训面对的是不同岗位需求的工作人员，必须有理念的更新、价值观的认同、专业技能的提高，使员工逐步达到职位要求，进而提高工作绩效。从经济学的视角来看，培训既是一种投资，也是一种产出。正如美国经济学家、诺贝尔经济学奖得主舒尔茨发现的：单纯从自然资源、实物资本和劳动力的角度，不能解释生产力提高的全部原因，作为资本和财富的转换形态，人的知识和能力是社会进步的决定性原因。但是它的取得不是无代价的，它需要通过投资才能形成，组织培训就是这种投资中重

要的一种形式。从法律的视角来看，培训既是一种义务，也是一种权利。

根据培训的内容、形式、目的可以把培训分为理念培训、心态培训、能力培训、个人技能培训等。理念培训是使组织成员在思维方式和观念上发生转变，树立与外界环境相适应的新观念和思维方式，获得从新角度看问题的能力。心态培训旨在调整个人或员工(或其他社会关系)的心态，从而为完成某项任务创造心理条件。能力培训是培训的基础，可建立个人或员工(或其他社会关系)的能力基础，包含对完成任务的理解与支持(技术、管理、协调、辅助等)。个人技能培训种类繁多，包括职业技能、资格认证、金融会计、建筑认证、计算机等级、学历学位、健康养生、文体艺术、出国培训等。

从行为方式上看，培训是一个被管理和自我管理的过程。无论什么职位的领导干部，来到学院参加培训，必须实现从领导到学员的转变，都要遵守省委组织部和学院的各项规章制度，这是一个“被管理”的过程。同时，每位学员更要强化自觉自律意识，严格要求自己，切实遵守“三严三实”要求，展现新时期公务员的良好精神风貌，这是一个“自我管理”的过程。在培训期间，大家相互关心，相互帮助，从陌生到熟悉，从熟悉到相知，从相知到朋友，人人为我，我为人人，平等相待，友好相处，在培训中加深了感情，强化了服务意识。因此，培训既是一种行为，也是一种管理，更是一种服务。

(二)现代培训是一个系统过程

现代培训除了具备培训的特征外，还突破了岗位技能培训的框框，开拓了创造智力资本的途径。智力资本实质上是人力资本最主要的组成部分，它是通过投资实现的，包括基本技能、专业技能、创造技能、领导与管理技能等。它与一般的岗位规范规定的技能相比，突出表现为学习者必须通过持续学习的环境才能逐渐获得。这种培训，与其说是“学习过程”，还不如说是一种“影响力训练过程”。培训已从特定的岗位技能、知识扩展到了自我认识、自我创新、团队共享、团队互助的新阶段。

由于现代培训从内涵的深度与外延的广度上都大大不同于传统培训，因此许多培训机构不仅仅把培训对象限制在公司内部，而且要延伸到公司外部。思腾集团就有一个超前的现代培训理念、一整套现代培训流程和培训模式，其培训机构遍布全球各地，其培训设置因地制宜，其培训内容条理连贯，其培训过程突出系统性和开放性的有机统一。现代培训是一个系统过程，它贯穿于培训的始终。现代培训既有理论支撑，也涵盖培训的始终和整个过程。

首先,现代培训作为一种全新的培训模式,是教育和成人教育发展日趋成熟的重要标志。现代培训兴起于西方发达国家,它是西方成人教育自然演进的一种工具性文明,是人类教育发展的文明成果。成人教育与现代培训具有经验学习、问题学习、参与学习等特点,遵循成人的教育规律是保证成人教育成功的重要前提。成功的成人教育与培训必须以科学合理的现代成人教育理念为指导,以多层面的需求分析为基石,定制以能力为基础的培训课程体系,注重培训环境建设和培训方法的多样化,并建立相应的评估机制以保障教育与培训的质量。21 世纪是一个知识经济、科学技术迅猛发展的世纪,是一个人力资源教育培训发达的世纪。为应对现代培训需求,我们必须借鉴国内外一系列成功的培训经验,加强培训的整体性研究,探讨培训的新理论、新思维、新视野,加大干部教育培训工作力度,进一步提高干部素质和能力。

其次,现代培训是一个主动学习的过程。从培训的理念来讲,一个人真正能学到的东西是他有所求的东西。简单的培训是一种外力,而现代培训是一种外力和内力所整合而成的合力,是一种主动积极的过程。每位员工来到一个新的部门、新的单位,面对新的岗位业务要求、新的环境,都需要一个学习适应的过程。在这种主动学习的过程中,员工应获得良好的敬业精神和有效的技能培训,而现代培训正是实现这一过程的有效举措。主动学习还体现在建立高效的学习型组织上,强调学习的重要性和针对性。学习型组织并不是铺天盖地提供很多的培训,它只是提供一种环境和文化,让员工自己以积极、主动的心态去获取更多的知识和技能,从而帮助自己更好地胜任岗位需求。

最后,现代培训是一个分层的系统过程。不同的单位在不同的时期,对于员工的业务技能需求具有差异性;不同类型的部门对员工的技能要求也是不一样的。例如服务性行业,它需要员工有很强的服务技巧、沟通技巧,对于此类行业的培训应该把主要精力放在对员工的服务意识、服务技能和沟通素养等方面;而对于服务部门的领导层而言,则要突出现代服务理论前沿、现代服务模式和取向、现代服务创新等方面的探讨和培训。不分层次的笼统的"同质化"培训与现代培训大相径庭。

(三)现代培训是一个多方位的反思过程

把培训作为一个过程是思腾集团的基本亮点,而把培训作为一个反思的过程则是思腾集团的突出特色。反思是培训过程的一个重要组成部分,也是培训师、参训学员提升培训绩效的有效手段。无论是培训师还是参训学员，都要在反思中成长，在反思中进步，在反思中提高。这种反思表现在以下几个方面：

1. 反思是培训循环圈的重要一环

思腾集团非常注重过程的设计和模型的运用。通过模型的分析运用，能够把抽象的内容具体化，把具体的内容形象化。在分析模型时，培训师要求学员充分发挥自己的专业和特长，鼓励提出新的思想、新的观点、新的建议、新的路径。比如，培训师提出了一个循环圈模型，这个循环圈由问题、理论、实践、反思四个部分组成。他会引导学员就四个部分进行交流和讨论，然后分别分四组，每组从不同的部分进行切入，相互论证培训设计的各个环节，收到了很好的效果。

通过这次培训我们意识到，以模型为依托，以问题为载体，以反思为过程都容易达成共识，并能付诸实践。培训循环圈其实是一种参与式、开放式的培训模式。通过问题、理论、实践、反思等任意一个环节切入分析，都会有不同的结果，但都能有不同的收获。思腾集团的一个重要理念是过程比结果更重要。因为得到一个结果，只是在特定条件下解决了一个问题，而明确了一个过程，则是掌握了解决问题的钥匙，这是现代培训的灵魂所在。

2. 反思是培训师提升自身素养的重要途径

培训师不能只是课堂培训任务的机械执行者，而是培训实践的执行者、组织者、协调者和反思者。培训的专业特点就其本质而言是培训师个体不断自我设计、自我追求、自我完善的过程。然而，在这一动态、曲折和漫长的过程中，培训师会受到各种内外因素的影响，原来的设计、设想、计划未必是科学合理的。因为预先的设计和规划不可避免地与实际情况有所出入，以一种事先的设计指导事中培训，无疑会存在不足。因此，通过反思来调整和补充完善培训的思路、培训的路径、培训的内容、培训的方式是现代培训的必然要求。在思腾集团的培训过程中，反思始终是每位培训师经常运用的重要手段。比如，及时反思，通过培训现场的交流、互动和补充，充分调动大家的参与积极性，及时反思原来设想中存在的不足，提出修改建议和意见；事后反思，半天或一天的培训结束后，利用休息时间或经过一个晚上的回顾酝酿，进行滞后反思，充分利用思维经过短暂滞后所带来的反思时差，具有更强的针对性。

3.反思是参训学员提高培训绩效的重要手段

反思是提高培训质量的重要手段。通过自我反思，学员可以从以往的实践中总结经验得失，寻找解决问题的方法和途径，可以最大限度地减少工作失误。特别是在知识经济社会，电子化、网络化、数字化社会，知识更新、知识折旧日益加快，反思也是一种重要的学习方式，是提高业务知识的有效手段。有效的学习和培训不只是依靠读书数量，而是要靠提高有效阅读量和提升工作技能。通过培训反思，不断开拓新思维、新举措，以创新的思维应对各方面竞争和挑战。通过不断反思，能够取他人之长补己之短，尽快提高自己的职业素养。把反思贯穿于现代培训模式之中，能够有效实现学员从“被动地听”到“主动地演”的转变，能够充分吸收所有参训学员的聪明智慧，能够最大限度地调动培训师和参训学员的积极性和主动性。

二、开拓创新，优化现代培训方法

随着科学技术的发展和互联网的普及，考虑到参训学员职业特点的差异，传统的培训方法已经不能完全满足现代培训的要求，必须探求新的现代培训方法，突出培训方法的现代性。培训方法的“现代性”主要体现在：①深入分析学员的知识结构、学科背景、岗位需求；②充分研究班次内容的设置特点、目的要求；③充分借助相关培训模型和演练工具；④有效利用现代科技手段、网络、多媒体。

思腾集团在培训方法上有许多值得借鉴和学习之处，其培训方法的主旋律是轻松、活泼、互动、参与、分享。

(一)情感融冰法

第一次上课，荷兰的培训师采取了别具一格的情感融冰法。培训师大致画出了一个地图，要求参训学员各自站在自己所出生的地市，然后指定一位学员介绍自己，并介绍自己的家乡特点，介绍完后，培训师再指定离自己较远的一位学员进行介绍，依次类推。这种破冰融冰方式让学员焕然一新，既介绍了自己，又唤起了我们对家乡的美好记忆和深深的情感，也激发了我们的民族自豪感。大家都在认真听，仔细记，近距离感受到每位学员的语调、语气、神态、举止。这是一次非常新颖有效的情感融冰培训法，对于来自不同部门和单位的学员来讲，这种新颖的方法能够使学员在最短的时间内相互认识，这些都值得我们好好借鉴和学习。

(二)管理游戏法

管理游戏法是近年新崛起的一个培训项目。思腾集团对该方法的运用有很多。这种方法就是把受训者组织起来，就一个模拟的情景进行竞争和对抗式的游戏，增强培训情境的真实性和趣味性，提高受训人员解决问题的技巧，提高他们的团队意识和职业素养，使他们在轻松中获得知识，在快乐中感受智慧，在游戏中提升能力。游戏培训的最大特点就在于将潜能训练、成功学、个人素质、团队建设等有机结合起来，融合了当今世界的心理学、神经学、管理学、行为学等多个学科的最新成果，采用了国际先进的情景化训练手段，因此培训方式独树一帜。这种方法寓内容于游戏之中，把抽象的知识形象化，而且还综合几个学科的知识，能最大限度地调动学员的积极性和参与性，使一些原本枯燥的概念变得生动易懂。学员在行为中自觉地展现自己在实际组织中或群体中所扮演的角色，并有所感悟，比单纯地讲授知识收效更大。

（三）分组讨论法

分组讨论法又叫“讨论式培训法”，它是在培训师的指导下，让参训学员积极主动地参与培训过程，激发各位学员的聪明才智，增加学员之间的协助和交流，并鼓励他们分享成果的一种现代培训方式。一般先由培训师提供问题或场景，要求学员分组，围绕问题或场景进行讨论，然后每组学员把结论写在白纸上进行展示，每个组由一位成员进行汇报讲解，其他学员聆听、点评或者反驳。这样，有问题才有分析，有分析才有对策，有对策才有收获，依次来提高学员分析问题和解决问题的能力。分组讨论法还可以培养并提高学员的思维能力、组织能力、归纳能力、语言表达能力，促使学员相互学习、相互促进、相互提高。思腾集团对该方法的运用也比较多，而且问题和场景的设置也比较合理。

（四）虚拟培训法

虚拟培训利用虚拟现实技术生成实时的、具有三维信息的人工虚拟环境。参训学员可通过运用某些设备接受和响应该环境的各种感官刺激而进入其中，根据需要通过多种交互设备来驾驭环境和用于操作的物体，从而达到提高培训对象各种技能和知识储量的目的。虚拟培训的优越性在于它的仿真性、超时空性、自主性、安全性。在培训中，学员能够自主地选择或组合虚拟培训场地及设施，而且学员可以在重复中不断增强自己的训练效果，更重要的是这种虚拟环境使他们脱离了现实环境培训中的风险，并能从这种培训中获得新鲜感、感性知识和实际经验。

（五）头脑风暴法

头脑风暴法的特点是培训对象在培训活动中相互启迪思想、激发创造性思维，它能最大限度地发挥每个参加者的创造能力，提供解决问题的更多、更佳的方案。这种方法的运用要点是只规定一个主题，保证讨论内容不宽泛。讨论时会把参加者组织在一起，所有人无拘无束地提出解决问题的建议或方案，组织者和参加者都不能评议他人的建议和方案，事后再搜集参加者的意见，交给全体参加者，然后排除重复的、明显不合理的方案，重新表达内容含糊的方案，组织全体参加者对各个可行方案逐一评价，选出最优方案。

这种培训法能够极大地开拓参训学员的思维，多方位地探寻解决问题的方法和路径，大大提高培训的质量和收益，增强学员的参与性、创造性，有利于加深学员对问题的理解，集中集体智慧，达到相互启发的目的。

（六）远程培训法

远程培训法是指在同一时间对不同地点的参训者进行培训，其最大特点是参训者和培训师在物理意义上的分开，通过网络、电话、计算机、收音机在不同群体之间进行交流，它是互联网普及之后最流行的现代培训方法。这种方法主要是借助互联网完成的，一般称为互联网远程培训。互联网远程培训是通过现代化、多元化的培训手段，运用多媒体教学的形式来传递文本、图形、声音、动画及视频信息的一种教学方式。

互联网培训有两种，第一是网络课件点播，点播课件放在服务器上，没有使用时间限制，用户根据需要可随时学习；第二是宽带视频会议，即通过租用数据专线实现网络视频直播，其特点是互动性较强，有时间限制。从承载量上来看，互联网培训受网络带宽限制较大，往往不能设置较大的视频窗口；另一方面，如果大量终端同时学习，对服务器配置的要求就很高。互联网远程培训网络使用灵活、内容丰富、教学时间没有限制，能够极大方便培训师与参训学员之间、学员与学员之间在培训结束后进行交流和探讨。比如，这次培训结束回国后，我们通过互联网，依然和培训师进行了交流，取得了良好的效果。

三、现代培训的启示和思考

（一）现代培训是一种生产力

早在20世纪六七十年代，以舒尔茨和贝克尔为代表的经济学家提出了人力资本的概念，认为人力资本是一种体现在具有劳动能力（现实或潜在）的人身上的、以劳动者的数量和质量（即知识、技能、经验、体质与健康）为表示的资本。这引起了管理上的一场革命，把人力资源作为第一资本，投资于人力资源并使之优先发展已成为大多数国家的战略共识，培训也被提高到一个新的高度，并且越来越为人们所重视。“十五”期间，根据改革开放和现代化建设的需要，党中央作出了大规模培训干部、大幅度提高干部素质的战略部署，干部教育培训事业进入新的大发展时期。

前些年，李源潮同志指出，当前我国干部培训有“两个落后于”，一是落后于干部人事制度改革，二是落后于国民教育。加大培训力度，提高培训质量，不仅可以提升工作绩效，而且还能节省大量人力资本和成本。从某种意义上说，现代培训就是生产力。对此，必须澄清认识，避免几个误区。

误区一：培训就是获得知识，培训应立竿见影

其实知识的获得相对较容易，培训不能把获取知识作为唯一目的。了解客观世界、掌握有关知识只是培训的最低层次。干部培训更应侧重于改变工作方式、创新思维、转变思想，乃至触动世界观、人生观、价值观。

误区二：培训支出太大

这种认识是把培训视为一种成本。作为成本，当然应该尽量降低，因此能省则省。然而现代人力资源开发与管理的理论与实践反复向人们指出，任何设备的功能都是有限的，但人的潜力是无限的，培训有极高的回报率，培训也是生产力。

误区三：培训可以解决所有问题

培训所传递的能量，要通过参训人员的消化吸收、反映到工作中才能起作用，这不仅需要时间，而且还离不开一个单位整体环境的积极变革，在期望目标上对培训功能与作用过于夸大，会走向另一个极端。

误区四：培训只是为了提高工作效率

除了提高工作效率和质量的培训外，还应该注意关心各种各样与工作无关，但能提高生活质量的培训。培训关注的是人整体的发展，而非片面追求工作技能和工作效率。

误区五：培训做起来一点都不费劲

培训是一个复杂的系统工程，培训工作是一项专业性很强的工作。有效的培训需要科学、精心的策划与严密的组织实施，而不是轻易就能准备好的，太随意的培训，其效果总是不能令人满意。

误区六：培训内容赶潮流

培训内容过于赶潮流，就会出现无的放矢，缺乏长期整体的考虑的情况，易使培训陷入形式主义的泥潭。因此，要改变培训对象的内心愿望、目标、抱负和标准，进而使培训对象的素质得到提高，需要有目的、有步骤和

系统地进行培训。

（二）培训师应职业化、规范化

职业化是一种工作状态的标准化、制度化，就是使员工在知识、技能、观念、思维、态度、心理等方面符合职业规范和职业标准。培训师职业化和规范化是现代培训对培训师提出的新要求，也是培训师提升个人素质、胜任工作需求的目标要求。

培训师必须具备使命感和责任感，把培训工作作为实现人生价值的舞台，把职业当成事业来看待，要心怀责任感和使命感，同时具备深厚的理论功底，有丰富的实践经验，善于把马列主义普遍真理和中国革命的具体实践相结合，做到培训过程参与性、互动性强，能够和学员产生共鸣。

培训师必须对现代培训规律有清晰的认识。培训师不是大师理论的复述者，而是实践过程的创新者，应具有独立思考能力。既能独立思考也能与现实有机结合是培训师最核心的内在品质，也是普通教育和培训师的最大区别。

培训师必须掌握现代培训技巧。培训技巧和内容同样重要。同一个内容，对不同的培训班次、不同的参训学员，培训方法和技巧有所差异。对于知识性内容，演讲是合适的，但对于大多数技能和态度类课程，引导学员参与是最好的选择。培训师就像一个游泳教练，他在岸上讲解完动作要领，会请学员下水实践，让学员自己去练习和体会，培训师再跟踪观察点评。培训师要用理论来构造体系，用经验来引起共鸣，用思考来超越感受，用案例来模拟场景，用技巧来引导参与，这样才能提升培训绩效。

（三）以现代培训模式替代传统教育模式

知识经济时代以信息和知识的大量生产和传播为主要特征。然而，与巨大的信息和知识量相比，参训者常发现自己知识贫乏，已有的知识正变得支离破碎，学习的速度太慢，要更新的知识太多，这是由于个人学习的有限性和滞后性与知识增长的无限性和快速性产生极大反差造成的。因此，必须适应时代发展和岗位需求，在观念、方法、内容等方面进行变革，积极探索新的培训模式，才能适应时代发展的需要。

1. 培训师由“知识传播者“向“知识创造者”转变

由于未来大部分的知识传播或转移将由现代电子媒体系统完成，因而教育培训者能有时间进行知识更新、培训创新。其一是将原始信息或知识进行加工、处理和包装，使之成为人们容易和乐于接受的“产品”形式；其二是在综合分析原有培训内容的基础上，提出新观点、新理论和新方法，创建新的培训体系。因此，培训师将由“知识传播者”转变为“知识创造者”。

2. 培训方式由“承袭式”向“创新式”转变

自古以来，教育培训的基本功能是传授先人的文化遗产，培养为现实服务的合格人才。传统的培训人才的方式已难以适应多变的环境，现代培训必须突出前瞻性、新颖性、针对性。其目标不仅仅是提升业务技能，还要培养现实人才及未来人才，培训方式必须大胆探索，实现由“承袭式”向“创新式”转变。

3. 培训内容由“补缺型”向“挖潜型”转变

受传统思维方式的影响，培训遵循的一直是“缺什么补什么”的原则，多着眼于参训者的“应知”“应会”及操作技能掌握、基本知识应用、解决具体问题能力等方面的“补缺”培训。但面对知识经济的挑战和日益激烈的社会环境，培训仅为“补缺”是远远不够的，应把挖掘潜力作为培训的重点，把思维变革、观念更新、潜能开发纳入培训的内容，使参训人员能够从培训中真正学会思考、学会分析、学会创新，实现个人潜能的有效激发和释放。

4. 现代培训由“注意组织发展”向“注重组织发展和个人发展相结合”转变

大多数部门对于“什么样的人”“开展什么样的培训”，都是基于单位自身发展的需要提出来的，而很少考虑参训人员自身发展的要求，因而导致很多单位的培训工作做了不少，但参训人员不积极、收效并不理想。所以，现代培训除了考虑部门发展需求外，更要重视对员工个人职业生涯的设计及情商和潜能的发挥，使培训成为员工个人事业发展的有效支撑平台，也就是实现由“注意组织发展”向“注重组织发展和个人发展相结合”的转变。

（四）培训目标、培训内容、培训评估有机统一

1. 培训目标应以应用和发展为中心

曾任美国埃克森石油公司培训高级顾问的詹姆斯·普耐德认为，培训的根本目的是提高受训者履行岗位职责的能力。衡量培训效果的标尺，不是检查学了多少，而是要看用了多少。由此可以看出，培训更强调的是其目标的针对性、运作的现实性和效果的实用性。要做好干部培训工作，首先要了解培训对象和他们的培训目标和需求。干部培训的对象是各级党政领导干部，他们有着丰富的管理工作实践和经验，习惯于自己的学习方式，对问题有独特的思考和见解，已经形成了比较稳定的世界观、人生观、价值观。有效实现培训目标，是设计、实施培训应当特别关注的问题，也是完成学员从“知道”到“相信”再到“内化”最后付诸“行动”的整个过程，必须

把应用和发展有机结合。

2. 培训内容应以解决问题和能力提升为主线

对干部的培训应事先了解学员的学习动机，使培训更有针对性，着力于解决学员的实际问题，以应用为主，激发学员的学习动机和培训的满意率，应以问题为中心而不是以学科为中心开展培训活动。所以，培训教员须具有丰富的实践经验，如果一味地从书本到书本，则如隔靴搔痒，收效甚微。在培训方法上也要加强实践性环节，以提高学员解决各种实际问题的能力。要在培训和学员的工作之间建立紧密的联系，注重双向沟通。培训内容应着力于解决某一领域的某类问题，而不是试图解决所有的问题，切忌贪“大”求“全”。以问题为主线的课程设计，主题是学员带来的工作中的真实问题。在解决问题的过程中，应随时介绍和引入相关的理论、方法、知识，这样可以真正细化学员的需求，有利于增强“对症下药”的针对性，可以使围绕问题的课程实现有机组合而非简单堆砌。可以根据学员不断反映出的问题进行适时调整，以满足学员的动态需求。

3. 培训评估应以显性效果和隐性潜能为重心

为了增强培训效果，需要对参训人员的每一个培训项目进行评估，通过评估可以反馈信息、诊断问题、改进工作。评估可作为控制培训的手段贯穿于培训的始终，使培训达到预期的目的。培训评估既要注重显性效果，如培训过程中的项目评估、培训后中参训人员的真实感受、培训后参训人员的工作绩效，也要评估隐性潜能，如参训人员的职业境界、大局意识、担当意识、生活情趣、思维能力、价值取向等。培训效果的评估可采用问卷调查、访谈、对比分析等方式。通过培训评估，可为后续培训提供参考依据，及时调整或改变培训的内容、方法、时间等，以提高培训的效果。评估也可以作为绩效考核的一个重要指标，而把培训结果作为员工绩效考核的一个指标有助于提高他们参与培训的积极性，从而提高培训绩效。

拓展培训国际化视野
提升培训专业化水平

山东行政学院国际交流部　王朝华

培训师与学员互动，请每位学员用一个词写下培训感受

经济全球化带来的国际化趋势，已经渗透到国家发展的各个层面，互联网、人工智能、新能源、新材料、生物医药等科技领域的发展，日益改变着

我们的生产和生活方式。如何适应全球化竞争的需要，培养适应国际化趋势、具有国际化战略眼光的干部，大力提高干部教育培训的国际化和专业化水平，已成为现阶段教育培训工作者需要重点研究的课题。

一、国际化趋势对提高干部素质和培训水平提出了迫切要求

国际化对干部的素质和能力提出了越来越高的要求，教育培训国际化已成为教育发展的重要趋势，受到世界各国的普遍高度重视。国际化对干部素质提出了以下要求：

(一)要具有国际化的战略眼光

干部战略眼光的培养、战略思维能力的形成在全球化时代显得尤为迫切。战略眼光、战略思维能力是指合理统筹规划，从全局着眼来观察和处理问题的眼光和能力。这要求领导干部不论在哪个岗位上，都要站在高一级的位置上去分析、观察、研究问题，始终对国际、国内出现的新情况、新问题、新矛盾具有清醒而科学的认识，对实践中的诸多纷纭繁杂的矛盾具有全面、系统的把握。因此，我们应提高战略思维能力、培养战略眼光，必须要有国际化的干部教育理念和方法。

(二)要有全面的知识结构

全球化时代，领导干部需要有较为全面的知识结构，不仅要掌握社会科学知识，而且还要具备良好的科技意识和基本的科技创新能力。现代社会是科技引领潮流的时代，科学技术不仅带动经济的快速发展，而且产业结构也随之不断调整。科学技术可以加快产品和技术的更新换代，推动社会生产和生活方式的变革，并因此导致地区和国家力量的变化。一个国家的盛衰荣辱与领导干部的科技素质有着密不可分的关系。

(三)要有较强的创新能力

国际化时代实际上是一个创新的时代，如果缺乏创新意识和创新能力，领导干部就无法适应变幻莫测的国际化环境。习近平总书记在欧美同学会成立100周年庆祝大会上讲话时指出："创新是一个民族进步的灵魂，是一个国家兴旺发达的不竭动力，也是中华民族最深沉的民族禀赋。在激烈的国际竞争中，唯创新者进，唯创新者强，唯创新者胜。"领导干部富有创新能力，才能具有良好的对新事物的适应能力、应变能力，才能善于在复杂的国际化环境中捕捉到变化的契机，从而抓住机遇、避开危险，有力地促进本单位工作的变革和更新。

（四）要有跨文化沟通的能力

国际社会是个多种族、多文化的大家庭，各国人民在各自历史的发展中，形成了自身的历史文化传统和风俗习惯。面对这个丰富多彩的世界，要坚持“和而不同”的理念，认真去研究各种文化的优点和特点，了解各族人民的思维模式和习惯。只有这样，在国际交往中，才能够达成有效的沟通，加强与各国人民的了解和信任，找到互惠互利的平衡点，为我国经济和社会发展提供良好的外部环境，为企业开拓海外市场、利用海外资源创造良好的发展空间。

（五）要熟悉国际法律体系和国际规则

在处理与国际商品贸易、服务贸易、知识产权、各种协定等有关的工作任务时，由于涉及国内外各方权利义务，无论谈判过程如何，一旦签订协议，就会受到国际法的承认和保护，如果违约，就会造成严重后果，并影响国际声誉。因而，熟悉国际法律体系，熟悉各项国际规则，在谈判阶段选择对自己最有利的规则和条款，才可以趋利避害，有力地保护自身合法权益。大陆法系国家的规则和特点是什么，英美法系国家的规则和特点是什么，领导干部们都需要学习和了解。

（六）要树立重视人才的观念

全球化竞争时代，各国都在努力吸引全球最优秀的人才，努力提高国民素质。这时候，任何坐井观天、夜郎自大的观念都是要不得的。李斯《谏逐客书》说“是以泰山不让土壤，故能成其大；河海不择细流，故能就其深；王者不却众庶，故能明其德。”“夫物不产于秦，可宝者多；士不产于秦，而愿忠者众。今逐客以资敌国，损民以益仇，内自虚而外树怨于诸侯，求国无危，不可得也。”深刻指出了任用各国人才的重要性。《高帝求贤诏》中“贤人已与我共平之矣，而不与吾共安利之，可乎？贤士大夫有肯从我游者，吾能尊显之。”体现了汉高祖谦恭的态度和宏大的人才观。今天，领导干部们更应超过古人，尊重人才、培养人才、使用人才。

二、亲身体验荷兰 TFT 培训之后的感受

理论联系实际的学习方法，是基本的学习方法。荷兰是个国土面积不大的国家，却是历史上非常有影响力的大国。马克思说股份制是人类少有的几项伟大制度发明之一，股份制即是荷兰人的发明，世界第一家股票交易所也诞生在荷兰。纽约（New York）之前被称为新阿姆斯特丹（New Amsterdam），华尔街（Wall Street）中的墙（wall），即是荷兰人为防备印第

安人和英国人袭击而修建的。这次有机会亲身到荷兰学习，时间虽然不长，切身的感触却非常深，主要感受有以下几个方面：

（一）包容性是文化的重要部分

荷兰是个移民国家，不排斥外来移民，具有非常强的包容性，这从荷兰人的姓氏中也可以反映出来。荷兰语中 Van 是英语 From 的意思，这来自于海关人员与移民的对话。海关人员问移民“你从哪里来”时，移民回答：“From...”时间久了，它就成为姓氏的一部分，译作“范”。我们居住的小镇上，市民们见了我们都非常友好地打招呼，如同多时不见的朋友。

（二）对培训人数的严格控制

培训的人数也是管理标准化的一部分。按照西方培训的理念，培训人数对培训效果影响很大。荷兰建议的培训人数为 8～12 人，他们认为培训人员如果太多，互动性就变差，就不是培训了，而人数少会让学员表现出好奇心。这与我们的培训少则五六十人、多则一两百人形成鲜明对比。

荷兰的犹太人很多。犹太人是喜欢学习而且擅长学习的民族，他们的经典《塔木德》(*Talmud*)中曾记载：“犹太小孩第一次上课，要穿上最好的衣服，由拉比或有学问的人带到教室。在那里，他会得到一块干净的石板，石板上有用蜂蜜写就的希伯来字母和简单的《圣经》文句。孩子一边诵读字母的名称，一边舔掉石板上的蜂蜜，随后，还会请他吃蜂蜜、苹果和核桃。此举的目的是告诉孩子，知识是甜美的。一个教师所教的学生不得超过 25 名，如果一个班的学生多于这个数，就得聘请助教。好学生要和差学生坐到一起，借以带动差学生。要奖励学生的成就，而不去惩罚他们的失误。”可见，犹太教严格限制授课人数，且是一种宗教约束。

（三）注重培训细节的设计

为达到好的培训效果，应注重培训细节：总裁、培训师、翻译、班主任组成“团队”，大家分工配合，各司其职，在正确的时间出现在正确的地方；参与培训的所有培训师在培训班开班时都要到场，提前与学员熟悉；培训师第一次上课时必须提前到教室门口，与每一位学员握手并问候寒暄；培训教室精心布置，桌椅摆放、投影、白板、桌子上的茶杯和糖、绿色植物各得其所，创造出一种放松的学习环境；培训空间设置合理，走廊和合适的角落里应布置为茶歇时间、咖啡时间布置的桌椅等，便于学员休息时的交流。

（四）课程设置模块化的特征明显

培训的课程应划分为不同的模块，根据培训的时间长度和培训的目的再组合。每个模块的内容与其他内容相互联系，同时又有较强的独立性。

以此次在思腾集团培训开始前的“CONTACT & CONTRACT 接触和协议”为例：

How can we make these days a success?

[如何确保这些天(培训)成功?]

1. Confidentiality(保密)

2. Don't be afraid to make mistakes! (不要害怕犯错误!)

3. Personal responsibility for your own learning(自己对自己负责)

4. Articulate wishes and set boundaries(清晰表达愿望和设定界限)

5. Learning by doing(通过行动学习)

6. Open and active learning attitude(开放而积极的学习态度)

7. Small steps(循序渐进)

8. Permission to train you? (你允许被培训吗?)

9. Heart & hard(用心和努力)

10. Fun! (有趣!)

这仅仅是课程前的一部分内容，目的是让学员放下顾虑，全身心投入培训中，也已经表现出了非常明显的模块化特征。

(五)培训的程序化倾向性强

在荷兰的培训非常重视培训计划的过程控制，一旦拟定了培训计划，就会严格按照程序进行。以结业考核的进程为例，该进程有两个表，“日程表”和“步骤表”。

Schedule(日程表)

10:25～10:55

10:55～11:25

Break(课间休息)

11:35～12:05

12:05～12:35

Lunch(午餐)

13:35～14:05

14:05～14:35

在分组的基础上，每组每人有 30 分钟的答辩时间。“日程表”严格确定了每个人的时间。

Procedure(步骤)

—15 Minutes Practicum(15 分钟实训考核)

—15 Minutes ARE 15 Minutes!（15 分钟就是 15 分钟!）

—Halfway:3 Tips(中途:3 个建议)

—Afterwards:10 Minutes Feedback(之后:10 分钟反馈)

—5 Minutes Prep. Time(5 分钟准备时间)

(接下来的一位)

每人的答辩都要严格按照上述“步骤”进行。

(六)注重培训学员的参与和演练

上课的过程很不轻松。老师的授课一般从游戏或小活动开始,之后给出模型。授课中,经常需要每一位学员谈自己的感受和认识。然后最重要的就是要大家练习了。一般分成 3 人的小组,分角色轮流演练,之后小组依次在班级演示。老师会控制整体节奏并适时点评。每天这样 8 个小时下来,大家必须不断思考和练习,加上中午时间短、没法休息,下课时,都有如释重负的感觉。

三、TFT 项目所涉及的培训管理理论

(一)专业化(Specialization)

1776 年,“古典经济学之父”亚当·斯密在其代表作《国富论》中指出,劳动分工将会促进经济发展,因为分工具有三个明显的优点:①可以发展生产者的技能;②可以节约由于工作变化而损失的时间;③有利于从事专项作业的劳动者改良工具和发明机械。从此以后,工作被不断细分给越来越专业化的工作者,生产率提升了。

专业化指一个普通的职业群体在一定时期内,逐渐符合专业标准、成为专门职业并获得相应专业地位的过程。按照现代广泛运用的利伯曼(M. Liberman)的解释,所谓“专业”,应当满足以下基本条件:①范围明确,垄断地从事于社会不可缺少的工作;②运用高度理智性的技术;③需要长期的专业教育;④从事者无论个人、集体,均具有广泛的自律性;⑤在专业的自律性范围内,直接负有作出判断、采取行为的责任;⑥非营利,以服务为动机;⑦形成了综合性的自治组织;⑧拥有应用方式具体化了的伦理纲领。利伯曼认为,“专业化”指标应该包括“理智性技术”(专门化的知识体系)、“自治组织”(专业标准委员会)、“垄断地从事社会不可缺少的工作”(不可替代性)、“长期的专业训练”。

(二)标准化(Standardization)

标准化是指在经济、技术、科学和管理等社会实践中,对重复性的事物

和概念，通过制定、发布和实施标准达到统一，以获得最佳秩序和社会效益。

标准化的基本原理有统一原理、简化原理、协调原理和最优化原理。统一原理是为了保证事物发展所必需的秩序和效率，对事物的形成、功能或其他特性，确定适合于一定时期和一定条件的一致规范。简化原理是为了经济有效地满足需要，对标准化对象的结构、形式、规格或其他性能进行筛选提炼，剔除其中多余的、低效能的、可替换的环节，精炼并确定出满足全面需要所必要的高效能的环节，保持整体构成精简合理，功能效率最高。协调原理是为了使标准的整体功能达到最佳，并产生实际效果，通过有效的方式协调好系统内外相关因素之间的关系。

（三）团队（Team）

团队（Team）就是由两个或者两个以上相互作用、相互依赖的个体，为了特定目标而按照一定规则结合在一起的组织。

团队有五个构成要素：①目标（Purpose）。团队应该有一个既定的目标为团队成员导航，使成员知道要向何处去，没有目标这个团队就没有存在的价值。②人（People）。两个以上的人就可以构成团队。③定位（Place）。团队在组织中处于的位置以及作为成员在团队中扮演的角色。④权限（Power）。团队当中领导人的权力大小跟团队的发展阶段相关。一般来说，团队越成熟，领导者所拥有的权力相应越小，在团队发展的初期阶段，领导权相对比较集中。⑤计划（Plan）。

组织结构团队化是指组织结构从层级制垂直结构转向以“团队”为中心的过程化组织模式。团队化是让组织成员打破原有的部门界限，绕过原来中间管理层次，直接面对服务对象和组织总体目标，以群体和协作的优势，赢得组织的高效率。

（四）程序化管理（Programmed Management）

程序化管理可以定义为对于按照工作内在逻辑关系而确定的一系列相互关联的活动所实施的管理方式。通常，程序化管理要说明进行某种活动或完成某项工作的内容、操作方法及其相应的规则系统和前后衔接递进关系，甚至也可以包括运营结果的前反馈机制。管理者一般把反复出现的业务编制成具有相对确定性的程序，执行人员只要按照编好的程序去做，就能得到较好的效果。程序化管理存在于一切活动中，科学地制定程序，有助于提高效率。

程序化管理的运作需要一定的环境条件及运行规范，具体包括：①前提条件。要求各级管理者既充分信任其下属的能力又尊重上级的权威，上级不能随意干预下级职权范围内的事情，下属也不可越权行事。从制度的角度严格规范各级管理者的行为，制定岗位工作职责和相关的管理制度，明确责任权限。②程序化管理运行图。在明确各级各类管理者职责任务及其隶属关系的基础之上，按照“权力线”的内在逻辑关系绘制程序化管理运行图。③程序化管理运行图的运作说明。

（五）模块化（Modular，Modularity 或 Modularization）

模块是可组合成系统的、具有某种确定功能和接口结构的、典型的通用独立单元。这些组成单元虽然在结构上相互独立，但却通过系统联结共同发挥作用。而整体系统则为模块提供了一个协同框架，既保证单元结构的独立性，又保证系统功能的整体性。模块化内部高度专业化自治，外部协调成本低廉。

“组织模块化”是运用模块化规则进行组织结构设计，即在制定统一的系统规则和界面控制要求的前提下，将整体性的组织系统拆分为若干相互独立的组织模块并赋予它们充分自治权，使其能根据环境变化动态地调整组织流程和能力，通过统一的组织间界面规则参与外部系统的市场价值创造活动。

（六）互动式教学（Interactive Teaching 或 Interactive Learning）

互动式教学，就是通过营造多边互动的教学环境，在教学双方平等交流探讨的过程中，达到不同观点碰撞交融，进而激发教学双方的主动性和探索性，提高教学效果的一种教学方式。

互动式教学是综合运用众多理论的产物，比如马斯洛的需要动机理论以及群体动力学（groupdynamics）、建构主义理论、符号互动理论等。其中建构主义理论认为反思是学习的关键成分，认知冲突或疑问是学习的激励因素，并决定着学习的性质和组织。

传统的课堂授课是教师讲、学员听，教师是真理的代言人和权威的化身，学员则被动记忆和复制教师讲授的知识。互动式教学是一种自由、平等、民主、开放式的教学，要让学员真正成为课堂的主人、学习的主人。学员的主体地位在课堂上得到体现，是互动式教学的内在要求，更是学员能力发展的需要。双向互动是否能够形成，根本上取决于教师和学员的主动性、创造性以及教师教学观念的转变。

四、对当前加强干部教育培训的思考

对荷兰的培训，我的感受还是非常深的。结合当前干部培训的阶段性需要，以下尝试从国际化和专业化两个方面提出改进干部教育培训的建议。

（一）加强国际交流与合作，拓展国际化视野

1.积极开展跨文化研究

文化是文明的载体。不同的文化代表着、决定着不同国家独特的价值观和行为方式。国际化过程中，为实现有效的沟通，需要了解不同的文化。儒家文化、佛教文化、基督教文化、伊斯兰教文化、犹太教文化、印度教文化等，都有着共同的文明基因，相互间又存在着很大的不同。积极开展跨文化的研究，对理解各国的政治、经济、文化、教育等有着不可替代的作用。

2.努力加强国际交流与合作

国际交流与合作是促使干部教育国际化的催化剂。如果有条件的话，可以加强国际学术交流和教师之间的国际交流，有计划地选派优秀的干部和教师到国外高等学府进修、访问、讲学、参加国际学术研讨会或开展跨国合作研究、召开干部教育国际研讨会、开展校际之间的合作交流等。这样可以使教师学习到国外最新知识，转变教学观念，改善教学方法，提高知识修养、国际视野，从而提高教师队伍的整体素质。

3.积极尝试，扎实推进合作办学

合作办学是一种能较快促进学校、地区甚至国家干部的教育国际化的合作形式。合作办学能更快地了解、实践国际上比较通行的办学模式、专业设置、师资培养、质量保证措施等方面的经验和教训，有利于开阔学员的视野，还可以紧密结合国家的实际情况和需要。合作办学可以帮助学员初步树立全球观念，培养学员的国际交往能力，使他们掌握先进知识，培养综合素质。

4.积极借鉴和构建适应国际化的课程体系和专业模式

国际上在课程结构和专业设置方面已有成熟的经验，值得借鉴。在干部培训中，可以挑选国际上先进的公务员培训教材，在干部进修班的教学内容中及时补充国外最先进的科学文化知识和科技成果，在公共基础课和文化素质修养课中开设国际教育方面的课程，如国际政治、国际经济、国际贸易、国际文化以及介绍外国历史、地理、风俗等方面的课程。

5.努力将国际交流与合作纳入制度化轨道

国际交流与合作投入大、见效慢、或者干脆感觉不到效益，有可能在看不到明显回报的情况下被慢慢忽视。因而，有关部门需要加强制度化建设，持之以恒，在组织架构、财务制度、考核制度等各方面给予有效保证，确保国际交流与合作顺利开展，逐渐培养出具有国际战略眼光、较强创新能力且知识结构全面、科技意识强烈的干部。

(二)加强顶层设计，提高培训专业化水平

为提高培训水平，应提高培训专业化水平，如图1所示。

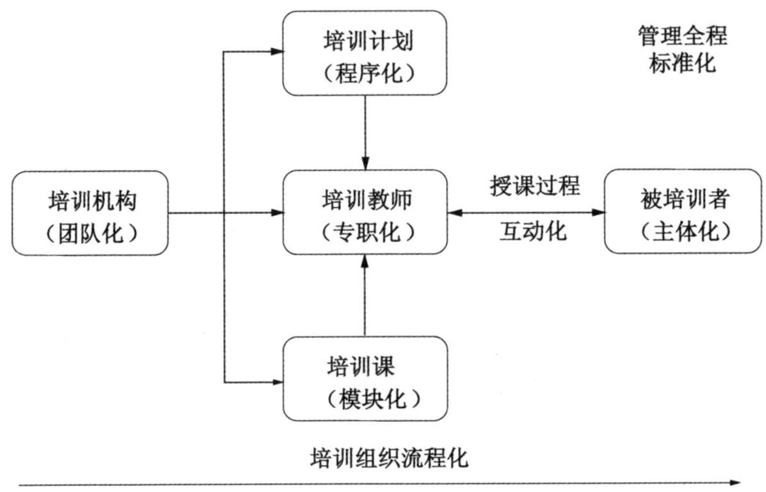

图1　培训专业化示意图

1.培训机构团队化

机构理论认为，组织结构决定组织的功能，功能是结构的表现。只有组织的结构合理，组织的功能才能得到最大的发挥。从组织结构看，由于历史和体制的原因，现阶段干部培训的机构采用以行政权力为主导的科层化组织结构，高校管理模式机关化的特征突出。现代培训强调团队化的管理，更强调在分工基础上的协调与合作。针对具体的培训项目时，培训机构可以临时组成培训团队，更好地完成培训项目。

2.培训组织流程化

整个培训的组织实施过程中，流程化的特点是非常明显的。按照流程管理的要求，应从建立培训团队、需求调研、培训设计、培训实施、培训反馈等各个环节，仔细进行流程分析、流程定义、资源分配、时间安排、流程质量与效率测评、流程优化等工作，以顺利高效完成培训项目。

3.培训计划程序化

程序化管理存在于一切活动中。科学地制定程序，有助于提高效率。培训计划是按照一定的逻辑顺序排列的记录，是反复出现的业务，具有相对确定性，因而可以采用程序化管理的方法，在全面、客观的培训需求分析基础上，做出对培训时间、培训地点、培训者、培训对象、培训方式和培训内容等的预先系统设定。培训计划程序化后，在实施过程中，要严格按照程序执行。

4.课程设置模块化

干部培训的大部分课程内容自成体系，具有相对的固定性。运用模块化理念，可以将培训课程科学划分为小的单元模块。这些组成单元虽然在结构上相互独立，但却通过系统联结共同发挥作用。而整体系统则为模块提供了一个协同框架，既保证单元结构的独立性，又保证系统功能的整体性。在具体的培训项目中，模块化使得知识的搜索、识别、应用和重组得到简化，根据具体的培训目的，可以随意组合，从而大大提高培训的针对性。

5.培训教师专职化

培训教师专职化可以体现分工的效率。培训是专业化非常强的工作，培训教师需要长时间的专业训练和工作经验，才能逐渐符合专业标准、掌握专门职业并获得相应专业地位，成为“专业”人士。干部培训需要大量专注于培训的优秀培训教师，专职化的教师在经过长期的学习和锻炼后，才可以胜任培训干部的需要。

6.参训学员主体化

在干部培训中突出学员的主体地位，符合成人学习方式与现代培训理念，也是马克思主义认识论、科学发展观在培训工作中的体现。突出学员的主体地位，应当体现在培训项目实施的全方位、全过程中，要加强需求调研、创新培训方式、提升服务水平、健全管理制度，推动学员行为改变与成果转化，同时克服学员个人中心主义和学习功利主义。

7.授课过程互动化

学员在培训中不应是被动的接受者，而是课堂的主角、学习的主角。培训教师要改变“教师讲、学员听”的填鸭式授课方式，把学生看作一个发展的、能动的主体，创造一种自由、平等、民主、开放式的教学，通过双向互动，充分发挥教师和学员双方的主动性、创造性，实现教学相长。

8. 管理全程标准化

管理全过程的标准化是提高培训效率、固化培训成果的需要。对培训中重复出现的概念和现象，通过制订、发布和实施标准达到统一，可以获得最佳秩序和培训效果。标准化的过程也不是一次性的，而是一个不断循环、不断提高、不断发展的运动过程。每一个循环完成后，标准化的水平和效益就提高一步。

当今全球的竞争，归根结底是人才的竞争。在努力吸引全球优秀人才的同时，加大对现有人才的培训和培养，也会取得低投入、高产出的良好效果。干部队伍中，聚集了大批高学历、高水平的人才。加强对干部的教育培训，充分发挥大家的聪明才智，将会有力地促进经济的发展、社会的进步。

培训的方案设计、培训师选择与学员管理

山东行政学院培训处　杜江先

学员扮演培训师

公务员培训，理念与方法非常重要，管理过程与服务质量也很关键。它能够起到润滑剂的作用，将学员们更好地联系在一起，使他们更加放松、更加活跃、更加积极，使培训理念与方法的运用效果放大。因此，本文将从培训管理的角度，从方案的设计、培训师的选聘及学员的管理方面谈谈这次荷兰之行的感受与体会。

一、方案设计要合理

一个培训班成功与否，与培训班的方案设计是否合理、科学直接相关。方案设计包括培训目的、培训对象、培训日程安排、培训课程设计、培训师资聘请、培训方法运用等内容，而课程设计又是方案设计的重点。培训课程是整个培训活动的细目，是制订教学计划的基础。

如何让培训课程既有理论性又有实践性，既能满足学员的需求又能实现课堂教学良好效果，对于培训管理者来说是一个重大的挑战。因此，要设计好培训方案，应该做好以下几个方面的工作：

（一）做好培训需求分析

准备进行培训课程开发之初，必须对受培对象进行有针对性的需求调研。要关注培训者所在培训单位的需求即组织需求、培训者的岗位需求和培训者个人的需求，要尽可能地将组织需求、岗位需求和个人需求结合起来。因此，培训前要了解需要培训的单位的情况，如果是一个单位派出的人员（像这次学院派出的荷兰培训团）组成的培训团组，更要详细地了解该单位的基本情况、组织结构、职能性质、在本行业本系统中的优势和劣势以及单位对本次培训的要求、欲通过培训达到什么目的等。这样，有利于使培训机构、培训项目适合单位的需要，使培训达到的单位的期望值。另外，在设计培训课程时，一定要注意学员关注什么，知道学员需要什么，真正实现“学员需要什么就培训什么、学员缺少什么就培训什么”的培训理念。因为很多时候，对于某一单位要求的培训，培训机构在设计和开发一门课程时，往往将重心放在如何向学员传达组织的要求，较少关注学员学习的兴趣点，导致学员学完课程回去后，基本不记得学过的内容，甚至有些学员基本不知道老师在讲什么。这样就会造成一种今天灌输这种观念，明天灌输那样的观念的情况，容易造成学员“思维短路”，不知道究竟要怎么做。这时候，课程的设计与开发者应该努力找出组织培训目标和学员的学习目标的平衡点，使学员个人的学习行为（学习目标）与组织的培训行为（培训目标）保持高度一致。这次我们到荷兰培训，在培训前思腾集团就早已设计了问卷，对全院教职工的培训需求进行了调研，并针对我们参加培训的14位学员的情况专门进行了了解和分析，有针对性地设计了相关课程。整个课程既照顾到了参加培训的教师的情况，也考虑到参加培训的培训管理者的情况，使每一位参训者都有很大的启发与收获，使培训超出了预期的目的。

（二）做好课程设计

这次到思腾集团的培训，只安排了两个培训师授课，但整个培训课程按照从易到难、从个体到团体的模式安排，整个课程设计思路清晰，模块安排合理，学员接受起来容易。这对我们的启发是：

1. 要有良好的价值取向作为指导思想

思腾集团特别强调价值观引领学习，特别强调“拓展学习成长”的培训理念，认为价值观是宏伟目标的基石，能帮助学员加快学习进程，实现学习成长。他们对培训师的培训，其价值观就是要提供基于行为层面的训练，在培训中致力于帮助学员去突破自己，使学员尝试新的行为，体验其效果并获得新的成功感受。正是基于这样的价值观的指导，他们在培训课程的设计上更多地强调过程而不是内容，更多地关注学员的参与而不是学员的学习结果。

2. 遵循培训课程的设计原则

培训不同于教育，公务员培训不同于大学生授课。培训课程的设计要体现理论性、逻辑性、针对性、实践性、灵活性的统一。

所谓理论性，是指培训课程一定要有的理论作为支撑。这种理论的讲授时间不能太长，内容不能太深。

所谓逻辑性，是指要按照一定的逻辑关系将课程内容进行组织与合理安排，形成独立的课程，并对课程的重点、难点进行分析，对时间进行合理的分配。这样能够使学员所接受的理论内容前后相连，能够使学员了解理论脉络、掌握相应知识、达到培训目的。课程设计时重点要从客户的需求、项目的安排、形式的需要、资源的情况几个方面考虑，特别要注意课程应为培训项目的总体目标服务。

所谓针对性是指培训师所讲授的理论要针对培训的内容、针对培训的学员，以适应培训的项目，达到培训的效果。在培训前要对学员的心态以及知识与技能掌握的状况进行深入分析：对于这部分内容，学员想学什么？学员该学什么？培训师能教什么？培训师会教什么？哪里是学员的强项？这样有深度的分析对于提高培训内容的针对性、充分发挥培训师的作用大有裨益。只有在对学员了解透彻的基础上，才能选取合适的教学内容与手段。

所谓实践性是指培训内容一定要与实践紧密相连，能够达到学有所用的目的。因此，在讲授和传输相关理论的同时，就要安排一定比例的时间让学员实践，尤其是在课堂上进行的实践。这不仅有利于学员接受理论，而且有利于学员把理论运用到实践中去，强化理论在头脑中的记忆印象。这一点思腾集团的培训做得相当好。他们传授理论的时间很少，而让学员实践的时间却很多，使学员对相关理论的接受与理解更深刻。

所谓灵活性是指课程安排要灵活，既有要理论知识的讲解，又要有实践的感受；既要有课堂内的讨论，又要有现场的教学；既要有培训师与学员的互动，也要有学员与学员的互动。这样，才能不断激发学员的参与度，调动学员的积极性，才能活跃课堂的气氛，增强培训的实效性。

3. 要准确定位

课程的准确定位，是做好课程设计的重要前提。一堂课程如果定位错了，比如该给中层干部讲授的课程讲给了一般干部，就有可能完全达不到预想的效果。在对课程内容进行整体设计时，要考虑“6W1H”，即：Who(给谁讲)、Why(为什么讲)、What(讲什么)、Where we are(我们是在什么地方讲或者处在什么环境里讲)、Which part(什么时间讲哪个内容、哪个模块？即单元讲解顺序要符合成人学习逻辑顺序)、When(随时关注课堂“活力”曲线，根据上下午精力曲线采用学习、参与、互动、游戏、练习、运动、大讨论、奖励、评比、竞赛、扑克牌、小贴贴等方式轮番呈现课程内容)、How(用什么形式讲最有效)。要注意针对学员心态、观念上可能存在的误区，确定从哪几个方面进行引导；针对学员的知识缺项，确定主要讲授哪些理论与原理，哪些是有待于突破的重点与难点；针对学员技能上的薄弱点，确定要进行哪些有针对性的训练以及这项工作有哪些典型情形需要解析、有哪些实施步骤和实施要点。所以设计课程时，一是要适应培训项目的需要。所谓培训项目就是针对一部分特定人群、选取特定的培训内容、采用适当的培训手段、具有明确培训目标的一次性培训活动。它包括培训目标、课程设置、教材选定、教师聘任、具体实施、考试测评、效果反馈等诸多要素，要根据培训需求分析及培训对象的特点，设计好培训项目，安排好培训课程。每门课程在进行内容安排与取舍、教材的编写与选用、培训方法的确定与实施、培训形式的选取与安排时都要考虑，怎样做才能满足项目的总体要求，怎样安排才能与其他课程匹配，这样才能很好地完成项目的目标。二是要满足学员的需要。在课程设计之前，要详细了解学员的岗位要求、工作技能与经验、需要解决的问题、对培训的期望、对培训的经验、学员的组成和类别（人数、性别比例、年龄段、学历情况等）、学员对工作的心态、对培训的态度等。这些资料对培训课程的成败都会产生比较大的影响，一定要在培训前做到心中有数。这一点，个人感觉思腾集团做得比较好。在我们到达荷兰之前，他们就已经掌握了我们的相关资料，并对此进行了分析，与培训师进行了沟通，对培训师有针对性地备课提供了有力的帮助。

4. 要安排好课程顺序与内容

设计方案时，不仅要明确让学员做什么，而且要明确让学员什么时候做。要利用课程安排调动学员的积极性，调节学员的情绪，发挥学员的主动性。因此，要合理安排课程，在照顾课程体系的同时，把理论性、实践性、趣味性的课程间隔安排。另外，要注意课程内容的结构安排，不同的内容不能存在矛盾，这是课程设计中最基本的要求，任何违反这个要求的培训课程都将会被否决。课程内容之间应该没有重复的内容，应呈现并列关系，信息之间不存在重叠，否则只会给学员带来学习负担。

（三）采用先进的培训方法

培训课程采用何种教学手段与方法，课程的时间规划以及课前课后的准备、练习与考核等，都是在做方案设计时必须考虑的内容。但是要注意的是，任何培训方法都一定是为内容服务的，不能出现在把培训课程做得热热闹闹，但冷静下来仔细分析，却没让学员学到什么东西的华而不实的现象。好的内容和形式就像一颗颗闪亮的珍珠，展示给学员的过程，即是借助一定的逻辑结构将一个个珍珠串起，成为一条精美的项链。如何安排教学逻辑结构？一个基本的要求是学习过程要符合成人学习过程的自然规律，并与之一一对应。学习顺序包括目标介绍、内容讲解、技能练习、测试及总结四个步骤。介绍对应需求，激励你学习的动机；讲解对应多感官刺激，引起外在触发；练习和尝试产生反应；测试及复习对应巩固强化。陈述目标的目的是建立你与需求和益处的联系，激发学习兴趣，并强调你作为学习者的责任；内容讲解让你全方位了解知识、概念和模型。教学过程就像导游，内容讲解是景点的详细介绍，通过参观、讲故事，观看视频等多种方式全面展现开来。教学中一定要安排学员自己动手进行能力练习和尝试。技能练习就像旅游中的自由活动时间，你可以购买纪念品，自己练习讨价还价，有时可以买到心仪的纪念品，有时不免要吃亏上当。最后是教学评估、回顾、总结，并过渡到下一部分内容。这就像旅游中总结一天收获，为第二天行程做准备。所以，课程设计一定要根据成人学习的规律，体现成人学习的特点，选取与培训内容紧密贴合的、灵活多样的培训手段。培训者要摆脱以往的单纯讲授式，注意将课程的内容线与学员的理解线两线并行；要采取多种灵活的互动式方法进行培训，让学员更多地参与，充分调动学员的学习积极性，让学习充满乐趣。这样有助于内化态度的转变率，提高知识的吸收量，增强能力的提高度。

在实际的培训过程中，讲授法是目前最常用的方式，除此之外还有更多教学形式可以选择，如案例式、辩论式、研讨式、竞赛式、情景模拟式等培训方式。现场教学、体验式教学等培训方法也是各级各类培训机构经常采用的。但这些方法的使用，与培训师有很大的关系。有些培训师过于追求形式，却冲淡了课程的思想内容；或者时间分配不当，让互动占据了过多的时间；或者选用方法不当，没有起到应起的作用；或者引导启发不当，上课变成了娱乐。思腾集团的培训基本上也运用了这些培训方法，但他们更多的是采用参与式教学和体验式教学，而且培训师掌控课堂的能力较强，能够充分调动学员的积极性和参与性，并适当控制课堂的时间分配与内容分配，让学员在做中学习、在做中思考、在做中体验，既使课堂气氛活跃，又强化了培训效果。

二、师资选聘要科学

好的师资决定着授课质量，决定着学员的收获。这次思腾集团派出的两位老师，理论知识储备丰富，授课水平都很高，但大家感觉收获不同。大家感觉由第一位老师的授课得到的收获大，第二位老师的收获小。实际上，第二位老师的讲课内容也不错，之所以大家认为收获小，原因之一是其与学员的沟通不如第一位老师。这给我们培训师带来的启示是：授课老师不要看名气，而要看其授课是不是受到学员欢迎。所以，聘请师资不一定要选高端的或者在全省、全国有名气的，而是应该考虑学员的来源、背景及培训的内容、要达到的目的等来选择，也就是说要选择合适的，而不是仅仅选择有名气的。

培训师要扮演很多角色，要集编、导、演于一体，要有思想家的修养、演讲家的风范、企业家的实践，还要有传教士的热忱，要不断修炼、积累沉淀，方能百尺竿头更进一步。我在荷兰接受培训时曾反复思考：什么样的培训师是一个好的培训师？很多人以为，只要能给学员“讲几个段子”“讲几个故事”，更甚者，随手找来一些培训资料或一本教科书，“照本宣科”就行。

也有的人认为，只要能把课堂气氛搞得热闹些，让学员在课堂上高高兴兴、觉得这堂课挺轻松就是好的培训师。其实，这些都很重要，但仅有这些还不够。究竟如何才能成为一名好的培训师呢？其实“培训”二字就能很好地说明。我们来分解“培”和“训”两个字的每个偏旁，就可以找到答案。“培”字由“土”“立”“口”三个字组成，“土”代表肥沃的大地、丰富的养分，即像大地一样广博的知识；“立”代表“堆砌”“积累”，即培训中积累、总结、综合的过程，也是知识的再提高、提炼；“口”表示用“嘴”讲授。“训”字：“言”字旁，当然就表示用嘴讲述或语言；撇表示“过去”曲折而丰富的经历；短竖线表示“短暂的现在”；长竖线表示最重要也是最有意义的未来。“训”字就表示用语言讲述“过去”“现在”“未来”。所以要做个好的培训师，就要做到“土”“立”“口”的三步，并且效果上要实现过去、现在、未来三个时间的统一。所谓“土”，指的是广博的知识面和丰富的实践经验。这是基础，培训师只有自己的知识面广博了，知识层面提高了，再加上丰富的实践经验，才能很好地培训学员。

广博的知识面和丰富的实践经验可以通过三个方式获得：一是不断学习、积累、收集，二是“博闻强记”，三是自己的亲身经历。第一点和第二点都是把别人的东西转化为自己的。可见好的培训师最重要的就是能把“别人的东西”转化为“自己的”，以丰富和提高自身，因为自己的经历太有限了。这是“土”字的反映。所谓“立”，是指系统的总结和分析能力。这就要求培训师善于提炼精华，形成条理，把知识进行扩展深化，同时要求剔除多余的，把重点和精华教给学员。所谓“口”，是指要用好的方法和技巧传授。这是把知识“包装”“加工”，再卖出的过程。传授的过程应该做好两点：一是加工的过程——抓重点。这不仅要求培训师要条理清晰、层次分明、结构完整、内容系统，而且还要做到“重点突出”。学员并不能学走你所有的知识，并且很多知识他们也不一定能用，培训师应清楚学员最想要的东西是什么，并给他们想要的。这就像卖我们的产品，顾客的需求是有针对性的，千万不要把所有的产品都一股脑介绍给顾客，这样是卖不出产品的。个人认为，不要“多而杂”，应提倡“少而精、精而深、深而透”。二是好的方法和技巧。纯理论的东西是最枯燥而乏味的，用再优美的辞藻和语句也往往难以让人很快接受。而典型的事例和数字却能给人直观而深刻的印象。所以优秀的培训师往往会用尽可能多的案例和数字加深论证，善于运用互动活动、小游戏、小故事、笑话来给学员加深理解，引发思考，进行讨论。

总的来看，要成为一个好的培训师，应该具有以下几个方面的特点：

(一)要有良好的沟通能力

良好的课堂氛围是培训师与学员共同打造的,有利于培训师发挥水平、更好地授课,有利于学员投入地参加培训,达到培训的效果。这就需要培训师有良好的人际交往和沟通技能,并对他人的担忧表示出敏感和耐心,能够对参训学员移情,表现出对他的世界观、价值观、恐惧和梦想的赞同和理解,要能够聆听,提出能激发热情的适当的问题,经常做出清晰的、直接的反馈。

沟通早已不再局限于口头的交流,它是人与人之间联系的有效方式。沟通过程中存在着许多干扰和扭曲信息传递的因素,在传达的过程中信息的内容和含义经常会被误解。

沟通不仅要用心,而且还需要技巧。有效的沟通技巧不仅具有针对性,而且还是具体的、明确的、可实际操作的。具体来说,培训师要注意以下几个方面:

一是培训师要能够及时发现学员的问题,如不愿参与、不想回答问题、注意力不集中等,并采取有效的方法找到存在这些问题的原因并加以解决。在此过程中,培训师必须愿意进行坦诚的交流,能够清楚地识别出不受欢迎的行为,而不要过于顾及被培训者的反抗情绪,或担心使他们难堪或不喜欢。因此,培训师要表现出足够的耐心,要有平等、理解、信任、尊重等人本理念,而不要把自己放在高高在上的位置。否则,只能起到相反的效果。

二是要与学员有恰当的交流。每一个谈话者都认为,吸引听众的完美方式就是与其保持眼神的交流。谈话时看着对方的眼睛,往往会将其摇摆不定的注意力吸引到交谈中。如果你想提高你的沟通技巧,想吸引住你的听众的注意力,记得说话时直视他的眼睛。眼神的交流能使谈话者的注意力无形之中集中起来。如果没有眼神的交流,言语交际甚至是完全无用的。

三是要学会聆听。沟通不是单向的过程,倾听与说话一样重要。事实上,大多数交际专家都认为,理想的沟通中听要比说多。倾诉能缓解人际关系的烦恼,这听起来令人振奋,但确实有时候仅仅倾听就能获得成功。它不仅能丰富你的交际经验,而且还能让你在其他人身上获得更多的共鸣。一定要听清楚、听明白参训者为什么会出现这样或那样的问题和疑问,要明白对方的意思,然后再对症下药,针对具体问题拿出解决方案。聆听的技巧有:

(1)聆听时,注视说话人。(用目光注视对方的双眉间,可以营造轻松的气氛)

(2)不要打断说话者的话题。

(3)巧妙、恰如其分地提问。(提问也是一种较高形式的奉承)

(4)用心聆听,了解对方脾气、性格,同时可发掘对方的需求,发现别人所想要的东西,然后告诉他们你愿意帮助其达成目的以及要如何帮助他。

(5)赞许和恭维他们,关心他们的家人。在回答他们的话之前,请稍加停顿。(表现出专注倾听并认真思考他说话的样子)

(6)肯定那些等待见你的人们。("对不起,让你久等了")

(7)学会赞同和认可学员。如"我同意你的看法""你的观点很好"等话语,会给学员以信心。所以,当培训师赞同别人时,一定要说出来。如有力地点头并说"是的""对"。当不赞同学员的某个观点时,请万万不要告诉他们,除非万不得已。另外,如果培训师犯了某种错误,要敢于承认。这既不会伤面子,又会让学员感受到你的真诚。

(二)要有良好的表达力

培训师要把自己的意思表达清楚,才能够让学员明白该做什么、如何做,否则,学员不明白培训师的意思,课堂就可能会陷入混乱之中。好的培训师三言两语就能把复杂的事情说简单了;好的培训师的课程永远是那么生动,他能让晦涩难懂的概念瞬间生活化,通俗到没有学历的界限,即针对不同层次的学员时都能讲述明白。所以,表达力不单在于口齿是否利落,更在于你对培训对象的接受程度的关注,对课程内容化繁为简的驾驭能力。

(三)要有激励他人的能力

学员往往不是缺乏知识或技能,而是缺乏行动和自信,原因就是害怕失败。培训师要让受训者认同自己的情感和价值观,从而为获得和实现他们的最高目标而努力。培训师应能够意识到被培训者的发展需要并激励他们认同自己的情感和价值观,为获得和实现他们的最高目标而努力。成功的培训师能激发被培训者内在的动力而不是使用外在的压力。培训师的信念是使被培训者发展自己的潜能,使受训者克服妨碍、达到目标、突破心理上的恐惧感、担当起责任、具有使命感。所以,培训师要鼓励学员、表扬学员、肯定学员、不断刺激学员的兴奋点,让学员在整个培训教学过程中愿意参与、敢于参与、能够参与,真正体现以学员为主体的思想。

(四)要有激情

这是成为受欢迎的培训师的基本条件。激情是什么?激情是对事物和问题的执著和追求。有了激情,培训师才会百分百地投入到培训当中。只有把自己和培训的内容融合在一起,才能吸引学员的眼球,培训师的表现才能感染听众和观众,使大家对培训师所说的问题产生共鸣,使培训师始终成为培训场地的焦点,才能使培训有效。培训师像一个演员一样,不仅调动自己的情绪,而且还要调动学员的情绪,如果自己没有激情,如何让学员跟着你的思路走?如何让学员情绪高涨?就像一天的培训课程,在午休后开场时,学员们大多比较疲惫和困倦。培训师一句精神饱满的问好,就可使他们扫除一半的困倦。精神的饱满不仅表现在声音洪亮,而且还反映在我们的面部表情和肢体语言上,更来源于我们发自内心的激情。培训师若能对自己的课程有热情,对学员有迫切帮助和分享的热忱,学员自然会受到我们情绪的感染。否则,即使你站在讲台上露出标准化的笑脸,也只是个懒洋洋的形式,像傍晚的阳光,已经没有了力道。当我们在授课时全身心投入,与学员同在,就会展现出独特的魅力。当然,这就要求培训师必须对自己的职业有十分的热爱。因为培训师往往是把同样的内容重复给不同的学员,即使在课程的编排、时间的控制、甚至每句话的时机都表现得天衣无缝,如果没有对职业的热爱,只是为了完成任务,那就很难让自己全力投入,也未必能达到预期的效果。

(五)要有亲和力

培训师要利用亲和的语气、语音、语调甚至眼神、表情等,而不能高高在上,也不能只顾自己讲。此次荷兰培训中第二个老师之所以不如第一个老师受欢迎,很大的原因在此。

如果从培训技术的角度来看,不懂得应用心理学和基础行为科学知识的话,想要培养亲和力难度很大。亲和力是一种气场,是培训师人格特征、行为习惯、品德修养的外在表露。事实上,这种气场严格来讲不应该称作亲和力。培训师想要让培训收到良好的效果,必须要与参与者保持适度的距离,切忌打成一片。所以,这种气场应叫作“感染力”,文学化的叫法就是“魅力”,也就是吸引参与者集中注意力,投入培训师所营造的特殊环境中。从行为科学的角度来讲,这个过程更接近催眠。

打造“亲和力”的基本方法:

一是微笑。微笑作为培训师在教育教学中的重要体态语,具有极强的暗示性和感召作用。亲和的主动权掌握在培训师手中,关键就是微笑,要用微笑鼓励参训学生配合自己，亲近自己。

二是赞扬学员。每位学生身上都有值得培训师称赞的闪光点，可赞扬学生的参与热情高，也可以赞扬他们的思想较深奥、思维较敏捷，还可赞扬学员观点独到，分析深刻。对学员闪现的思想火花，培训师应给予切合实际的建议意见，并及时给予肯定和支持，表示由衷的赞赏之情。另外，还可赞扬学员的兴趣爱好等。

三是问好。要想获得别人的尊重，首先就要尊重他人。身为人师，必须在大节和小节上都注意自己的一言一行，在每一堂课前要主动地向学员问好，随之而来的就会是学员更为热情、更为真诚的回敬。我们在荷兰培训期间，每一次上课前，培训师都会精神饱满地向我们问好，提醒我们开始上课，这也激发了我们的热情。

四是谦和。在现实生活中，培训师也需要得到学员的一些帮助，也会做错事，比如误解了学员的意思等。在这种情况下，培训师应该表示感谢或真诚地向学员道歉。一声“谢谢”、一句“对不起，我错了”会让学员对你肃然起敬，会更加喜欢接近你，渴望得到你教诲，获得知识的滋养。桀骜不驯、高傲自大的人是难以形成亲和力的。

五是学会理性地示弱。人无完人，培训师更是如此，培训与教育最大的区别在于培训是以培训参与者为核心。不要认为培训师站在前面手舞足蹈，下面的人就只能洗耳恭听，这是很多人的错误认识！培训的真谛是分享和启发，不是讲授和灌输。所以，座位上的是“参与者”而不是“学生”。摆不好这个位置，培训师是不可能实现职业化发展的，更不可能与学员拉近距离。

(六)要有控制场面的能力

优秀的培训师要能够控制住整个培训课堂，随时关注课程进展，并随时作出调整。首先是开场要好，登场最初 10 分钟最关键，在这方面很多培训师都有同感。就像大家参加旅游团一样，导游一开始会热情欢迎大家，建立和谐气氛，然后清晰地告诉大家旅行的目的地(以免有人上错车)、景点及日程安排、旅游路线、注意事项、团队纪律等。所以，培训开场一般要安排适当的破冰活动，然后就是经典的开场四步骤：目标、日程安排、角色、规则。首先是告诉学员课程的最核心目标及对学员的好处；日程告诉学员我们将以什么形式展开内容，并告知大家休息和学习的时间安排等；然后是明确培训师和学员的角色和职责，并提醒学员他们是学习的主体，自己投入的越多收获越大；最后是大家讨论需共同遵守的课堂规则如手机静音、按时回到课堂、积极发言等。适当的破冰可以激发学员的学习兴趣、鼓励他们参与、建立和谐关系。

其次是能够沉着地应付冷场。培训师应拥有一些特定的素质，以使他们能够更有创造性地利用信息，诊断被培训者的问题所在，或提出令人振奋的解决办法。这些素质包括：真正了解所询问的问题；意识到什么是“错误”以及应该做什么；将理论运用于实际环境的能力；具有创造性，并能提供新的观点和新的视角；独特的和新奇的解决问题的能力。通常以下几种情况会引发冷场：一是培训师本身忘词、出错、回答不了问题、紧张，二是学员不配合或者学员表现不好，如沉默、瞌睡、不积极回答问题，或者有的学员太爱表现从而影响了其他学员回答问题等；三是环境设备问题，如设备有噪音、不出音，投影仪不显示等。培训师必须针对不同的问题采取不同的办法从容处理，如果是培训师的问题，那就大大方方地承认或调整，如：讲错时，应该认错；忘词时则忽略；若回答不上学员的问题则采取缓和法课后回答；突然紧张可以用放慢语速、换一个轻松的话题、到学员中去等方法来调整。如果是学员的问题，则要采取一定的技巧，避免让学员紧张或感到不安全，如对于过于安静的学员可向其提问；对打瞌睡的学员可通过提问、向邻座提问和游戏的方式打破沉闷。对于好表现的学员既要请其讲述看法，也要将其讲话果断打断。尤其是对困难场面及困难学员，培训师要及时发现问题、澄清问题、解决问题，要及时调整教学内容、教学方法。在荷兰培训期间，第二位老师第一天的授课之后，大家感觉收获不大。第二天她在课程开始时反复问，问清后调整了相应的内容和教学方法。第二天结束后大家对她的评价就好多了。这就反映了她十分重视与学员的沟通，也非常迅速地调整自己的授课方法与技巧，以使学员充分感受到培训师对学员的重视。

而环境问题则需要事先与相关部门沟通好，尽量避免出现此类问题。如果发生问题，应能够迅速找到人员维修或者调整好。

（七）肢体语言的运用要合理适度

肢体语言又称“身体语言”，是指通过头、眼、颈、手、肘、臂、身、胯、足等人体部位的协调活动来传达人物的思想，形象地借以表情达意的一种沟通方式。肢体语言在人际交往过程中有着重要的作用，下面的故事就可以很好地说明这一点。

> 有一次，李鸿章带了三个人去拜见曾国藩，请曾国藩给他们分派职务。不巧曾国藩散步去了，李鸿章示意那三个人在厅外等候。不

久，曾国藩散步回来。李鸿章说明来意，请曾国藩考察那三个人。曾国藩说："不必了。面向门厅、站在左边的那位为人忠厚，办事小心，让人放心，可派他做后勤供应一类的工作；中间那位是个阳奉阴违、两面三刀的人，不值得信任，只宜分派一些无足轻重的工作，担不得大任；右边那位是个将才，可独当一面，将来作为不小，应予重用。"李鸿章很吃惊，问："还没用他们，您是如何看出来的呢？"曾国藩笑着说："刚才散步回来，见厅外有三个人。走过他们身边时，左边那个低头不敢仰视，可见是位老实、小心谨慎的人，因此适合做后勤供应一类只需踏实、无需多少开创精神和机变的事情。中间那位，表面上恭恭敬敬，可等我走过之后，就左顾右盼，可见是个阳奉阴违的人，因此不可重用。右边那位，始终挺拔而立，如一根栋梁，双目正视前方，不卑不亢，是一位大将之才。

由此可见，人们无意中表现出的肢体语言传递着十分重要而真实的信息。

培训师要向学员传达给定的信息，丰富的姿势、生动的表情加上肢体语言是极好的传达途径。面无表情的表达只会导致听众的厌倦，反之，多变的表情会得到很好的效果。荷兰的两个培训师中，第一个培训师的肢体语言较丰富、到位，而第二位培训师就差一些，因此，其与学员的交流就不充分，学员接受相关的培训内容就显吃力。

良好的肢体语言主要包括以下几个方面：

一是目光接触。眼睛是心灵的窗户，目光是培训师最有力的武器，对和学员的交流十分重要。培训师和学员之间一定要有目光接触，让学员感觉到培训师对他的关注。要对每个学员一视同仁，应做到每次同每个学员有 3 秒钟交流，每次同每个区域的学员有 3 秒钟交流，同时注意关注积极配合者和关键人物。当学员人数多时，要注意环视整个教室，尽可能地照顾到每一位学员。这样做，就能够能控制住紧张情绪，使培训师的思维更加清晰，语速得到控制，顺利地讲完一句完整的话或表达完一个完整的语义内容。

二是微笑。微笑是最好的通行证。人如果感到紧张，微笑就会变得很难，但微笑真的能够帮助我们与听众建立友好关系。我们笑的时候，别人也会对我们笑。

三是运用手势。手势可以传达礼貌、信念、程度等信息，是培训师最常用的肢体语言。手势在培训过程中的运用主要包括因课程内容需要而做的手势、邀请学员参与以及答谢学员参与所需的手势。运用手势的关键是要放松并找到自己最自然的状态，应根据内容和情感做适当变化，例如请人回答问题要手指并拢，手臂礼貌伸向回答问题者。培训师应注意改掉一些小动作，如手插兜、双臂交叉、手里玩笔等。

四是姿态。姿态的关键是注意挺胸和直腰，身体能够配合手势和视线做适当转动，不要松垮和僵硬。女士不要两腿分开，不要抖腿。男士可以两腿分开，分开的最大宽度等于肩宽。要站直站稳，平衡重心，不要太僵硬，不能左右摇晃；不要双手叉腰，那样看起来很有侵略性；不能双手交叉在胸前，那样有戒备嫌疑。

五是恰当的移动。培训师在授课过程中，千万不要单纯地坐着，那是外行的表现；也不可以像木桩一样站着，那是更外行的表现。培训师要勇敢走出自己的"舒服圈"，深入学员当中，可以起到与学员接近，提醒问题学员的作用，还能够表现出自信并使气氛活跃，增加感染力。但是，要注意的是，要自然地移动，放松而缓慢，并学会用移动调节及控制全场；要做到移动时始终正面或侧面面对学员，而不要背对学员，更不要不停地来回走。运用步伐的注意事项：在思考的过程中用踱步，在接近的过程中用慢步。决不可以滥用步伐、上蹿下跳、突然跑动，这样会破坏课堂的气氛。

（八）个人仪表要得体

仪表和仪容也是培训师要十分注意的。仪表是一个人的精神面貌、内在素质的外在表现。仪容是仪表的重要组成部分，主要指一个人的容貌。在社会交往中，注重个人仪容仪表，对建立良好的个人形象有着重要的作用。注重仪表是讲究礼节礼貌的表现，是对他人的一种尊重。受人尊重是人们在社交活动中最普遍的心理需要，仪表美可以使人们之间在思想上、感情上容易沟通，有利于增进相互了解和友谊，在一定程度上起到了调整人际关系，增进友谊的作用。

一个人的仪容仪表，不单是由其先天的生理条件决定的，也不仅仅是穿戴和修饰的问题，还与他的道德品质、思想修养、文化素质、生活情调等密切相关。在社会交往中，人们首先是通过仪表开始相互认识的。在最初的交往中，仪表往往比一个人的档案、介绍信、证明、文凭等的作用更直接，更能使人产生直觉的效果。人们往往通过仪表来判断一个人的身份、地位、职业、学识、个性等。外表给人的第一视觉印象常常会使人形成一种特殊的心理定势和情绪定势。修整得体的仪表能够给人留下深刻的印象，无形地左右着人们相互交往的进展与深度。仪表端庄大方、整齐美观，既体现了一个人的精神风貌,也是自尊自爱的表现。衣冠不整、不修边幅,会被认为是作风拖沓,生活懒散,社会责任感不强的人,难以得到人们的信任。仪表美还体现了一种安全感,一种认真的作风,一种自信、热情、向上的精神风貌。

(九)要用不同的方法展示培训内容

幻灯片、白板纸、摄影图片、教室的墙壁等,都可以作为展示教学内容的工具。

根据英国著名心理学家艾宾浩斯的遗忘曲线表明,人们在 24 小时内就会忘记所学内容的 50%,而在学习结束 6 天以后,只能回忆起内容的 25%。人们为何会忘记以前学过的知识和信息呢?原因有以下几点:一是所学习的知识和内容与工作或生活无关;二是在生活或工作中没有应用;三是信息之间相互干扰;四是缺乏具体的刺激。因此,在培训中,培训师要运用不同的教学形式,教学过程中要善于应用多媒体和辅助设施,从视觉、听觉、触觉等方面全方位刺激学员的感官,以增加信息的有效性。

(十)要重视引导与跟随

引导技术可促进学员参与融合。通过参与方式的多样性调动学员的主动学习的积极性,可增进学习的有效参与和互动,帮助学习成果内化,使学员从听众、看客、评论者转变为参与、互动到分享者,将原本的单一教授学习提升为学员间的多向互动,使他们从被动接受转变为分享、参与、主动地学习。传统的培训教学中,老师的主要工作是引导;而现代培训中,培训师则既要引导,也要跟随。引导时要建立权威,跟随时要让学员有安全感。这样学员的参与度才能高,问题解决起来才能更容易。培训师要把握好什么时间引导、什么时间跟随,什么时间把权力放给学员,什么时间把权力收回来等问题,这一点在我们在荷兰的培训中得到了经常、反复的演练。

在培训中,引导技巧是一种协助或启发学员的能力,使他们可以对讨论的主题下结论。因此,引导的重点不在于技巧有多好或是引导技巧表现得如何,而是结论必须是学员自己的,不可以是强迫性的。我们要使学员得出与“专家”的观感相符合的自己的结论,并接受且相信它。因此,培训必须由训练者引导、带领讨论,而非由训练者支配。

培训师引导的技巧主要有:

(1)保持中立,不要给任何建议、批评或打断。

(2)集中注意力,让学员知道你在聆听。可适当点点头,并向学员表示了解他们的意思。

(3)挖掘信息,对于学员的意见加以询问,鼓励学员多发表意见,询问:“除了这些之外,还有没有其他的?”

(4)重述重点。让学员听你重述重点,可促使学员清楚事实并明确地思考。

(5)将感情放入字句中,表达出学员的感受。当你的声音显示出学员的情感时,他们会评估并缓和你的字句。

三、学员管理要到位

一个培训班的成功,除了教学内容外,生活管理和服务也十分重要。能不能满足学员的生活需求,对于学员的学习培训至关重要。这就像打仗,如果武器装备优良、战术方法对头、战略措施得当,但没有充足的粮食、充分的睡眠做保证,战士们的战斗力也会受到影响。因此,培训班班主任的管理和服务水平,也能影响或者决定培训班的成功与否。这次到荷兰培训,思腾集团专门配备了一个从中国去的班主任,与学员沟通没有任何问题。而且她非常认真负责,有求必应,细心周到,无论是学习还是生活,我们考虑到的她早就考虑到了,我们没考虑到的她也能考虑到,因而受到大家的欢迎。总的来说,我觉得从她身上可以学到的班主任应该具有的素质主要有:

(一)要有责任心

工作责任心是我们对待工作的一种整体态度。工作就意味着责任,每一个职位所规定的工作任务都是一份责任。当我们对工作充满责任感时,就能从中学到更多的知识,积累更多的经验,就能从全心投入工作的过程中找到快乐。当我们负起责任时,就拥有了战胜工作中诸多困难的那种强大的精神动力,它使我们有勇气排除万难,甚至可以把不可能完成的工作任务完成得非常出色。一旦失去责任心,即使是做自己擅长的工作也会做得一塌糊涂。因此,我们在做任何一项工作的时候,成不成功,通常取决于是否有强烈的工作责任心以及主动积极的工作态度。通常,由一个人的工作态度可以在很大的程度上看出他能承担多大的责任。同时一个人的态度也决定了他在事业上能有多大的成就。

我看到过这样一个小故事。有人问三个砌砖的工人:“你们在做什么?”第一个工人说:“砌砖。”第二个工人则说:“我正在做一项每小时 9 美元的工作。”第三个却说:“我可以老实告诉你,我正在建造世界上最大的教堂。”这个故事没有告诉我们他们最后的结果。我们可以想想,前两名工人一定还在砌砖，因为他们没有远见，不会追求更大的成就。而最后一名工人不会永远是一名砌砖工人，他也许会成为包工头或建筑师，因为他善于思考，他当时的想法，已经说明他想更上一层楼。

所以，人有了责任心才能敬业，才能自觉把岗位职责、分内之事铭记于心，明确自己该做什么、怎么去做并及早谋划、未雨绸缪；有了责任心才能尽职，一心扑在工作上，能做到不因事大而难为，不因事小而不为，不因事多而忘为，不因事杂而错为；有了责任心方能进取，才能不因循守旧、墨守成规、原地踏步，而是勇于创新、与时俱进、奋力拼搏。

作为班主任，对学员的责任就是要接纳每一位学员，尽快熟悉每一位学员，关注每一位学员的需要，观察他们的表现、发现他们的感受，倾听他们的声音，满足他们的需求。学员来到学院培训，班主任就是他们的服务员和管家，就要在生活上为他们服务好。学员有什么需求，班主任都要尽可能地满足。

（二）要有好奇心

所谓有好奇心，就是要对学员的表现敏感，并随之作出反应。成人参加培训时，其需求、想法往往不会直接表达或者表现，也不愿表达或者表现。这就需要班主任发掘学员的状态，发现学员的行为，了解学员的思想。要知道学员为什么要做某件事，了解他为什么这样想；要探索他的内心世界，发掘他的真实想法，从而与学员进一步沟通，增进与学员的感情，这对开展好工作将十分有利。

（三）要非常细心，有耐心

班主任每天都要跟班，几乎每天、每时都在与学员打交道，因此，要有非常细心的工作方式、耐心的工作态度。因为来参加培训的学员虽然都是成人，也都有一定的职务，但每个学员的性格特点、脾气都不一样，表达方式也不一样，对问题的理解和处理方法也会有差异。班主任能不能细心、细心再细心地工作，对每个学员都有耐心，就体现出班主任的素质。在荷兰接受培训期间，由于我们是异国学习，一到酒店，班主任就向我们发放了酒店周边的地图，告诉我们相应的注意事项。每天她都会关心地问我们需要她做什么，让我们感到十分温暖。而且她还能随时征求我们的意见、了解我们的想法，并努力去沟通、协调，在学习、生活等方面尽可能地满足我们的需求。这使我们感到对方很重视我们，在整个培训期间感到对方的诚意。

更新培训理念，提高培训课程设计的针对性、时效性

——思腾集团培训的几点感悟

山东行政学院教务处　侯锦昌

每一位学员轮流回答问题

荷兰思腾国际教育培训集团是荷兰最大的教育培训机构，在欧洲享有盛誉，拥有熟悉专业知识及人才发展的培训教师队伍、系统的教育培训课程体

系、现代化的教学设施和庞大的师资力量网络。学院组织的为期两周的思腾集团专业培训师的培训圆满结束。作为一名接受培训的管理人员，我受益匪浅。结合自身的工作实际，我想对公务员培训谈一些自己的感受和体会。

一、更新培训理念，树立现代培训意识

公务员培训是一种特殊类型的成人继续教育培训，是对受过普通教育的公务员根据工作需要进行的拓宽或追加知识、开发潜能的再教育，它是有着公务员自身特点的培训。这些特点表现在：①对象的特定性。培训对象只能是公务员，而且培训内容、培训方式方法等必须针对公务员的岗位特点来设计。②培训的强制性。《公务员法》对各类公务员参加的培训作出了强制性的规定。③培训内容的严肃性。公务员培训属于上层建筑范畴，讲政治是培训要坚持的首要原则，要通过多层次、多渠道培训，使公务员坚定马克思主义信仰，坚定高举中国特色社会主义伟大旗帜、走中国特色社会主义道路的信念，增强政治理论素养和领导能力，为党的兴旺发达和国家的长治久安提供思想、组织保证。④培训形式的灵活性。培训时间可长可短，方式多种多样，既有理论讲授，又有专题研讨、情景模拟、实际操作、观摩考察和经验交流等。

公务员参加的培训是一种成人培训，有成人的特点：一是有着较强的自学能力。成人对于知识的学习和理解能力相对较强，不用老师逼着学习。二是成人虽然机械记忆能力下降，但是理解、分析、综合、逻辑思维能力较强。三是成人具有自我导向性，在学习内容选择及方法的运用上，主要根据个人自主判断，并依据环境变化进行调整，对培训内容的兴趣和学习的努力程度往往取决于自身的判断和自己的决心和意志。四是具有较强的功利性和目的性。成人把学习当成是达到目的的手段。缺什么学什么、干什么学什么是成人学习的突出特点。可以说，这是一种以及时有用为取向、以解决问题为核心的问题导向型的学习。五是更注重合作、交往。成人在学习过程中，喜欢结交朋友，扩大社会交往关系。六是自尊心强而敏感，追求心理安全。由于是成人，而且是有一定地位的公务员，在培训学习中，他们希望别人尊重其独立的地位和活动能力。他们害怕学习失败，从心理上害怕考试，担心自己考不好会“丢人”。因此，他们参加学习培训时需要一种宽松、舒适并具有激励特征的环境。

（一）树立培训与教育的正确认识

培训与教育既有联系又有区别。国内的培训教育成分和色彩过重。

因此,对教育与培训的关系,应该有一个正确的认识。

成人培训不需要大段大段的文字描述,多用图表。要充分认识到教育与培训的区别。教育侧重“教”,以传授为主;培训侧重“训”,以参与为主。在普通高校学习的叫学生,而来行政学院培训的叫学员。从事教育的人我们称作教师,而从事培训工作的人应该称作催化师或者培训师。国外叫作coach,即教练,又教又练,这才是行政学院教师应该扮演的角色。

但是教育和培训又是不可分离的。教育是培训的基础,培训是教育的拓展。培训如果没有教育打基础,就是无本之木,无缘之水。如果培训只停留在教育上,能力和教育的成果就无法拓展。对于目前的公务员培训,党校更侧重于教育,积累了很多经验;但是对行政学院来说,教育和培训不能互相替代。混淆了两者的关系,就容易造成培训工作缺乏针对性和实效性。尤其是对从事了多年学历教育,正在转型的省级行政学院来说,这种现象会尤为突出。

后学历时代为培训工作带来了严峻的挑战。目前,高等教育已经成为普通教育。培训学员学历高,经验丰富,使培训面临严峻挑战,要求我们必须具备比学员更高的能力和知识储备,才能把这个课堂真正建立起来。

(二)教育培训与学习力的关系

学习力就是学习能力。教育对应着“学”,培训对应着“习”。“习”强调要做、要练习、要温习,才能真正学到东西。学的时候要分开来学,用的时候要合起来用。当今社会对人的要求是要有创造力、要有创新力,要有把有关的知识合成起来解决新的问题的能力。

1. 增强干部的学习能力是行政学院的根本

各级党委、组织部门对学员的考核分两条线。一个是政治素质,一个是学习能力。授人以鱼,保其一日;授人以渔,乐其一年;教人学渔,乐其一生。教会学员自己创新,这是最高境界。

2. 干部培训的作用

培训重视知识的传授、思维的训练和行为的改变。改变观念,改变不合适的行为,非培训无法解决。知识训练可以指导政策创新,思维训练可以帮助政策创新,也可以帮助团队执行。

3. 干部学习的特点

成人的学习是一种自主的学习,他们反感被学习。世事的变化和责任推动学员学习持续深化。他们习惯在比较、经验的基础上学习,对实用的新知识、新方法特别感兴趣。成人非常希望跟大家分享经验,特别是成功者，他们讲到自己的成功经验会非常兴奋。但是培训案例应以失败的为多，它可以让学员学到更多。传统学习和互动学习又是有区别的，如表1所示。互动学习是适宜干部学习的好方法。

表1　　传统学习与互动学习的区别

传统学习	互动学习
先学后用	在用中学
以理论为导向	以问题为导向
以学习知识为主	以解决问题为主
以教师为核心	以学员为中心
以个人为主的学习	以团队为主的学习
间接影响工作	直接影响工作

4. 情景学习

中国井冈山干部学院、延安干部学院充分利用革命的现场资源开展体验式教学，深受学员喜爱。这种培训深受学员欢迎的原因在于其根植于情景中的信息更易于揣摩理解，情景中蕴含的情绪直接影响着学习和记忆。我们的学习要有血有肉，忌枯燥乏味。成人喜欢案例教学、情景模拟教学、角色扮演，案例教学就是在教室里的情景教学。成年人从实践中走出来，他们的学习目的是解决现实中的问题。

5. 经验学习

美国学者库博提出了学习循环圈理论，如图1所示。他指出，成人的学习都会经历从经验到反思再到理论再到实践的过程。

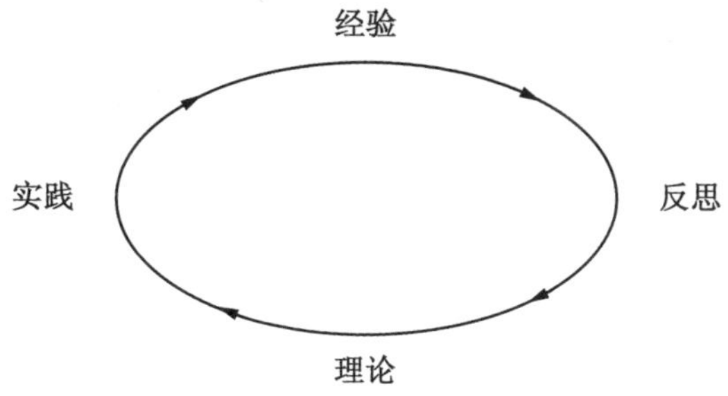

图1　学习循环圈理论

形成一个循环圈是远远不够的，还要形成一个螺旋上升的循环圈，如图 2 所示。

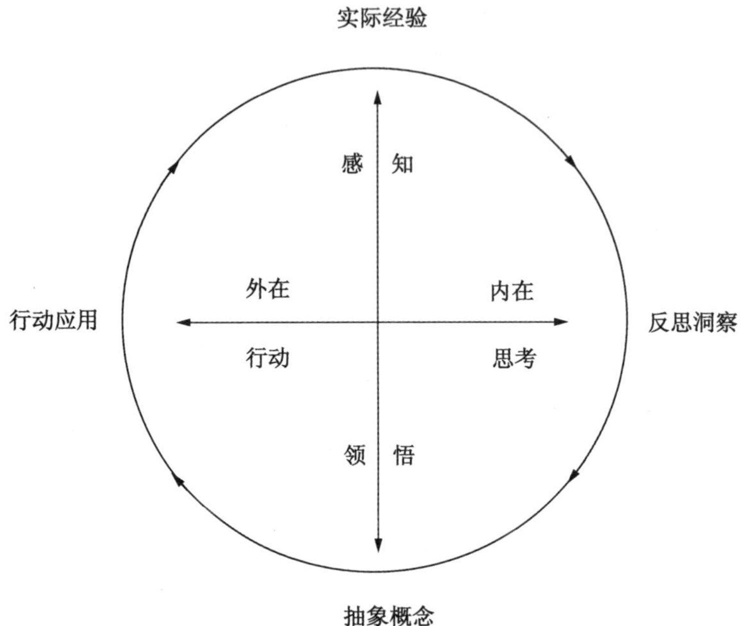

图 2　螺旋上升的学习循环图

实际经验往往指人的感知，反思洞察阶段是人的内在思考阶段，抽象概念阶段一般是人从内在思考中得出的领悟，行动应用正是把这种领悟化作外在的行动。从学员的内在思考阶段到领悟阶段，行政学院要做更多的工作，帮助他们学习提升。我们应观察他们的行动，对我们的教育质量做出评估，而不是只看每一堂课评估打分。

6. 质变学习

教师不仅要传授一般的既定的知识，而且还要有独到的见解、新的概括和新的发现。

7. 训练思维和行为

培训提高行政领导的能力，不是为了使他们知道更多，而是为了改变他们的行为和思维。如表 2 所示，思维训练和行为训练是有很大区别的。

表 2　　行为训练、行政领导能力训练及思维训练的要点

行为	行政领导能力	思维
观察力	洞察力	战略思维
倾听力	判断力	系统思维
说服力	谈判力	辩证思维
执行力	创造力	创新思维
亲和力	公信力	公共哲学

8. 聚焦行政的培训

行政学院围绕履行政府职能的问题开展培训，围绕政府工作，围绕社会、经济的发展开展培训。培训内容很多，但是一定要聚焦到行政上去。

二、开发培训项目

(一)清醒认识培训目标

近年来，在中央发布的一系列文件中，不仅提出了干部教育培训的任务要求，如中央组织部在《关于 2008～2012 年大规模培训干部工作的实施意见》中，提出了要“通过教育培训，使广大干部的理想信念更加坚定，推动科学发展、和谐发展、和平发展的本领不断增强，科学文化素质、业务素质明显提高”，还明确了培训内容的要求；《中共中央〈关于印发关于干部教育培训工作条例(试行)〉的通知》提出培训内容“应当根据经济社会发展需要，按照加强党的执政能力建设和先进性建设的要求，结合岗位职责要求和不同层次、不同类别干部的特点，以政治理论、政策法规、业务知识、文化素养和技能训练等为基本内容，并以政治理论培训为重点，促进干部素质和能力的全面提高”；《2010～2020 年干部教育培训改革纲要》也提出要“完善培训内容体系。着眼于提高干部素质和能力，建立以培训需求为导向的培训内容更新机制，不断完善理论教育、知识教育、党性教育体系”。公务员培训要落实中央对干部教育培训的要求，就必须要努力开发和设计好培训课程。可以说，培训课程设计不仅关乎培训的质量，而且还关乎党和国家方针政策的执行以及国家战略的落实。

《干部教育培训工作条例》中也明确指出，教育培训应根据培训需求，深化教学改革，创新培训内容，改进培训方式，科学设置培训班次和学制，完善学科结构和课程设计，提高教学水平；应根据干部的特点，综合运用讲

授式、研究式、案例式、模拟式、体验式等教学方法，提高培训质量。

《2013～2017年全国干部教育培训规划》中提出：教育培训应坚持联系实际、学以致用，以问题为导向、以正在做的事情为中心开展，提高干部运用所学理论和知识指导实践、解决问题、推动工作的能力。教师要把理论联系实际的要求贯穿于教学全过程，善于回答学员思想和工作上的实际问题。培训机构要把理论联系实际的能力作为考核教师教学水平的重要内容。

干部教育培训机构要组织专门力量，开展深入细致的需求调研，准确把握组织需求、岗位需求和干部需求，以此为依据设计培训项目，提出教学计划。需求是基础，学员为主体，问题为中心，结果为导向。实现这个目标，除了要有内容上的更新，更需要从方式方法上创新。按我个人的理解，组织需求就是组织的目标和战略；岗位需求就是特定岗位的任务及完成任务所需；个人需求就是干部个人的知识能力水平与岗位需求的差距以及与个人未来发展目标的差距。

履行职责需要哪些能力？能力圈包括时间、空间、预算、人才、知识、技能、智能和架构等大能力概念，含物质资源与智力资源。能力客观存在、大而无边，但应对某时、某事的能力必定有限。现实能力在圈内或圈外会导致不同的战略考量，应针对需要补充知识、提高行政能力。

（二）重点突出“行政”特色

在方向明确之后就要抓特色、抓品牌、抓质量，办出特色、办出水平，这事关学院的生存和发展。要通过特色建设确立比较优势，通过质量建设提升绝对优势，通过品牌建设保护和扩大优势。教学培训要突出重点，提高针对性和实效性。

“行政”特色是行政学院最大的特色，就是围绕省委、省政府重大的决策部署开展培训，围绕政府工作、政府建设开展教育培训。学院培训的对象有特殊性，主要培训公务员，围绕政府工作，围绕政府需要，这就是“行政”特色，也是行政学院区别于党校、干部学院的最大特色。党校以理论教育、党性教育为主，行政学院则以公仆意识、行政管理、依法行政为主。

行政学院更要体现教学科研咨询良性互动的特色。教学提高学员的能力，科研、咨询既为教学服务也为党委、政府决策提供服务。没有科研，教学就没有高度、宽度、深度。但就科研搞科研不符合行政学院特色，行政学院的科研是为了更好地开展教学。而能够满足党委、政府需要的科研才是咨询。教师如果以科研入手开展教学，就会重理论、轻实践，教学就缺乏吸引力；以咨询入手开展教学，授课内容就会有吸引力，授课就会受欢迎，因为教师讲课的内容就是学员关注的内容。教师如果从咨询入手搞教学，教学就会比较成功。

把班次建设贯穿全年工作始终，是培训工作的一条主线。班次之间相互成为体系，彼此促进学校职能的履行。班次设置围绕中心、服务大局，针对性、实效性强，设置规范，就会受到党委、政府和干部的好评。

班次设置的依据，一要根据中央有关文件和法规的规定，二要服务党和政府中心工作的需要，三要符合干部履职尽责和健康成长的需求，四要突出自身办学优势和特色。

班次设置的框架可分为常规班次、专题班次、技能班次、委托班次、涉外班次、学历班次。在班次的设计过程中，要努力追求打造品牌班次，使常规班次品牌化、专题班次系列化、培训学制合理化、班次规模科学化。在此过程中，要注意控制数量、提高质量，压缩规模、提高层次。

（三）全面的需求调研

按需施教、学用一致才能保证公务员培训的有效性。从根本上讲，需求分析是现代培训的基点，是培训内容具有较强针对性的保障。培训需求调查包括几个方面：一是培训前的调查。在制订培训教学计划前，通过调查走访曾经参加过培训的学员或采取问卷调查的形式，充分听取参训对象及其有关单位对教学内容、教学形式、教学师资和教学管理等方面的意见，以便根据参训人员的岗位特点和培训需求安排教育培训的教学内容。二是培训进行中的调查。通过发放问卷、召开座谈会、个别访谈等形式，及时了解培训的新举措、新内容在学员中的影响，掌握学员对任课教师的反映和评价，了解学员的需求。三是培训后的调查，了解学员参加培训后的收获，了解他们在培训中学到的知识对自己工作的帮助程度。有必要时，还可征询有关培训专家的意见。在综合考虑各方面意见的基础上，培训方要找准社会需求、组织需求以及个体需求之间的共同点和不同点，对培训需求作较为准确的判断。

全面需求调研需要考虑的因素如图 3 所示。

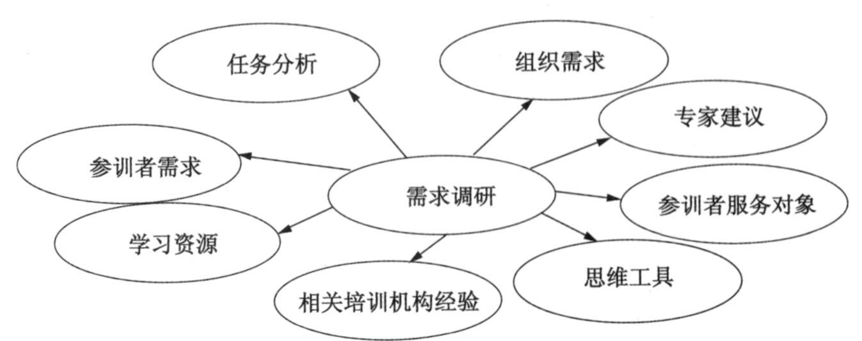

图3 需求调研要考虑的因素

通过全面的需求调研，可以找到目前培训理想水平和现实水平的差距。这个差距或者说是缺口，也就是我们培训的目标和方向。短期专题班提升专项特定素质能力，以当前行政问题为着眼点；长期班储备未来的素质能力，以胜任力模型为基准。培训和缺口要匹配，多了、少了、偏了都不行。

培训需求就是需要解决的并能在培训中解决的问题。需求分析就是对问题进行分析、诊断，将问题具体化、清晰化。比如山东省委、省政府在下一年度的工作中心、重心是什么，这就是问题。这些问题有哪些挑战、解决这些问题的具体措施是什么、难点是什么等问题，就是我们的培训需求。分析就是要具体化，还需要分解，这项工作分为三层：

培训需求分析的工作层面一：设计培训班次

培训需求分析是指在规划与设计培训之前，由有关人员采取各种方法和技术，对各种组织及其成员的目标以及成员的知识、技能、态度等方面进行系统的鉴别与分析，以确定其是否需要培训及培训项目（培训目的）的一种活动或过程。设班次就是在定目的。专题研讨班的特点为突出专题（主题）、突出研讨，即学即用。

培训需求分析的工作层面二：设计培训方案

就是对培训需求（已经确定的培训项目、培训目的）进行以下分析：差距（培训目标）是什么（构建学习地图），什么内容（专题、课程）、用什么方式方法、谁来实施（培训教师）、在什么场所实施等。目标是过程，方案是设计的流程，它具体包括确定培训目标、构建学习模块（学习地图）、搭建培训方案框架、挑选培训老师（使他们成为培训团队）、确定培训方法（多种培训方法的组合）、设计推进教与学的路线、营造理论与实践相结合的氛围等。

培训需求分析的工作层面三:定培训内容

培训方应分析需要改变参训者什么样的知识、技能、态度才能达到本课程的目标,即要选择和组织培训内容,继而确定培训方法,来最大限度地实现本课程的目的。我们要分析学员应该知道什么、他们已经知道什么、他们还不知道什么、他们想知道什么、我如何让他们知道等问题。知识是重要的,关键是如何选择和组织知识。

(四)充分认识成人学习的特点

约翰·斯图尔特·密尔在他的《自由论》中曾经这样写道:一个人能够对某个问题有所知的唯一办法是听不同人对这个问题所提出的不同意见,了解具有不同思维特点的人是如何使用不同的方法来探究这个问题的。因此,我们要考虑:①成年人的学习不是什么?学习不是知识、信息尽可能多的积累,学习不是简单的模仿和复制,学习是"需要什么学什么"。这里的"需要"不仅仅是个人的需要,还有岗位和组织的需要。培训不是为了让学员知道得更多,而是为了改变他的行为。②成年人的学习是什么?成年人的学习是一种基于反思的体验,是在探索和解决工作、生活难题的同时获得新的知识,掌握相关技能,转变思想观念的过程,其结果是人的能力和素质的提高,是人的全面发展。

成人学习是以解决问题为目标的学习、自我导向的学习、丰富多样的人格化的学习,反思是学习发生的关键,交流是集体学习的关键。

成人的理论基础又呈现如下特点:①知识(显性的和隐性的)和心智模式(处事方式)的来源为自己的体验,体现在行动中。②反思,反思是一个考察并质询自己的假设和想法的过程,这个过程为真正的改变提供了基础。只有学习者自己才能反思他们的经验。学习是一个过程,而不是简单地获得一个结果,学习是学习者对自己的经验主动改造的过程,学习者各有自己的学习风格,培训过程必须与之相适应。

(五)科学的课程结构,做到有机结合

培训就像是人的饮食结构搭配:专题授课就像是主食,研讨交流是蛋白质,参观考察是蔬菜,文体活动是甜点,它们共同努力构建一个立体课程的框架。课程设计要兼顾纵向和横向思考,纵向是垂直方向上的编排,按合乎逻辑的步骤由表及里、由浅入深;横向的思考是水平方向上的编排,从范围的广度上扩展跨学科融合,包容有关方面的知识和技能。

在课程配备的过程中要思考三个问题:如何增强领导干部理想信念教育和公仆意识教育的说服力、感染力、持久力?如何做好进一步增强领导干部推进“四个全面”战略布局能力的培训？如何整合优质资源，提高效率？

课程设计应该实现这样的三个目标：把政府工作重心当成我们的培训重点；把政府工作的热点作为培训工作的着力点；把政府工作的难题变成我们的培训课题。设计过程当中应该着力完善有特色的基本类课程；灵活设置有特色的应用类课程；开发有特色的前瞻类课程。应力求做到四个超过：思想性要求超过理论性；现实性要求超过历史性；操作性要求超过学术性；应用性要求超过知识性。

在空间结构上，应做好横向和纵向方面的有机结合，要有中间模块，也要有周边模块。在课程设计过程中要绘制出学习地图，也就是说要找到我们的中心模块是什么，辅助模块是什么，扩展模块是什么。这样才能安排课时，安排讲什么、由谁来讲，安排研讨什么并突出核心。周边模块每年都有变化，核心模块基本不变。这样可以保证核心模块越做越好，周边模块根据发展变化不断更新。

概念网适合于专题研讨班。首选要梳理出专题班涉及的方方面面的概念，要梳理出所有的内容，才可能设计出课程。概念网分为三圈：一是理念部分。专题研讨涉及的背景、理论基础、指导思想、战略目标等都属于理念部分。二是行动部分。三是保障部分。

（六）软硬件教学资源

好的课程要有优质的教学资源做保障。但是优质的教学资源不是指名师名人、名作名案，或是最昂贵的设施，应以合适为宜。然后需要院内与院外、国内与国外、中央和地方的学者专家、高层与中层，硬件与软件合理搭配。每一个课程怎么搭配，要由每个课程的内容形式和培训目标来决定。做到这一些还不够，还要考虑你的课程能不能提供具有影响力的新概念。培训师要为每次培训课程准备好新概念，提供新知识、新方法，这样学员才能有新收获，学到新知识。其次，要有鲜活的经验，培训师要有能够解答现实问题的真知灼见。然后，还要有大思路、大观念，要有解决热点难点问题的观点方案和措施。最后，要创建分析工具。分析工具在理论指导下形成，需要经受反复实践的考验。学员掌握了理论框架和分析工具后，可对今后的相关问题进行分析判断，自己得出结论。而教师给出的具体结论或答案终究会很快过时，要传授给学员思维工具。

（七）运用好教学工具

培训师常用的教学工具有以下几种：

（1）讨论题库，是根据教学内容设计的引导学员深思或启发学员创新的思考题。

（2）用于比较的数据库。

（3）研讨工具库。如团队列名、头脑风暴、鱼骨图分析、四副眼镜法。

（4）管理游戏库。各种拓展培训，小游戏。

（5）教学资料和设施。包括师资库、教材库、案例库、面积合适的教室、可活动的桌椅、方便好用的音响设备。

（八）合理的课程编排

（1）授课与交流要做到双轨并行，相互促进。培训师应在保证基本授课的情况下，加大各种形式的交流互动环节，从课时上给予交流互动更多的时间，哪怕是在授课的环节当中也要安排活动提问环节。互动交流要创新多种方式，所谓交流不只是让大家到研讨室，出个题目自己谈话。

（2）考虑时间和空间的拓展。培训师应使用好课内时间，开发好课外，促进偶发学习，充分利用一切时间让大家学习。

（3）把必读与选读、制订研讨与自主研讨、上课与自学结合起来。

（4）教室外的活动，如现场教学、文体活动、班组活动。

（5）变化桌椅摆放形式及教室内的布局，可根据课程需要，将桌椅按 U 形、梯形、圆形、三角形等排布，或选择高讲台、低讲台、有讲台、无讲台的教室。

（6）保持适当的学习强度和节奏。要让课程进行得自然顺畅，使学员有水到渠成的感觉，不能太累也不能太松，要让参加学习的人感到特别的贴切。

（7）把各种活动穿插搭配得当，达到天衣无缝的境界。

办班像奏交响乐。交响乐先有引子，然后有主题出来；开始时为呈示部，然后是展开部。培养也要有起承转合，抑扬顿挫。

以综合性班次省直机关任职班、进修班为例。这样的班次，培训学员来自不同的单位，从事不同的业务，需求各异。他们的培训目的以综合素质能力提升为主，培训时间较长，一般为 4 周。这样班次的培训方案设计，就是要在有限的时间内，利用有限的资源，最大限度地达到培训目的。培训设计的理念要完成从以课程为中心到学员为中心，以教师为起点到学员为起点，以生产为导向到结果为导向的转变。需求调研的方法可以采用集体访谈和需求调研问卷的方法。调研内容可以包括学员群体分析、岗位特征分析、关键能力分析。调研的对象可以包括学员、学员的上级和相关组织部门。

在做学员群体分析的时候,要知道他们的年龄特点、学历特点和工作经历特点。本例中学员的岗位特点是"兵头将尾",这些处级干部起着承上启下、上情下达的作用。他们的责任重、压力大,思路影响领导的决策,站得高,政策把握得好,但思维有局限性。他们的主要工作是文字工作(如撰写调研报告、政策性文件等)。在关键能力分析当中,又以组织执行能力、沟通协调能力、团队领导能力、文字组织能力、调查研究能力等为最迫切需要分析的。领导角色认知、公文写作能力、调查研究能力、沟通说服能力、决策能力、媒体沟通能力、突发事件处置能力等就很自然地成为管理技能提升的板块内容;民主意识、理想信念教育、传统文化与官德、廉洁意识就可以作为公仆意识教育的板块内容;宏观形势、基层情况则可以作为形势与国情教育的板块内容。

在课程设计的过程中,要努力搭建结构,以结构体现功能;精选内容,以内容达到目标;控制节奏,以节奏保证效果。

设计的学习内容怎样让学员更好地接受;在低动机的学习背景下,如何激发学员的学习动机与兴趣;如何让学员主动、自发地投入到学习当中是我们要考虑的另一类重要问题。遵循成人学习的规律和特点,设计各种学习活动使学员更好地接受、吸收和消化学习内容,提高学员的学习效果,就显得尤为突出。经验、自主、问题、协作是成人学习的特点,所以应以让学员多向交流、互动参与、经验共享为目的,完成从"教"程向"学"程的转变。

与此同时,如何实现教学、科研、咨询三位一体的发展,同样是我们要考虑的问题。培训师在完成教学环节设计的同时,可以组成课题研究小组,集体讨论研究,撰写研究报告,汇报交流成果,更好地实现教学相长,学学相长。

三、教学实施保障课程设计落到实处

(一)重新定位教师、管理者的含义

老师(管理者)的角色是什么?在公务员培训当中,教师和管理者的角色与其在学历教育和传统教学培训中是有很大区别的。现代培训中的学员都具有丰富的知识储备、宽阔的眼界视野、强大的学习能力。现代培训中,尤其是国外的培训中更多地将教师称呼为培训者(trainer)而不是老师

(teacher)。教师需要转变观念,把原来的高高在上变成与学员平等参与、合作,拉近与学员的距离。

现代培训对培训者有三维要求。西方研究者提出了对一个培训者的三维要求:能力(专业知识和实践经验)、培训技能(设计和实施培训课程的技术)、培训态度(对参训者的关注)。学校要注重培训教师具备的培训技能和关注参训者的能力,因为我们的培训对象不同,我们要根据不同的对象调整培训内容。

《2013～2017年全国干部教育培训规划》中指出,市地级以下干部教育培训机构,师资构成要逐步过渡到以兼职教师为主。国外目前的趋势是没有专职的老师,而是只有培训师、催化师,他们具有很高的培训技能和对参训者高度的关注度。因此,现代管理培训者(培训管理者)是一个多种角色:他们首先是好老师,具有良好的语言表达能力和概括能力;其次是组织者(主持人),以把整个培训的课程有机地串在一起;他们还是学习促进者(催化师),组织大家讨论、找答案,但是不会给大家答案,而是发动大家自己找到答案;同时,他们还是领导者,通过不同的方式引领学员思考,帮助学员学习;最后,他们也导演和演员,他们在研讨中划分角色,让大家扮演不同的角色。培训是培训者在培训活动中不断地转换多种角色的过程。

培训师应做到当教师也当学员、理论实践又分又合、教学互动,教学才能相长,团队学习才能做到学学相长。培训师要有一线经验,还要有决策层的历练,这样才会游刃有余地做好教学。培训师要具有多领域的经验,要有跨部门、跨行业、跨地区,甚至跨国的经验,这有利于发挥理论与政策之间的传送带作用。扎实的学术研究可为政府建言献策。从教是一个学术研究纵向深入的过程。

教师的理论知识与实践又分又合。理论研究需要与现实保持一定的距离,以便站得高看得远,避免跟风。理论研究要有一定的前瞻性,否则价值不大。理论研究需要假设、想象、逻辑论证、不为现实所拘,才能有所创新和超前。现实重大事件会对理论研究产生不可避免的影响,驱使理论研究回答现实问题。理论研究与实践需要搭桥,这也就预示着教育培训机构的职责是负责"搭桥",从教与从政经验交汇显得十分必要。定性与定量研究要相结合。行政学需要与哲学、政治学、经济学等学科有关的定性研究的支持。但是行政学又是一门实践性特别强的学科,需要开展定量研究。要使定性与定量研究相得益彰,如何结合、各占多大比重因时因事而异。实证研究要深入和加强,要深入实际和基层做细致的调查分析工作。实证研究还需要一系列科学的调查工具和方法作为保障。

（二）采用灵活多样的教学形式

培训就是多种方法、技巧的综合运用。按照成人学习的特点，遵循学习原则，运用多种微观培训技巧，培训者需要获得的与其说是培训方法，不如说是培训技能。培训者要综合运用教学方法才会取得预想的效果，但是教无定法，贵在得法。

对于信息量大、前沿性的内容，以讲授式为主；对于典型事件的分析思考，以案例式为主；对于前瞻性问题的内容，以研究式为主；对于改革开放现实问题的思考，以体验式为主；对于技能类培训，以模拟式为主。下面就几种常用的教学方法简述如下：

1. 案例教学法

《2013～2017年全国干部教育培训规划》中，明确提出要加大案例教学的使用比例。2015年以前省级以上干部教育培训机构的案例课程比例不能低于能力课程总数的30％。

案例的选择有以下关键：选择历史案例还是现实案例？经典案例还是生活案例？特殊案例还是普遍案例？有解案例还是无解案例？与此同时，还需要注意掌握选择一个符合学员需求的案例，案例应有典型性和可以推广的价值，但是案例又不是英雄人物传记或先进经验交流。

编写案例文本时，要注意以下几点：标题的表达（吸引眼球、信息量大）；按逻辑次序展开内容；善于隐藏一些信息；构建开放式结构；避免论文式分析、倾向性观点、汇编式文件三个现象。

案例教学过程中要遵循这样的六个步骤：案例开发背景介绍；理论分析框架；案例导入；教师点题；课堂讨论；教师总结。在案例介绍过程中，第一个问题要具体，不能大而泛；问题要由浅入深提出；互动时要灵活增减问题，最终要导向自己的结论部分；结论框子要足够大；总结要与设计的问题、与理论框架无缝衔接。案例教学课前要做好以下功课：深入了解事件、专业理论深厚、熟悉相关政策。

案例教学中教师的角色非常重要，其即是激情飞扬的演员，又是控制课堂的导演，更是教学相长的对象。

2. 结构化研讨

结构化研讨是指由催化师按照一定的程序和规则，采用相关的团队学习工具，引导组员围绕培训主题，多角度、分层次地开展讨论的方法。结构化研讨是需求为基础、问题为中心、学员为主体的现代培训理念的“落地”。

结构化研讨充分地把纵向思维与横向思维相结合，形成立体思维。研讨中人人贡献自己的观察和看法，群策群力，避免片面主观武断，增强倾听、说服和包容能力，问题分析得更透彻，对策更可行。当然，做结构化研讨一定要培训一批催化师。要充分利用结构化研讨，就要做好整体设计，保证主题（内容）结构化，时间（进度）结构化；要注重催化师的引导，借助方法（工具），同时注意分享研讨成果。

3. 团队列名法

团队列名法是一种更加结构化的头脑风暴方法，是集体决策方法之一，可以最大限度地收集小组成员的意见。在使用团队列名法时，要避免"领导效应""明星效应""首说效应"等，即团队研讨被少数活跃人控制，多数人丧失发言的机会。头脑风暴法和团队列名法可用于查找问题、分析问题、提出解决方案的过程。

团队列名法在使用过程中要遵循如下步骤：

第一步：独立思考。每个人独立思考，把自己的意见顺序排列（每条意见用一句话概括，不需要解释），写在自己的纸上，不允许讨论。第二步：发表意见。每个人轮流说一条意见，只说意见，不加解释。如果自己的意见别人讲过，则不再重复，讲自己的下一条。如果自己没有新意见了，则越过。鼓励在别人意见的基础上，发表新的意见，但别人发言时，不评论。第三步：澄清问题。对每条意见进行讨论，如有不清楚的可以提问，可请提出意见的人进一步解释，说明含义。第四步：个人决策。每个人根据自己认为重要的程度，选择 3 条意见，按 3 分制，评定意见的重要程度。第五步：集体决策。把每条意见的分数相加，得分最多的几项即为集体意见。

4. 现场教学法

使用现场教学法的原理，就是感悟比告知更重要，发现比传授更重要。现场教学法的优点就在于把实践一线现场作为课堂，把实践一线人物作为教师，把实践一线经验作为教材，能够真正实现理论与实际互动、心境与情景互动、学员与领导互动、学员与学员互动、学员与教师互动。现场教学一般遵循这样的流程：现场选择，资料准备，考察讲解，提问解答，教师总结。

5. 鱼骨图原因分析法

这是一种发现问题根本原因的方法，也被称为"因果图"。它是将头脑风暴法、团队列名法找出的因素按照相互关联性整理的层次分明、条理清楚的分析方法。这种方法适用于查找深层的因素，透过事物表象看问题的本质，透过问题来解决问题。

制作鱼骨图分两个步骤:分析问题原因/结构、绘制鱼骨图。

(1)分析问题原因/结构。

第一步:针对问题点,选择层别方法(管理类问题一般从“人、事、时、地、物”层别,应视具体情况决定)。第二步:按头脑风暴法分别对各层别、类别找出所有可能原因(因素)。第三步:将找出的各要素进行归类、整理,明确其从属关系。第四步:分析选取的重要因素。第五步:检查各要素的描述方法,确保语法简明、意思明确。

(2)鱼骨图原因分析法是一种思维图形工具,思维图形工具通过概念框架加上逻辑分析将思维过程图示化和体系化,帮助思考复杂的现实问题。

(三)加强培训教育制度体系建设,搭建公务员培训、考核、奖励、使用等配套联动机制

一是制定完善公务员培训教育法规制度。依据《公务员法》和《公务员培训规定(试行)》的要求,结合我省公务员队伍建设实际,加强调查研究,尽快研究制定《山东省行政机关公务员培训实施办法》《山东省公务员初任培训办法》等,完善公务员培训制度体系。二是建立公务员培训质量评估制度,每期培训结束后,及时对培训方案、培训教学、培训保障和培训效果作出评估,将评估结果作为改进培训工作、提高培训质量的重要依据。同时,对参训学员做好培训效果的跟踪评估,评估培训目标的实现程度。三是完善教育培训与考核奖励、选拔任用相结合制度。针对当前存在的公务员参加培训动力不足、积极性不高的问题,建立完善培训与使用相结合的制度。坚持把培训经历和成绩作为提拔使用的参考因素,对应参加培训而不参加或成绩不合格者,年度考核不能评高级等次;对培训不合格者,不能提拔任用,使培训与考核、任职、定级和职务晋升等真正挂钩起来,切实增强培训的权威性和严肃性。

(四)打造好三支队伍

教学培训设计是一个系统工程。行政学院的教学培训一定要建设好三支队伍:①教学设计队伍。有什么样的教学设计队伍就有什么样的办学特色,班次设计、课程设计、师资安排、方法运用,都是靠设计。搞培训设计的人员一定要成为专家型的人才,他们必须了解山东省领导干部的培训需求是什么,了解党委、政府的要求,了解山东省在哲学、社会科学、经济等领域的师资情况,在这个基础上还要知道每门课设计的逻辑基础是什么。②教学实施队伍。有什么样的教学实施队伍,就有什么样的教学质量。设计

再好，只是一张图纸，怎么实施、怎么施工，要靠教师来贯彻执行。③教学管理队伍。有什么样的教学培训管理队伍，就有什么样的学院形象。教学管理不只限于带带班、抓抓班级的纪律。教学管理人员要懂得教、学、管之间的有机结合，明白怎样在各个环节之间起到催化作用。教学管理人员要了解培训内容和培训目标，要了解课程体系，把培训目标变成培训效果。所以说，作为一名班主任，要努力成为学习气氛的营造者、学习秩序的维护者、学习过程的陪伴者、学习资源的整合者。

职业培训师的基础软技能

——赴荷兰参加思腾集团专业培训师的培训(TFT)的收获与总结

山东行政学院法学教研部　潘东文

通过叠帽子游戏体会 Kolb 学习模型

一、现代成人培训理念

(一)培训与教育

提及培训,难以避免的是与教育尤其是传统教育做比对,二者往往在很多领域和阶段被混淆。肯尼恩·卡尔曼在《幽默与诊断》一书中提到:"教育常常与特定的价值基础有关。教育是一个过程,通过这个过程,使学习得以进行,而且常常以善为目的。相反,培训是指获得某个特定的事情的知识或技术。它不一定有价值基础。培训是你具备做某件事的能力。教育的目的却远不止于此。有句话叫作'受培训是为了到达目的地,而受教育是为了继续前进'。"

教育大多是在课堂上进行的,是老师讲,学生听,很多讲座就属于这一类。培训就不一样了(见表1),培训是 Learn by doing,是训练性的,是操练(excise)、是实习(practice)、是去做(do)、是付诸行动(act)。假如培训没有让学员通过亲自动手操作的实践过程来进行学习,那就算不上是培训,仅仅是教育,是讲座。

表1　　　　教育与培训的区别

区别＼类别	教育	培训
基础	教育理论	成人学习理论
形式	讲授	催化
目标	理念、知识、个人需求	理念、技能、经验、组织需求、产出率、创新力
结构	班级	团队
过程	教师为主体	学员为主体
平等性	教师与学生不平等	培训师与学员平等
侧重点	长期、整体、系统性	短期、阶段、针对性
技巧	传授知识	分享经验、案例解析、角色扮演、时事反省
教师占时比	90%	10%~50%
学员占时比	10%	90%~50%
结果	考试、考级、达标	转化跟踪、评估

培训是关于做的学问。培训有明确的培养目标，是结果导向的。它要在培训结束时到达目的地。任何培训都有明确的培养目标。而这个目标必须在培训前进行告知(最好书面通知)，让每一位参加培训者都清楚培训期间课堂教学应达到的目标、实习时应达到的操作目标、上岗后应达到的技能目标。因此培训项目一定要设计互动过程，包括分享、练习、角色扮演、演讲、游戏、拓展等，让学员有更多的主动做的机会、讲的机会和交流互动的机会。

培根说："知识就是力量。"但是在信息化时代，只有在知识转化为行动的时候才能产生力量。王阳明说："此已为私欲所割断，不是知行的本体了。未有知而不行者，知而不行，只是未知。"

(二)培训过程理论及培训循环圈

培训过程循环如图1所示。美国成人教育专家林德曼(Lindman)认为，成人教育是一种没有权威的合作探讨和非正规学习，其重要目的之一就是帮助受训者深度理解自己的生活经历并从中提炼学习，并开发、吸收、利用和挖掘受训者自身已有的知识和经验，"使受训者自己从已知到未知"，而不是由培训师"带着受训者从已知到未知"。学习是一个过程，不再是简单地获得一个结果。这是现代学习理论一个意义上的突破。

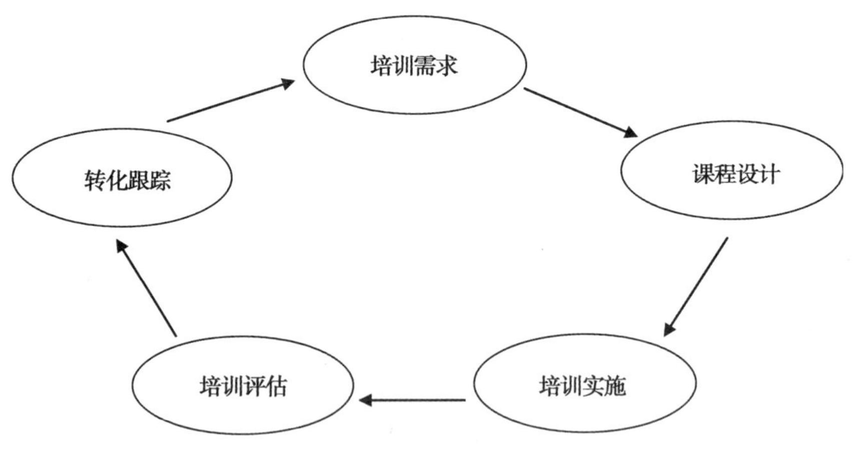

图1 培训过程

1. 组织、岗位层面的需求

需要获得什么知识和经验？

需要提高什么技术和技能？

需要转变什么观念和态度？

2. 受训者个人层面的需求

受训者应该了解和掌握什么？

受训者已经了解和掌握了什么？

受训者还未了解和掌握什么？

受训者想了解和掌握什么？

培训师如何让受训者了解和掌握？

3. 培训需求分析模型

培训需求分析模型如图 2 所示。

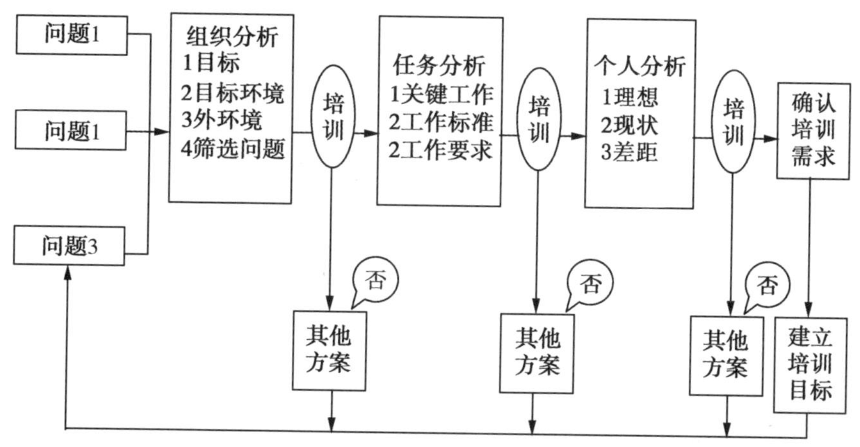

图 2　培训需求分析模型

4. 培训循环圈模型

培训循环圈模型（见图 3）是帮助我们了解培训过程的一个基础模型，有助于我们分析和理解培训过程中所包括的各种因素，适用于各种不同类型的培训。

“培训循环圈”并非固定僵化的，它是一个渐进和发展的过程，每完成一次循环都意味着参与者有新的收获和提高。也就是说，评估并非培训的终结，而是下一课或者下一轮培训的开始。不断发展的结果使得培训过程呈现螺旋式上升的趋势，并将所有的培训课程有机地结合起来。

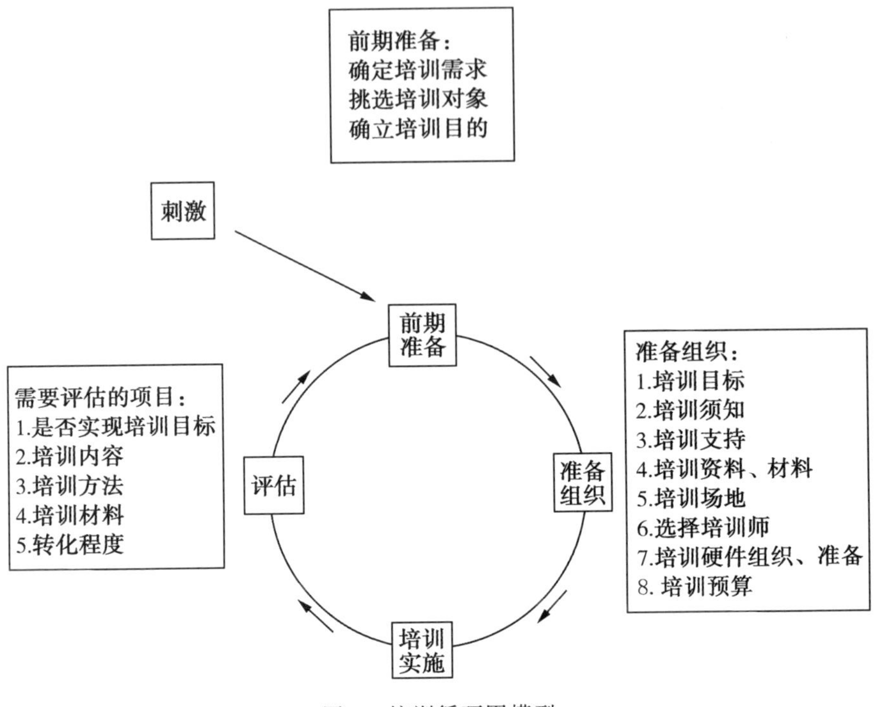

图 3　培训循环圈模型

(三)成人学习理论

1. 成人学习的基本特点

成人由于年龄、心理、生理、环境等方面的差异，与儿童和青少年学习明显不同。成人的理解能力优于记忆能力；成人记忆能力随着年龄增加而逐渐衰退，对学习可能产生负面影响；成人的经验和社会角色使其在学习的过程中形成巨大而丰富的学习资源，应当充分挖掘、分享加以利用。但是成人的经验阅历和认知结构又往往容易形成明显的主观选择性和定势。相关研究数据表明，人能记住 70%自己做过的事、50%自己说过的事，但只能记住 10%听过的东西。知识管理之父卡尔·艾瑞克·斯威比曾说："人们在测量各种传递知识能力的有效性方面做出了无数的努力。结果表明最常见的方法——课堂学习——是效率最低的。在上完五天课以后，大多数人记住的不足课堂所学的 10%，讲和听结合起来能好一些，大概可以记住 20%。然而通过实践来学习(learning by doing)则最有效：人们能对他们所做过的记住 60%～70%。讲课和视听演播都是通过信息传递知识的例子；通过实践学习则是借助传承传递知识的例子。"[①]萧伯纳讲过："如果你有一个苹果，我有一个苹果，彼此交换，我们每人还是只有一个苹果；如果你有一种思想，我有一种思想，彼此交换，则每个人将拥有两种思想。"可见通过经验和实践来学习是一种信息、知识和技能增值的过程。

20 世纪 70 年代以来，以诺尔斯、罗杰斯、麦基罗、库伯、厄舍、布兰特和詹斯顿等西方成人教育专家对于成人经验学习理论不断系统化，认为成人学习主要有以下特点：

(1)学习自主性较强，能够自我指导。成人具有较强的个人意识和个人责任感，有较强的体验、反思、抽象和试验能力，能够自己选择学习培训内容、计划，希望培训师能够在与他们协商后做出教学培训方案。在儿童和青少年的学习活动中，教师决定学习目的、学习内容、学习计划和教学方法，学生对教师具有较强的依赖性。

(2)成人经验丰富，他们的个体生活经验及工作经验对学习培训具有较大影响。成人扮演着多种社会角色，承担着多种社会职责，这使他们积累了一定的生活经验和社会阅历。成人学习往往以已有的经验为依据和前提，更多地借助自己的经验来理解和掌握观念、知识和技能，这是他们进一步学习的基础和依托，而不是以教师的传授为主。对儿童和青少年而言，其个体经验主要来自成人的间接经验传授，能够对学习产生影响的直接经验非常少。麦基罗认为成人质变教育的题材是学习者的经验；贾维斯认为所有的学习始于经验。成人学习的这一特点对培训活动有如下启示：一是成人的已有经验与新知识、新经验的有机结合使成人的学习更加有效和有意义；二是在学习活动中，成人本身就可以被当做学习资源，这种资源既能为其自己也可以为他人利用；三是成人的经验有时会形成某种学习定势而对学习产生消极影响。

(3)批判性反思是经验学习的内驱力。成人学习是自我成长和自我完善的过程，成人在该过程中对其经历、体验和收获的习得成果进行深刻的反省和思考，从中挖掘智慧和技能。经验本身未必有价值，真正的价值在于在对经验进行反思之后的智力提升和发展。有效的培训学习来自于有效的经验反思提炼，而非重新传递经验，进行简单的模仿和复制。只有提炼、修正和完善，才能让培训学习发生质的飞跃。库伯提出改造经验产生知识，过程非常重要。贾维斯认为，学习不仅包括将经验转化为知识，而且

---

① 李志平：《中国经济型酒店成功之道》，上海交通大学出版社 2008 年版，第 133 页。

还包括将经验转化为技能和态度。

(4)任务导向。成人的学习任务与其社会角色和责任密切相关,他们期待培训学习的实际成果。成人培训的目标是促使其更有效地完成他所承担的组织、岗位职责及社会责任,提高其社会威望,培训往往会成为他们职业生涯或生活状态的一个转折点。因此,培训具有更强的针对性,而且学习动机较强。培训不是“缺什么补什么”,而是“需要什么学什么”。儿童、青少年的学习是以身心发展为主,成人学习则是以完成特定的社会责任、达到一定的社会期望为目标。

(5)成人学习是问题中心或任务中心为主的学习。儿童和青少年的学习目的指向未来的生活,而成人学习的目的则在于直接运用所学知识解决当前的社会生活问题。

2. 成人学习方式

不同的成人在学习方式方面具有自己的倾向和爱好,呈现出多元化的异质性,常见的成人学习方式有如下四种:

(1)行动型

有些成人学习者倾向于“从做中学”,他们对于教师详细的讲授往往会不耐烦,当教师提问的时候经常不假思索就立即给予回答。他们热心于新事物,喜欢新的体验,热情开放,完全投入。他们在集体学习活动中表现积极、主动,很多情况下处于领导者的地位。

(2)深思型

这类成人学习者在回答问题前需要长时间的缜密、全面、系统的思考,作出结论之前尽可能周全地收集信息。这类学习者喜欢与他人一起学习,喜欢做归纳性总结。

(3)理论型

这类成人学习者在解决问题前喜欢先理解基本原理,然后提出假设,并采用循序渐进的手段来解决问题。他们常常用客观的、公正的和逻辑性较强的方法来解决问题,而不接受他人的主观的判断和众多的不同观点。

(4)试验型

这类成人喜欢尝试和应用新的观点,对于学习内容,一定要经过尝试后才会相信。这些人喜欢探讨新的更加有效的途径来解决问题。他们充满信心、精力充沛,但总感到教师讲得太多。他们喜欢解决问题,认为只有在新的情景下才可以学习很多知识。他们喜欢显示自己解决问题的方法,但是如果没有机会自己做的时候,他们会立即感到失望。

（四）成人学习的九条原则

1．首因和近因效应原则

相关研究和实验表明，人们对最初出现的和最迟（近）出现的信息的记忆效果最佳。

针对性培训技巧：

（1）培训开始简单概括内容；

（2）精心准备和安排课程的前几分钟；

（3）在长时间的课程中进行阶段性知识回顾；

（4）课程结束时再次强调所讲内容的重点和难点。

2．回报、激励原则

如果能从学习中得到回报，在一种积极的环境中学习，学习就会变得更有动力，也才更有可能继续下去。也就是说，学习者需要了解学习的最终目标以及自己经过一段时间的学习以后是否离这个目标更近了，还有多远的距离。培训者必须帮助他们了解他们在学习中所处的位置，并在学习过程中为学员提供指标和参照，以便他们衡量自己在学习过程中取得了多大的进步，距离目标还有多远。

针对性培训技巧：

（1）提供一个不具评价性、不具威胁性的培训环境；

（2）对受训者给出的正确答案充分表扬；

（3）提问简单、容易的问题，使受训者有成就感；

（4）对答错问题的受训者，肯定其态度；

（5）不失时机地肯定受训者做出的投入、努力和成果。

3．超额、重复原则

在培训中利用多种手段对同一信息进行重复，能够使信息的保留和回忆的效果得到很大的提高。

针对性培训技巧：

（1）不时地提问，让受训者重复回忆所学信息；

（2）通过预先介绍或回顾总结对信息提炼总结；

（3）要求受训者回忆课程内容；

（4）就同一主题，让受训者用多种方式综合运用来加深、强化掌握；

（5）就同一主题给受训者提供多种自学的途径和方法。

4．多感官学习原则

该原则是建立在这样一种基础之上的，即：如果在学习中能同时调动五种感官中(视觉、听觉、触觉、味觉和嗅觉)两种以上的感官,则学习效果会比只调动一种感官要强得多。其中,最有效的感官是“视觉”,一张图片的效果可能比说1000个字的效果都要强。当然,其他的感官也很重要,尤其是触觉,触觉的调动在技巧学习中对加强学习效果具有非常重要的作用。

针对性培训技巧:

(1)培训中结合使用讲授、展示、体验等多种方式;

(2)使用多种可视手段;

(3)调动受训者尽可能多的感官。

5. 反馈原则

实践证明,如果培训者和参与者之间存在反馈和互动,将大大提高培训的有效性。参与者需要从培训者以及其他参与者那里得到反馈,以了解自己学习的进程和状况,对自己的表现有所了解和控制。只有建立一种双向的互动机制,才可能取得良好的培训效果。同样,培训者也需要从参与者那里得到反馈,以了解他们能否理解,能否跟上培训者的步伐。

针对性培训技巧:

(1)不时地评价受训者并及时给出评价结果;

(2)真实反馈培训进度,不过度表扬;

(3)只对有改进可能的问题提出批评;

(4)确保受训者有时间、有条件利用反馈纠正自己的错误和不足;

(5)对受训者的非语言反馈给予回应,如迷惑、疲乏、走神、点头、入迷等;

(6)鼓励受训者讲出自己的问题和困境;

(7)大量提问。

6. 应用、可转化原则

这条原则是指,培训环境跟受训者的真实的工作和生活环境越具有相似性,参与者在培训中所学到的东西在工作中得以实际运用的可能性就越大。也就是说,培训情境与现实工作之间越接近,培训就越可能取得更好的效果。

针对性培训技巧:

(1)尽可能使用真实道具、材料;

(2)尽可能模拟真实环境;

(3)尽可能进行在职培训;

(4)指出真实情境和培训场景之间的区别;

(5)注重培训方案和培训目标之间的可转化技术。

7. 参与原则

该原则是指当参与者积极地参与到培训过程之中时，培训的效率是最高的。这条原则对理论学习和技能的学习同样适用。仅通过听和看来学习是远远不够的，人们是在做的过程中学习的，“我听到的我会忘记，我看见的我能记得，我做过的事情我才真正理解”。

针对性培训技巧：

(1)不要简单地提供事实信息，而是要让受训者通过活动和练习去发现它；

(2)目标和任务要实际，要让受训者能够利用已有的能力、经验和知识实现和完成；

(3)多用讨论、案例及角色扮演等方式调动受训者参与其中；

(4)多用小组、配对等方式调动受训者参与其中；

(5)鼓励受训者提问，提出意见和建议。

8. 简易原则

任何人在一定时间内对新知识的接收能力都有一个限度。所以，对于比较复杂的问题，要将其分成若干个知识点，以便学员能够逐步消化和吸收。如果在短时间内试图传授给参与者的信息太多、太复杂，他们接受起来就会产生阻滞，并最终对你讲的内容感到不知所云。

针对性培训技巧：

(1)将复杂问题分解成若干容易理解的问题；

(2)在若干容易理解的问题之间留出足够的时间，使受训者消化吸收；

(3)避免将上课时间拖得太长；

(4)可以将一节课分解成富于变化的几个部分和阶段；

(5)在每个部分和阶段鼓励受训者对内容进行反馈。

9. 从已知走向未知原则

这一原则是建立在这样一种事实之上的，即：当培训将新的知识与参与者已有的知识和之前的经验联系起来后，参与者学习的效果会更好，因为现有的知识为新知识提供了一个可参照并借鉴的框架。

针对性培训技巧：

(1)充分利用受训者的阅历、背景等档案资料，使培训更有针对性；

(2)尽可能多地描述、类比例证受训者熟悉的事物、内容及领域；

(3)鼓励受训者讲述和贡献自己的个性化知识经验；

(4)重视受训者已有的知识经验和个性化知识经验，灵活机动地调整培训方法和思路。

二、目标、理念的转换——破除讲授“定势效应”

(一)培训师与受训者——教师与学生

定势效应是指有准备的心理状态能影响后继活动的趋向、程度以及方式,是人们认知活动中的知觉偏差。随着定势理论的发展,我们不仅可以用定势这个概念来解释人们在感觉、知觉、记忆、思维等方面的倾向,也可用这一概念解释人们在社会态度方面的倾向。定势效应分为定势思维效应和定势心理效应。定势思维效应是指人们因为局限于既有的信息或认识,习惯于从固定的角度来观察、思考事物,以固定的方式来接受事物。定势心理效应是指人们在认知活动中用已有的知识经验来看待当前的问题的一种心理反应倾向。

成为一个优秀的培训师首要的问题是转变教师的身份,破除习惯于“讲授”的定势效应。这是观念、身份和角色的全面转型。要求一个培训师完善自己的个性心理、认知习惯、知识结构,保持开放平等的心态,实现自身在培训中的多角色化(见图 4)。

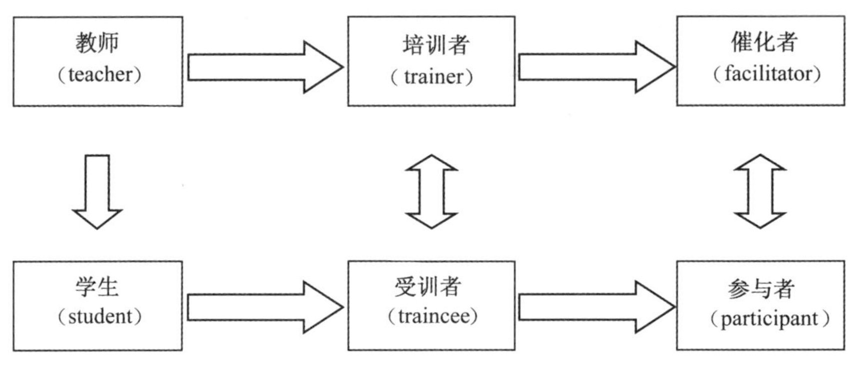

图 4 角色转换——理念转换

(二)现代培训对培训者的素质要求

1. 培训师的多角色化

一个优秀的培训师应当是:

(1)优秀的教师。要有正式的衣着、得体的举止、广博的知识、清晰的思路、严密的逻辑、流畅的表达等。

(2)成功的激励者。能调动学员的积极主动性,挖掘学员的潜能,创造性地表达自己的观点。

(3)成功的表演者。能将学员深度带入培训设计场景。

(4)杰出的导演。能有效地准备、组织整个培训活动,能够做到以学员为主体掌控课堂活动,并对培训目标、目的、节奏、频率和结果进行流程控制。

2. 团队学习与体验式学习循环

体验式学习循环如图 5 所示。将不同年龄、背景、学历、工作经验的受训者聚集在一起,互动学习,取长补短,分享各自的观念、知识和经验,拓宽视野,破除定势思维,获得卓有成效的培训结果。

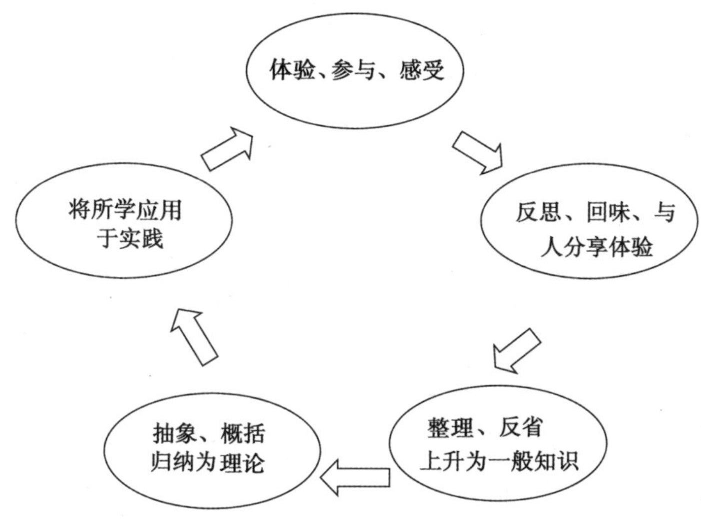

图 5　库伯(Kolb)体验式学习循环

3. 学习效果的相关研究数据

学习效果的相关研究数据如表 2 所示。

表 2　学习效果的相关研究数据比例

采用的方法	3 天后学习者能保留的知识比例
读	10%
听	20%
看	30%
看+听	50%
听+说	70%
说+做	90%

4. 不同培训方法的效能

根据要达到的培训效果划分等级，1 为最高，8 为最低，不同培训方法的效能等级如表 3 所示。

表 3　　不同培训方法的效能等级

方　法	知识获取	技能增长	观念转变	沟通技巧	接受度	知识保留
案例教学	4	5	1	5	1	4
研讨	1	3	4	4	5	2
讲授	8	7	7	8	7	3
管理游戏	5	4	2	3	2	7
视频、音频	6	6	8	6	4	5
程序化教学	3	8	6	7	8	1
角色扮演	2	2	3	1	3	6

（三）职业培训师的基础

1. 硬技能——学术资格

培训师应具有的硬技能包括以下几点：

(1)相关专业领域的专业知识、学历和学术背景；

(2)公务员培训方面的专门知识和系统理论；

(3)相关领域的实践经验或者阅历；

(4)一定的语言文字水平。

2. 软技能——培训技巧

培训师应具有的软技能包括以下几点：

(1)把观念、知识、技术、经验等传授出去的技能；

(2)激励受训者学习兴趣和热情的能力；

(3)同受训者、管理人员、相关部门进行积极沟通的能力；

(4)掌控受训者学习进度、学习动向，及时发现学习疑难问题的能力；

(5)理论与实际相结合，把培训内容同政府工作紧密联系的能力；

(6)运用多种方法提高受训者专业技能的能力；

(7)组织、强化团队建设的能力；

(8)应对培训中的突发事件、保障培训有序进行的能力；

(9)把握培训需求、预测政府工作发展趋势、提供培训建设性意见和建议的能力。

3. 态度和主观状态

培训师应具有的态度和主观状态包括以下几点：

(1)对政府工作重点、难点和培训需求敏感和敏锐，有培训开发能力；

(2)有包容、开放、乐观的心态，善用微笑；

(3)能自信、沉着、冷静应对外界环境的变化；

(4)对受训者有足够的耐心，幽默，耐挫折、吃苦、不怕困难；

(5)有培训热情、工作责任心；

(6)有得体的仪表、举止，一定的个性和性格魅力；

(7)能保持充沛的精力和体力；

(8)惜时、高效、进取；

(9)为培训中适应各种角色作好充分准备。

三、现代培训的三个维度

国家行政学院承办的中欧合作项目“欧盟 TOT 培训”为学员分发了一本西方曾流行畅销的小册子——《培训者锦囊》，其首页指出了现代培训的三个维度：专业知识和实践经验、培训方法和技巧、对学员的激励和关爱，如图 6 所示。

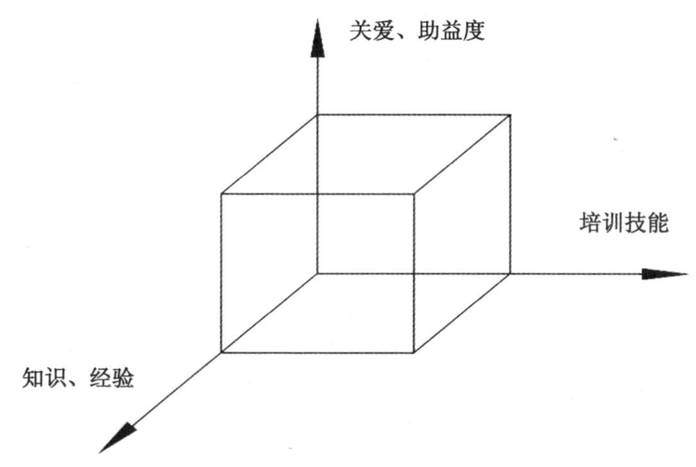

图 6　现代培训的三个维度

培训师的专业知识和实践经验水平高时，另外两个维度的水平对培训师工作形态的影响如表 4 所示。

表 4　　专业知识和实践经验高

	对学员的激励和关爱(高)	对学员的激励和关爱(低)
培训技术(高)	精通的培训者 (master trainer)	专业指导员 (professional instructor)
培训技术(低)	有益的专家 (helpful expert)	专业领域解说员 (specialist lecturer)

培训师的专业知识和实践经验水平低时,另外两个维度的水平对培训师工作形态的影响如表 5 所示。

表 5　　专业知识和实践经验低

	对学员的激励和关爱(高)	对学员的激励和关爱(低)
培训技术(高)	熟练的催化者 (skilled facilitator)	平淡的主持人 (superficial presenter)
培训技术(低)	敏感的知识人 (sensitive generalist)	自觉的初学者 (self-conscious beginner)

英国培训专家贝内特(Bartlett)在 1998 年提出了培训者要承担五种职责:培训者、提供者、顾问、创新者和管理者,它们之间的相互关系如图 7 所示。

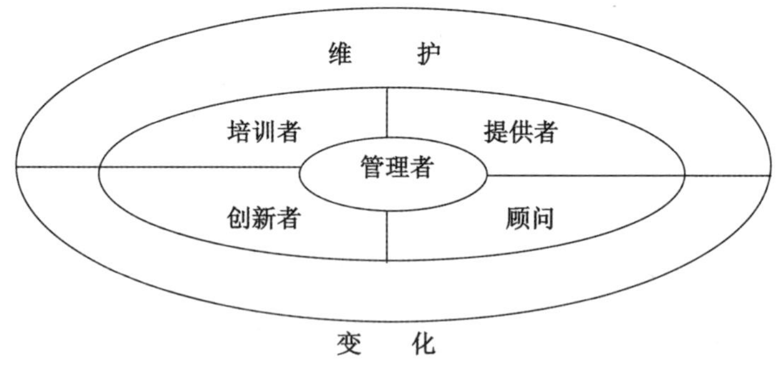

图 7　培训者职责的相互关系

(1)作为"培训者",培训者要为受训者提供学习内容、条件、信息、绩效反馈等帮助,要参与课堂教学、群体讨论,监督个人学习计划执行等所有过程，保证受训者圆满完成个人学习计划。

(2)作为“提供者”，培训者要设计和实施培训计划，及时把握培训要求，提供满足培训需求的各种课程设置、计划目标。

(3)作为“顾问”，培训者要分析政府工作中存在的问题，提出培训需求，寻找和评价解决问题的途径，要成为培训方面的权威，当好政府培训的管理参谋。

(4)作为“创新者”，培训者要帮助政府适应环境变化，提出对策，催化公务员的新思想、新方法，要保持常新的思维状态，也就是“与时俱进”。

(5)作为“管理者”，培训者要对培训及其发展活动进行准备、计划、组织、控制和提升，确保培训目标的实现。要不断获取和开发培训资源，建立和社会各个系统、部门的联系，反馈评估培训效果。

四、职业培训师的基础软技能(Basic Soft Skills)

基础软技能的基本理念：观念、知识、技术、经验本身是硬技能；培训师如何将其传授出去是软技能。

(一)软技能与硬技能

软技能又称“非技术技能”(Non-Technical Skills)，指沟通能力、倾听能力、说服能力、自我激励的能力、影响力、团队建设的能力，等等。软技能是各种行为的组合，包括驱动各种可视行为的态度和动机。衡量信念的方法是判断它对态度和行为的影响。硬技能以及少许的智力因素都属于附加的软技能。

软技能的构成具有复杂性，是多维度、多层面的，目前还没有达成共识的统一模式。许多研究者基于不同的学术目的，对软技能中的内容进行了分析和研究。在软技能的构成研究中，研究者普遍把技能分为硬技能和软技能两个方面。坎特罗威茨(Kantrowitz)通过定性研究和定量研究对软技能构成的界定更具有概括性。而科斯廷(Costin)认为硬技能和软技能之间应是一个连续的过程，从最低端的使用工具的硬技能到最顶端的具有创造力和美感的软技能，两端之间是逐步过渡的。

软技能其实是情商(Emotional Intelligence Quotient, EQ)的社会学术语，它由一系列能够反映个人特质的要素组成，这些要素包括一个人的人格特质、社交能力、与人沟通的能力、语言能力、个人行为习惯、自治自控、友善乐观、集体观念等。软技能与那些作为工作硬性要求并能够部分反映一个人智商的硬技能是互补的。

在人们所经历的各种传统教育中，焦点经常会落在以实际操作为导向的技能上，例如如何制订计划、如何编写程序、如何制造产品或如何打官司等。所有这些技能，对于你的职业工作都是非常基础而且非常有用的。然而，很可能从来没有人教过你如何管理和影响他人、如何做演讲、如何清晰地表达自己、如何成功地与他人合作沟通、如何用自己的方式在工作中承担责任等。也就是说，学习如何与人打交道不是我们接受的正规教育能够涵盖的方面。但是，这些技能对于一个人的成功却起着决定性的作用。因此，只接受过良好的教育是远远不够的，你的教育水平是否能够得到最大程度的发挥，最终取决于以上各方面的软技能。

（二）职业培训师的基础软技能

职业培训师要具备的软技能有很多，其中基础性软技能有四个要素：同情心、清晰、真实和接受。

1. 同情心（Empathy）

同情义即同理心、移情作用、同感，又叫作换位思考、神入、共情，它是进入并了解他人的内心世界，站在对方立场设身处地思考，并将这种了解传达给他人的一种技术与能力，也就是人际交往中，能够体会他人的情绪和想法、理解他人的立场和感受，站在他人的角度思考和处理问题，主要体现在情绪自控、换位思考、倾听能力以及充分尊重等与情商相关的几个要素。

将同情心融入培训工作的技巧：

（1）忘掉自己“专家”角色、感觉

做出平等主义的姿态、不做主宰者、信息垄断者，下放权威、角色转换。

（2）自我矮化、假装愚蠢

放大学员，激发和催化学员的潜能，倒逼受训者的主动性和责任感。

（3）学员本位主义

做培训的黏结剂、凝聚剂，集纳、提升学员的集体经验和智慧。

（4）倾听

培训师要善于倾听，鼓励、引导受训者传递信息；要简短概括对方的发言，及时反馈；要充分运用肢体语言对对方发言做出反应；不轻易否定对方观点或陈述，尽可能用建设性的方式对受训者的发言予以肯定。

2. 清晰（Clarity）

（1）表达清晰

培训师声音洪亮，避免使用口头禅；防止文字误用，不可含糊其辞；语言简洁精炼，言简意赅，切忌冗杂繁琐；不断变换语调、语气、音调，适当进行重复来加以强调；变换语速，抓住学员注意力，以快语速刺激使对方兴奋，以慢语速使得听众重视、敬畏、沉思和跟进。

(2)主题明确

培训师的培训目的、目标、阶段性目标应明确，主题鲜明、重点突出。

(3)开放性问题(Open Question)

培训师设置的问题要具有开放性，尽可能将什么、为什么、怎么样(What，Why，How)等类型的问题交叉多变地提出；切忌设置封闭性问题或者是或否(Yes 或 No)的二元结论性问题；设置的问题应具有复合型，有思考的广度和纵深，便于受训者反思和挖掘。

(4)多渠道传递——VHF(看、听、感觉)理论

看(Visual)的内容包括文字、图表、图片、图像、动画等；听(Hearing)的内容包括声调、语调、对话、音乐等；感觉(Feeling)的内容包括微笑、站立、倾听、关爱、眼神、停顿、表情、触觉、肢体语言等。

3. 真实(Authenticity)

真实要素又分为以下几个要点：

(1)真诚——培训师对待受训者的态度要真诚，禁止虚伪；

(2)真实——培训师要相信自己的培训内容，讲真话、表里如一，如果内容虚假就失去了研究的价值；

(3)认真——培训师讨论问题时不应讲大话、空话、套话、废话和官话，不要滥用赞美；

(4)封闭与保密——培训过程中人人平等、争论自由，培训仅局限于教室，不得在教室外传播，禁止“间谍效应”，不得揪辫子、打棍子、搞秋后算账和人身攻击，否则会熄灭所有的深层反思、智慧启迪和经验分享。

4. 接受(Acceptance)

(1)含义

接受的含义为无怨接受(逆境、困境等)、真心接受，不管该团队及成员对你的情绪、态度如何。

(2)“问题”“困难”参训者理论

培训总有可能遇到学员具攻击性、敌意或是学员起哄、抱怨、好胜、善辩、健谈、耳语、沉默等情况，培训师的心理和情绪要成熟、有弹性，始终贯彻关爱原则。

(3)欧盟 TOT 培训中提到的经典方法

该培训提出了以下方法:①以善意、感谢、赞扬、热情、点名、焦点、推一拉、幽默、戏谑、玩笑等,为课堂和氛围解压,注入培训柔和剂。②对起哄者,找出其贡献点并进行表扬,或者找出其误述让大家评价;对健谈者可增加问题难度困住他,或者动员大家发表意见;对抱怨者可给予单独、具体的帮助;对交头接耳者可用停顿等非语言动作表情去取得他们的应许后再继续;对沉默者可以点名、表扬、鼓励,也可单独帮助。

学习思腾集团培训理念方法
完善应急管理培训教学

山东行政学院公共管理教研部　刘士竹

思腾集团总裁与培训团团长交谈

本次有幸参加思腾集团的 TFT 培训，收获颇丰，感触很多。如何将思腾集团的基本培训理念和方法借鉴运用到我们的培训实践中，是我们在荷兰学习时和回国后一直思考的问题。特别是作为一名行政学院的教师,如何根据成人学习的特点,将“以学员为主体”的培训理念贯彻到具体的培训教学中,以切实提升培训教学的针对性和实效性,是我们面临的亟须研究和探索的问题。思腾集团为我们提供了一次全新的体验。其培训师向我们展示了致力于帮助学员激发个人潜能、提高行为意识、提升领导力和个人影响力、强化团队合作能力的“软技能”培训,在向学员传授知识的同时,特别注重帮助学员通过改变自己的行为,提升其解决问题及应对各种挑战的能力,从而帮助他们获得更加成功的职业生涯和更加幸福的个人生活。他们的课程都是为客户量身定制的,其培训在关注学员群体的同时,更加关注每个学员的需要。他们在培训中展示的全部练习,都与当时参加培训的学员的“个人情境”相关,甚至直接来源于这些“个人情境”。这些练习在他们的专业培训师的引导下实现“泛化”,演变成适用于所有学员的练习和案例。通过这样的独特的培训方法,能够帮助和支持一个组织或个人一步一步地发现和释放潜能,提升绩效,同时获得持久的竞争力。他们特别注重培训师与学员间的有效沟通,关注培训过程中培训师与学员、学员与学员间的互动、倾听、反馈等。这次培训使我们对什么是培训师、什么是以学员为主体、培训教学中如何关注每一个人等有了新的认识和思考,也让我们看到了自身的差距,明确了今后努力的方向,同时,也深入挖掘了我们的潜力。他们让我们在潜移默化中发生了改变,一改往日的矜持,大胆主动地与老师互动,这让我们的培训充满了挑战与欢乐。这种体验,拓宽了我们的思路,明确了学习、借鉴和实践的方向。下面结合本次学习的收获和多年从事公务员培训教学的实践体会,围绕如何学习借鉴思腾集团的培训理念和方法完善应急管理培训教学,谈一点个人的粗浅认识。

一、遵循成人学习特点,构建以学员为主体的培训教学模式

2010 年 1 月 1 日起施行的《行政学院工作条例》第二条规定:行政学院是培训公务员、培养公共管理人员和政策研究人员的机构。由此决定,行政学院的培训对象都是具有一定工作经验的成年人。众所周知,成人学习与普通学校学生的学习相比有着非常突出的特点。而成人培训及其培训的效果则是在很大程度上依赖于或者是取决于成人学习的这些突出特点。为此,作为一名行政学院的培训师,必须在把握成人学习特点的基础上,设计和实施有关的培训教学活动。

（一）成人学习的特点[①]

成人学习的特点很多，我这里主要从公务员培训的角度探讨和总结成人学习的特点。

（1）成人学习是一种问题导向的、密切结合真实生活情景（problem-centralized and real life situation）的目的性极强的学习过程。也就是说，这种学习不是单纯地为了学知识，而是为了应用，是为了解决问题而进行的。

（2）成人学习者所具有的工作及生活经验对他们的学习具有极大的影响，这种影响包括正面和负面两个方面，即过去的经验可能是一种非常重要的资源，可以极大地帮助成人学习，也可能是一种接受新事物的障碍。

（3）成人学习的过程是一种自我导向、自我控制的学习过程（self-directed，self-control learning）。

（4）成人学习是一种参与式的学习。

（5）成人学习需要一种宽松、舒适，并具有激励特征的环境。

不同的人具有不同的学习特点、不同的学习方式、不同的学习目的，这种不同有时可以是非常明显的。本次培训中，Wies Bronkhorst 老师给我们发放了"Kolb 学习风格问卷"。该问卷的目的是调查你的学习风格，帮助你发现自己的学习风格偏好，从而选择适合自己的学习体验。在做问卷前，老师通过一个"家具组装"步骤的练习，让我们选择自己的做事风格。这一练习考察的是我们的自我认知能力。通过练习和问卷测试，我们对个人的学习风格有了明确的认识，同时学习和掌握了行动者、反思者、理论者、实践者的不同特点。

Wies 老师为我们设计的练习和测试，值得我们学习和运用。在我们的培训需求调研或具体培训实施中，可以直接运用"Kolb 学习风格问卷"，考查和确定每一个学员的学习风格，依此进行学员分组，对不同学习风格的学员采取不同的培训形式和选择不同的培训方式。

（二）成人培训的基本原则[②]

根据成人学习的特点，具体进行成人培训的操作时应该遵循如下的若干原则：

---

① 参见姜荣国：《浅谈成人学习的特点》，2006 年 10 月 27 日，http://www.cnbm.net.cn/article/ni68917437.html。

② 参见姜荣国：《浅谈成人学习的特点》，2006 年 10 月 27 日，http://www.cnbm.net.cn/article/ni68917437.html。

(1)培训者应该承认、尊重并努力满足成人学习者所具有的不同学习风格、不同学习特点、不同学习目的。

(2)培训者要设法让受训者了解和看到他们现有的水平与应有的水平之间所存在的实际差距,从而使受训者自己真正认识到学习的重要性,产生"我要学"的强烈愿望。

(3)培训者要努力营造一种有利于成人学习的良好气氛,如开放的、宽松的学习环境,良好的师生关系等。

(4)培训者要正确引导和努力开掘成人学习者过去的经验资源,并充分利用这些资源为他们的学习服务。

(5)培训者要努力实现自我身份的转变,即努力使自己在成人学习的过程中成为一个成人学习的引导者、促进者、催化者和咨询者(guide, promoter, facilitator and consultant),彻底改变过去那种单纯的知识传授者(teacher)的角色。

(6)培训者要努力让受训者参与培训过程,努力激发和提高成人学习者的参与热情及参与水平,从而实现学习者在"做中学"(Learning by Doing)。

(三)构建以学员为主体的培训教学模式

由于成人学员具有鲜明的独立人格,他们渴望在学习中得到别人的理解和尊重,为此,培训师要营造良好的学习环境和学习过程中的安全感。本次思腾集团的两位培训师一开始就提出"将所有的问题放在教室外边",学员在课堂中发生的一切对外保密,不能带出去,以创造一个舒服的状态,使学员不用有什么担心。为此,培训前要签一个合约:如何确保这些天(培训)成功?(How can we make these days a success?)合约包括以下内容:①保密(Confidentiality)。②不要害怕犯错误!(Don't be afraid to make mistakes!)③自己对自己负责(Personal responsibility for your own learning)。④清晰地表达愿望和设定界限(Articulate wishes and set boundaries)。⑤通过行动学习(Learning by doing)。⑥开放而积极的学习态度(Open and active learning attitude)。⑦循序渐进(Small steps)。⑧你允许被培训吗?(Permission to train you?)⑨用心和努力(Heart & hard)。⑩有趣!(Fun!)他们设计的这一合约特别值得我们学习和借鉴,其中蕴含了充分尊重成人学习特点的理念,他们把这一理念贯穿于整个培训过程中。

在教学中充分认识和切实保障学员的主体地位,是提高干部教育培训效果的关键之一。针对当前干部队伍年轻化、知识化、专业化步伐不断加快的新形势以及多数领导干部的文化层次、知识水平、实践经验、研究能力不亚于甚至高于行政学院教师的实际，培训师应以实现教学相长、学学相长为目标，把调动学员的学习积极性、激发学员的内在动力、培养学员的独立思考能力作为教学过程的主调，让学员真正成为课堂的主角、学习的主人；通过大力开展学员自主选学、自我教育，调动学员学习的内生动力和积极性，以提升教育培训的针对性和有效性；积极探索新形势下提高干部教育培训水平的新思路、新办法；在主体班次教学和管理中，坚持以学员为本，突出学员主体地位，充分调动学员参与教学和管理的主动性，使学员成为真正意义上的"中心"和"主角"。

构建以学员为主体的培训模式，要求我们教师要不断更新观念，转变角色，改变课程中注重知识传授的倾向，让学员学会学习、学会合作，倡导学员主动参与。在教学中要尊重学员，凸显他们的主体地位。

1. 转变观念，树立"以学员发展为本"的意识

新的教育理念表明，学生应逐步成为学习的主人，教师应该成为学生学习的引导者，只有充分指导、帮助、激励学生自己的学习积极性，才能取得良好的学习效果。因此，过去那种以教为中心、以灌输为手段的教学模式，正在开始向引导学生自主学习，寻求自己解决问题的学习模式转变。激发学生的学习兴趣和学习潜力，培养学生的实践能力和创新精神，调动学生主动参与，成为提高学生学习水平与能力的重要途径。

公务员培训应针对现代公务员有较高的文化知识水平，有较丰富的实际工作经验，但日常工作又较多的实际情况，大胆探索并积极采用一些科学的培训方法和先进的教学手段，运用逻辑思维和形象思维相结合的方法，将业余自学、教师讲授、小组研讨、角色扮演、案例教学、实地调研、桌面推演等结合起来，把学习理论与研究政策、交流经验结合起来，充分体现公务员在学习中的主体地位和主动参与的特点。同时，学习形式要灵活多样。根据学习内容的不同，既可以采取短期全脱产的形式，集中一段时间进行学习培训；也可以采取半脱产的形式，使学员做到边工作边学习。尤其是在学习时间安排上不要强求千篇一律，应可长可短，以使学员做到忙时少学，闲时多学，分期分批进行，从而解决好工学矛盾。

近几年，我们在应急管理培训教学中，根据学员岗位特点及工作要求所需掌握的应急管理知识和技能，开展了相应的有针对性的培训。根据不同的培训班次、培训内容设置和培训目标，采取了不同的培训对象调训方式，主要包括：①坚持和完善组织调训制度，把组织要求、岗位需求和学员

个人需求结合起来，推行学员自主选学，逐步扩大学员选择培训内容、培训师资、培训时间的自主权。②试行成建制指挥部调训模式。不同层次、不同类别的突发事件应急处置指挥部成员一起参加相应的培训班，使培训和演练的内容、标准与实际工作一致。如学员在模拟演练中的角色就是自己真实的工作岗位，在演练中的职责就是自己在现实中需要承担的工作职责，演练的依据就是现实中的工作条例，演练的流程也是真正的应急管理工作流程。通过场景模拟培训，使成建制指挥部成员能够熟悉实际危机状态下的应急处置流程，提高指挥部成员解决问题的能力与团队协作的能力，从而在真实的应急处置工作中更加游刃有余地应对危机。成建制指挥部调训模式可以切实提高应急管理培训的针对性和实效性，同时，也有利于促进我们的应急管理培训制度化、规范化、标准化建设，值得大力推广。

2.追求和谐的课堂活动，在师生交流中发挥学员的主体性

要在课堂教学中充分发挥学员的主体作用，离不开平等和谐的课堂教学。因此，教师首先要转变角色，确认自己新的教学身份。美国课程学家多尔认为，在现代课程中，教师是"平等中的首席"。作为"平等中的首席"，教师更应该承担起组织者、引导者、参与者的责任，创造平等和谐的师生关系，充分调动教与学的积极性。

(1)在形式多样的活动中，体现学员的主体作用。学员主体性的发挥，要在民主、平等的氛围中出现，更要在科学、和谐的教学活动中进行。目前的公务员培训教学中，教师仍然是在唱主角，在尽情地灌输，这种教学方式的课堂里往往充满着严肃的氛围。要打破这种沉寂的气氛，可以将活动在适当的时机引入课堂，这种方法既为学员创设了合作交流的空间，又能够放手让学员发表自己的独立见解。例如：开展围绕主题的研讨活动，让学员充分发挥自己的主观能动性，结合自身的实际工作经验和现实思考，尽情发表自己的观点和看法，同时，对他人的观点和看法进行消化吸收。通过交流，学员们互相学习，互相启发，甚至可进行不同观点间的碰撞、辩论，使问题越辩越明，有利于正确解决问题。

(2)通过小组协作，激发学员的主体作用。古人云："独学而无友，则孤陋而寡闻也。"课堂上应要求学员学会学习，学会合作。为此，在课堂教学中要尽量多地为学员提供合作研究的机会，培养他们的团队精神和自主学习的能力。例如：讲到"水资源突发事件的预防与处置"时，可先组织学员学习我国水资源分布特点及受污染状况的相关资料，然后将学员分成若干小组，每组确立一名负责人，引导学员调查并分析本地的水污染情况。通

过调查，引导各组同学从不同角度搜集资料，确定主题，如“河流的变迁”“饮用水状况调查”等，并进行讨论、交流。每个小组都要完成一份调查报告，全体学员共享研究成果。对于讨论过程中出现的问题，培训师也可以及时帮助学员解决。

3. 把课堂还给学员，使学员成为学习的主人

我们教师以前在讲课时，对学员作用的发挥往往重视不够。在讲到某些重、难点时，由于对学员潜力估计不足，所以教师讲得多，而学员说得不多，更不要说自学了。这样学员在长期的“填鸭”式教学方式下，自身的自学能力就会被埋没。对此，我的体会是：授人以鱼，不如授人以渔。教会学员学习的方法，才是让学员成为课堂主宰者的真正解决之道，才能让学员由“要我学”“我要学”变成“我会学”“轻松学”。教学实践告诉我们，以学员为主体是培训教学的基本出发点，也是提高培训教学质量的必要条件。课堂教学发挥学员的主体性，是培训教学改革的必然趋势。只有充分调动“教”与“学”两方面的积极性，并着力构建学员的主体地位，才能真正把课堂还给学员，使学员成为学习的主人。

为此，培训师必须熟悉成人教育规律，按照成人学习的特性有效地组织学员的主动学习。培训师应做到以下几点：①千方百计将培训内容与学员的经验积累连接起来，以最大限度地激活学员的学习兴趣。绝对不可以脱离学员工作需要，空对空地讲述哪怕是最流行的理论。所有培训师必须彻底告别“满堂灌”的教学形式。②充分尊重学员。培训师要启发学员的思考，但不可将自己的观点强加于人。思腾培训师告诉我们：培训并不是灌输（Training is not telling）。同时培训师还要虚心向学员学习，因为许多学员比培训师还要聪明，还要见多识广。③努力实现培训过程中的教学双向互动。学员才是培训中的主角。优秀的培训师要善于把学员调动起来，让他们主动参与或改变学习过程，与培训师共同充实培训内容，这样做也可大大增加学员在学习中的成就感。④极力营造一个轻松、愉快的学习氛围。培训师必须懂得这样的学习心理：在培训过程中，让学员怎样学比让他们学什么还要重要。只有在身心很放松的情况下学到的东西，才会让学员永生不忘。在痛苦煎熬或味同嚼蜡中被强迫地学习，是难以入脑入心的。

二、灵活运用参与式培训方法

约翰·斯图尔特·密尔在《自由论》中说：“一个人能够对某个问题有

所知的唯一办法是听不同的人对这个问题所提出的不同意见，了解具有不同思维特点的人是如何使用不同的方法来探究这个问题的。所有有智慧的人都是通过这种途径获得其智慧的，人的智力的本质决定了只有这种方法才能使人变得聪明起来。”参与式方法是目前国际上普遍倡导的一类进行培训、教学和研讨的方法。这类方法力图使所有在场的人都投入到学习活动中，都有表达和交流的机会，在对话中产生新的思想和认识，丰富个人体验，参与集体决策，进而提高自己改变现状的能力和信心。

（一）参与式培训的基本原则[①]

1. 平等参与，共同合作

参与式培训是一个系统的、互动的过程，所有参与培训的人都要平等地参与。培训者不再是传统意义上的“信息提供者”、标准答案的“发布者”，也不是传递上级命令的“二传手”，而是被培训者的“协助者”“组织者”和“促进者”，帮助并与参与者一起学习，共同提高。传统意义上的学员也发生了角色上的变化，他们不再是被动地接受和消化信息，而是成了“参与者”，是培训内容和形式的主动创造者，是丰富的培训资源，同时也是培训者的“协作者”。在参与式培训中，培训者不再被认为是知识的权威，他们所拥有的知识只具有相对的作用，参与者也不是一无所知，他们有自己的看待世界的方式。由于参与者最了解自己，最知道什么知识对自己有用，他们所具有的知识更具有可持续发展的作用。

2. 尊重多元化、形式灵活多样

世界是复杂的，不同的个体和群体对同样的事情通常有不同的看法。因此，培训者必须认识到每个人的观点都十分重要，应该让大家把观点都表达出来。这样不仅能起到推动社会民主的作用，而且能够拓宽大家的视野。

3. 利用已有的经验，主动建构知识

参与式培训鼓励参与者调动自己的已有的经验，在合作交流中生成新经验。因此，培训者事先要了解参与者的背景及他们对有关问题的经历和看法，以便在他们已有的经验的基础上提供新的信息，组织新的活动。任何培训内容和方式如果与参与者的日常生活没有联系，都不可能为他们所接受。因此，正如任何形式的学习一样，参与式培训也需要找到好的结合

---

① 参见陈向明编著：《在参与中学习与行动——参与式方法培训指南》，教育科学出版社2003年版，第3～7页。

点，使参与者感到这种学习对他们来说是有意义的，是可以理解和接受的，或至少是会引起他们的重视和思考的。在参与式培训中，培训者应为参与者分享一些经验和理由，提供足够的机会和空间。如果参与者感到自己是受尊重的，自己的经验是有价值的，那么他们在分享这些经验时会有一种主人翁的感觉。他们不仅会对自己过去的经验重新进行评价，整合自己多方面的知识，而且还能够从众多人那里获得启示和灵感，在交流中生成新的知识和体验。

4.注重培训过程

参与式培训的倡导者认为，学习本身是一种社会实践，是社会实践不可分割的一部分，是一项伴随着忙碌与艰难选择的活动，是由人、活动和世界相互作用的一个过程。学习不只是为了增加学习者的知识资本，而且是学习者自身加入变革的过程。无论是“陈述性知识”还是“程序性知识”，都能够在学习中被产生、被学习。知识和技能的获得与实践可以是同步的、即时发生的。因此，参与式培训特别重视培训的过程，因为过程本身能够引起参与者思变，思变能够改变他们的知觉以及为采取行动所作的准备。培训者在培训中鼓励参与者积极参与，这本身就有助于他们提高自尊和自信，树立改革的信心，进而采取行动来改变现状。参与者在培训过程中之所以会思变，还因为平等参与的方式本身能够为他们起到示范作用。参与者在培训中不是仅仅对参与式方法获得一些要领上的理解，而是亲身有所体验。体验学习的重要性不在于使参与者学会操作技术，获得各种技能，而在于使他们获得对于现实的真实感受，而这种内心体验是参与者形成认识、转化为行为的原动力。通过对这种培训方式本身的体悟，参与者能够体会到其中所蕴含的理念和原则，有利于在自己的生活中进行迁移。

5.注重理论联系实际，具体与抽象相结合

参与式培训与以往的大班讲座培训是不一样的，特别强调在真实的情境下组织培训活动，激发参与者针对实际进行思考。培训的目的不是为参与者提供一些事实性知识，而是促使他们进行高层次的学习，因此，培训中提出的应该是有思考价值和一定的开放性的问题。

我们这次参加的思腾集团的培训，其整个过程都体现出参与式培训的特点。培训师每天为我们精心设计围绕模型的各项练习，让我们在体验过程中和练习后的反思与教师点评中，体会和把握学习内容，更重要的是在参与中得到启示，发现自己和他人的差距，从而促使我们改变。这就是他们的培训目的。

(二)参与式培训的实施

在做中学、在学中做是应急管理培训应该秉承的基本理念。应急管理培训的方法具有多样化与实战性特点,除了使用课堂讲授、专题研讨、结构化研讨、案例教学、学员论坛、现场教学等教学方法外,还可以广泛采用情景模拟、桌面推演等行动学习法,这种突出模拟演练的培训方法非常适合应急管理实践性强的特点。[①]

德国的应急管理培训就是一种典型的行动导向型教学方法,即按照"问题—计划(决策)—实施—检查(评估)"的行动过程,通过采用桌面推演、情景模拟、指挥部模拟演练等多种实战特征明显的教学方式来开展教学,使学员通过参与获得较强的行动能力。用德国老师的话说就是,"不是掌握什么知识,而是学会如何行动","像作战一样培训"[②]。行动学习法并不是忽视知识、忽视理论,而是将传授知识与提高能力、特别是提高行动能力结合起来。老师一般都会在培训前将相关的理论知识作为培训资料发给学员,让学员在做中学,通过做事提高行为能力。

多年来,我们在应急管理培训中,广泛采用参与式培训方法和行动学习法,受到学员的欢迎。

1.破冰活动

每期培训班开学的第一天上午,开学典礼后即可进行趣味破冰活动,要求学员在一分钟内运用角色转换、肢体语言、诙谐幽默的自我描述等多种形式介绍自己、与人交流,以打破沉默、消除矜持、克服陌生,迅速建立信任、亲密、融洽和相互激励的团队环境,在最短的时间内使学员之间、学员与教师之间相互熟悉起来。通过趣味破冰,可迅速打破陌生僵局,提升培训成员的亲和力、集体凝聚力和参与意识,使他们每次活动都做得兴奋、热烈,意犹未尽。

本次在思腾集团的培训中,老师也让我们进行了破冰活动。他们设计了独特的破冰活动形式,可以直接运用到我们的培训实践中。

2.拓展训练

拓展训练是通过一系列科学、合理和安全的个人及团体野外活动,例如过雷区、空中断桥、爬天梯、海上求生、背摔、走迷宫等活动,对学员的体能、智能、性格及意志品质进行的全面拉伸和提炼,以使学员克服身心障

---

① 参见凌学武:《德国应急管理培训体系的特点与启示》,载《中国应急管理》2010年第1期。

② 王彩平:《德国应急管理培训的特点及其启示》,载《行政管理改革》2011年第2期。

碍，激发自身的潜能。拓展训练在课堂教学的基础上利用各种项目进一步打破学员自身存在的各种生理及心理障碍和误区，帮助他们提炼潜能，挑战极限，全面而系统地提高了公务员的整体和综合素质。

3.运用“头脑风暴法”进行专题研讨

专题研讨是一种通过相互启发和借鉴达到经验共享的培训形式。在研讨过程中，不同观点的相互碰撞可以激发学员的发散性思维、逆向思维、创新思维等，这对于提高学员的创新能力、分析问题及解决问题的能力等具有重要意义。专题研讨的一般步骤是：①教师在认真研究和论证的基础上设计专题研讨题目并把专题研讨的题目列入课程表，以便让学员提前根据题目，查阅资料，早做思考。②主持研讨。教师进行引导，提出对专题研讨的具体要求，将头脑风暴法的基本原则、研讨程序、研讨结果汇报形式等做成课件，向学员说明。③学员在规定的时间内，首先分小组用头脑风暴法自由提出各自的观点，由一人进行记录，然后将观点进行归类，形成每小组的研讨结果，以文字的形式写在一张大纸上。④每小组推荐一名代表在大课堂上交流，其他小组成员提出补充意见。⑤由主持教师归纳、提炼学员的观点，进行理论概括和总结，并就有关问题的前沿研究成果作出介绍，以加深学员对此问题的理解程度。⑥最后将每小组的研讨结果用墙报的形式加以展示，以便于大家继续互相学习和讨论。通过这样的思想交流和观点交锋，帮助学员相互启发，打开思路。

4.桌面推演

桌面推演既是一种应急管理演练方式，也是一种应急管理培训的教学方式。在应急管理培训中，通过结构化的推演过程和发散性的思维方式，桌面推演能够锻炼并提高学员的指挥决策能力和协同配合能力，还可以检验应急预案的可行性。国务院应急办编制的《突发事件应急演练指南》中规定：“桌面演练是指参演人员利用地图、沙盘、流程图、计算机模拟、视频会议等辅助手段，针对事先假定的演练情景，讨论和推演应急决策及现场处置的过程，从而促进相关人员掌握应急预案中所规定的职责和程序，提高指挥决策和协同配合能力。桌面演练通常在室内完成。”这一规定为我们设计和开展桌面推演提供了依据。桌面推演旨在激发学员参与，促进彼此分享经验，强化能力训练。桌面推演过程中，学员间交流互动、寻找措施，教师为学员点评分析，这既可以训练学员的思维能力，提升他们运用理论分析、解决问题的能力，又可以在接近“实战”的能力训练中，达到以此类推，举一反三的效果。桌面推演最初只用于功能性演练和全面演练的预演，但由于形式灵活、不受场地限制、省时省力、投入少、训练机会多、可提供协同的模拟训练环境、能够开展多种决策结果分析等优点，逐渐成为应急管理培训模拟演练的主流方法。在桌面推演中，学员是推演的主要参与者。如果是对成建制指挥部的培训，那么学员在推演中就承担自己在实际工作中的那部分工作职责。如果是调训的单个人进行桌面推演，那么，学员就需要分别扮演各个成员的角色。角色设定后，要按照角色职能明确各个角色所承担的主要工作职责，并在设定的突发事件应急管理工作中履行特定的职责。

桌面推演的设计步骤为模拟情景设置、演练脚本设置、教学步骤设置。实施过程分为教师引导、学员研讨、学员研讨结果展示、学员反思与教师点评等。整个培训突出实践性，重视学员参与，受到学员欢迎。近几年，为增强演练情景的实战性和实用性，我们教学团队的教师与省直有关部门如省食药局、省地震局的工作人员一起，为省食药系统领导干部和县(市、区)防震减灾专题培训班设计开发了桌面推演情景和研讨问题。在反复沟通与研讨中，学院教师与实际工作人员都有很大收获，实现了优势互补，也使培训更贴近实际工作和学员需求。

5. 情景模拟

情景模拟在假设的情景中进行，要求事先设计出逼真的场景，其中有人物、情节、矛盾冲突、疑难问题等，学员要根据情景分别担任不同的角色，把自己置身于模拟的情景中，按照自己所扮演的角色的要求，提出观点或拿出方案。情景模拟的操作过程为：选择案例、课外准备、课堂演练、分析总结。模拟新闻发布会、专题访谈、现场采访等即采取情景模拟法进行。

一般说来，模拟演练要比一些传统的培训方法更为有效。因为在模拟演练中，培训人员可以设置一个场景，让学员马上进入危机状态，可以设置危机的时间、地点、灾情、任务及完成任务的时限等条件，并分配给每个学员具体的行政指挥角色，使他们承担相关部门的应急职责。在模拟演练时，整个培训班次的学员就组成一个应急管理行政指挥中心。面对灾情，他们要在一定情景中进行危机决策与协调。演练的过程与最后的决策成果由学员和教师来评判并讨论。模拟演练的培训方法对学员以往的知识与经验构成是很大的挑战，要求学员具有较高的快速学习能力与扎实的专业基础知识，同时，也要求学员具有较高的知识运用能力，能够把各种专业知识与技能融会贯通，快速应对危机。

6. 案例教学

案例教学是通过演示、分析现实中不同类型的突发事件案例，让学员从中找出突发事件发生、发展的规律，找到处置突发事件的有效方法，以提高他们分析判断和解决问题的能力。

教学中我们还要求学员提供自己亲身经历的成功或失败的案例。这样可以在教学中使学员相互交流，得到启迪，吸取经验教训，提高自己处理问题的能力，还可以不断充实和调整我们的案例内容，增加案例教学的活力，从而激发学员学习的积极性。这样做既贴近了政府的工作实际，也贴近了学员的实际工作需要，很受他们的欢迎。

7. 预案编制演练与评估

目前的应急预案编制与管理中普遍存在针对性、实用性、可操作性不强和培训不足、演练不够等问题。我们必须增强应急预案的可操作性，明确回答突发事件的事前、事发、事中、事后应该做什么，谁来做，何时做，怎样做，用什么资源做等问题。同时，预案要能使人看得懂、记得住，要管用。为此，我们在培训中让学员在课堂上现场编制某类突发事件的应急处置预案，对预案进行演练，以检验其针对性和可操作性，并用特定的指标体系对预案进行评估，通过演练和评估检验和修订应急预案。这种培训方式，不仅使学员学习和体验了预案编制与预案演练和评估的有关知识和方法，而且还明确了日常工作的内容和方法，学员们感到收获很大。

8. 结构化研讨

结构化研讨的步骤为：①将学员分为若干个小组，每位学员依次针对设定的研讨主题，提出一个自己认为存在的最主要问题，通过大家打分的形式选出一个得分最高的问题；②每组针对所选问题的现象、原因和对策分三轮进行讨论，各抒己见，但不反对别人意见；③由小组发言人在全班交流发言，主持教师点评。

9. 现场教学

我们在培训中精选应急管理教学基地，如省消防总队、省人防中心、省防震减灾中心等，进行现场教学，由有关专家进行现场讲解和与学员互动，既使学员产生了对突发事件预防与处置的切实体会，也使其学习和掌握了相关的专业知识和技能。

10. 学员论坛

培训班有针对性地设置了学员论坛，为每一位参训者提供了展示自己学习成果的舞台。学员们高度重视，精心准备，以饱满的热情把自己的经验和体会与大家分享。每次论坛,都可以发现一些高水平的学员,有的还成为了我们的兼职教师。

本次思腾集团在培训中为我们专门设置了一天的个人演示,使我们学习了新的学员论坛方式。

除此之外,还可采用双讲式、多讲式等团队授课方式,以期达到活跃课堂气氛、促进沟通交流、提升培训效果的目的。团队授课时,不同学科专业和不同研究专长的老师一起授课和参与互动式教学,可以弥补一个人专业知识不足的缺陷,使与学员的交流更充分、广泛与深入。实践证明,这种方法的效果明显。

以上多种培训方式需要进行科学的组合。一般来讲,在一个培训班的培训方式设置中,可以每一种培训方法用一次,多种方法交叉组合。如边讲授边演练、边学习边行动,更利于学员及时消化吸收授课内容,提高学习兴趣,从而达到有效提升培训效果的目的。

(三)运用参与式培训方法的注意事项

(1)一定要避免为活动而活动,那样表面上看起来很热闹,但真正的学习并没有发生。

(2)设计的参与活动必须与学员的日常工作息息相关。

(3)研讨中提出的问题应该具有挑战性、开放性,以激发学员深层次的思考,形成思想上的交锋。

(4)活动形式要多样化,不要千篇一律。

本次思腾集团的培训中,老师设计了多种互动培训形式,如不同人数、不同主题的小组讨论以及集体反思、三人互动、两人反馈、个人汇报,等等。这些互动不仅形式多样,而且地点和位置也不断变化,学员的组合也随时变动。这些多样与变化使我们天天处在新奇与兴奋中,同时也不断面临新的挑战,始终处于紧张与思考中。这可以大大激发我们的潜力,同时也不断暴露我们个人的不足。可以说,在这种参与式培训中,学员不仅学到了相关的知识、模型与方法,而且还加深了自我认知和彼此了解,可以潜移默化地放大培训效果。这些特别值得我们学习与借鉴,并适时适事加以运用。

三、准确定位培训师的职责和角色

培训即培养和训练,其意既包括知识和技能的传授,也包括实际操作方面的模拟和训练。由此决定,培训是在短期内提高学员能力的主要措施和途径。

(一)培训和教育的区别[①]

思腾集团的老师提出:培训非教育(Training is not teaching),让我们进一步思考培训与教育的区别(见表1)。

表1　　培训与教育的区别

	教　育	培　训
中心	讲授者	学员
侧重点	教	学
知识传递方式	讲授者告诉学员	学员自己发现
目的和效果	传授系统性知识	培养实用的能力

1. 教育活动的中心是讲授者,培训活动的中心是学员

教育经常是教师单方面的传授,讲坛上的教师是最引人注目的对象,他(她)的一字一句、一举一动都会引起台下所有人的关注。而台下听课的学生,则不一定引起教师的注意。

培训则不同。每个学员都在培训师的视线内,培训师每一句话、每一个活动之后学员的反应都落入培训师的眼中。而这些反应是代表理解了、掌握了,还是不感兴趣、不明白,或是压根就没听到和看到,都将成为培训师极重要的线索,他会依此来开展余下的课程。更重要的是,课堂中的各种活动,如互动、研讨、练习、角色扮演、演练等,都是以学员为主角的,务求学员在这些活动中有所体验、有所收获。

本次培训中,我印象最深刻的是培训师反复要求我们,培训中要照顾到每一个人。特别是Jan Willem老师,他不仅将照顾到每一位学员的理念贯彻始终,教授我们一些模型,而且还在相应的多次练习中,反复提醒我们注意,在点评中也一直强调这一点。我最佩服Willem老师以亲和自然的步态、神态,向我们传授知识,关注我们每一个人的课堂表现,随时与我们互动,准确把握每一个人的特点,并针对每一个人的弱项,提出富有挑战性的情景,帮助我们改变。

这种培训模式,不仅让我们学习了以学员为主体的培训理念,而且为我们现场演示了培训中如何做到以学员为主体,使我们对自身的差距有了

① 参见众行管理资讯研发中心:《培训培训师:TTT全案》,南方日报出版社2005年版,第11～13页。

切实的体会，由此明确了今后努力的方向。特别是要通过反复练习，自信自如地走到学员中间，与每一个人互动，关注每一个人的表现和问题，为每一个人提出解决问题的建议，这虽然很难做到，但我们要努力改变，不断完善。

2. 教育侧重于“教”，培训侧重于“学”

教育往往是单方面的知识传授。无论是知名学者还是普通教师，他们在课堂上将理论或问题讲清楚，发表了自己的见解，就算完成了教学任务。衡量一个教师的教学水平，也多是看他的课讲得怎样，精不精彩。

而培训看重的是学员的反应和反馈，其关键在于在特定的环境中，特定的学员对课程的满意程度和对课程内容的掌握程度。衡量一个培训师优劣的标准是看他是否可以在有限的时间内，让学员学到东西且学得快速、学得扎实。

3. 教育中的知识是被告知的，培训中的知识是被发现的

学校中的教育更多是灌输知识，学生们一般对知识抱有开放的心态，可以不加怀疑地接受老师的说法和看法，内化为自己的东西。

而培训的对象由于具备丰富的实际工作经验，对事物具有自己的看法和思路，所以，培训师难以在短时间内让学员全盘接受一种新的理念或方法，只有启发学员的思维，引导他们根据自己的经验和思路去发现这种理念或方法，最终学员会有一种恍然大悟的感觉。在这种发现知识的过程中，培训师更多的是担任引导者的角色，而不是教授者。

4. 教育的目的是传授系统性的知识，培训侧重于培养素质和能力

教育是系统性的工作，其内容涉及面广泛、全面，知识的传授按照一定的逻辑顺序，循序渐进地进行。

培训是很灵活的，可以根据工作的需要而随时安排，即学即用。其目的多是素质、能力、技能的培养和提升。

培训和教育的诸多区别，决定了行政学院的教师不同于高等学校的教师。培训的重点不是传授知识，而是通过全方位互动，启发思维与训练能力。

实践证明，一个非常优秀的教授不一定做得了培训师；反过来，一个非常成功的培训师也不一定上得了大学讲台。两者的根本区别，就在于教授必须全面系统地掌握本专业及相关专业的理论，在本学科领域有一定的理论建树，具备深厚的学术功底，并能将这些理论准确地传导给学生，还要指导学生的理论研究，而培训师则必须掌握相应的管理技能。一般来说，培

训师应该从事过相关的实践工作，具备所培训领域的丰富实践经验。培训师还必须要有很高的培训技巧和语言（包括体态语言）感染力，善于营造培训现场气氛，而这一点，往往是大学教授们难以企及的。

为此，作为行政学院的教师，必须了解政府工作的职责、任务和特点，了解我国政府的运行机制。马凯同志在《努力建设有特色高水平的行政学院》讲话中指出："行政学院最突出的特色是行政，主要是面向政府公务员，以政府工作为主题，具有与政府建设和政府工作相适应的特色鲜明的教学体系、科学研究体系和决策服务体系。"行政学院的教师要研究政府工作，研究领导讲话，研究方针政策，研究政府管理面临的问题，研究老百姓反映最强烈、最盼望政府解决的问题。正是在这一方面，行政学院跟普通大学不同。行政学院一定要聚精会神地盯着政府工作，把政府工作重心当成培训重点，把政府工作的热点作为培训工作的着力点，把政府工作的难题变成我们的培训课题。应急管理培训必须紧密关注当前的公共安全形势和政府应急管理实际，依据政府应急管理实际工作中的重点、难点问题设置培训主题和培训内容，围绕内容选择培训方式。为此，教师必须认真研究政府应急管理工作，熟悉政府应急管理工作情况，通过挂职锻炼、广泛进行实地调研等形式，提高理论联系实际的水平，以在以学员为主体的教学培训中，发挥应有的作用。

（二）培训师的职责和角色①

1. 培训师的职责

概括地说，培训师有两个基本职责：一个是专家，一个是培训引导者。

（1）作为专家

所谓专家，对所培训的课程内容应有深入而独到的见解。这就要求我们一方面在知识的掌握上，要熟练把握本学科前沿的知识和未来的发展方向，系统了解相近学科的相关知识，并且能够融会贯通、灵活运用，以解释和解决实际工作中的问题；另一方面，对于学员的实际工作内容，我们必须有基本的了解，对于他们工作中的困惑和问题必须掌握。在这两方面中，丰富的专业知识是培训师相对于学员占优势的方面，而实际工作经验则是培训师相对于学员占劣势的方面。我们必须扬长避短。具体到应急管理培训来说，我们教师必须系统掌握应急管理的基本理论、法律法规、战略政

① 参见众行管理资讯研发中心：《培训培训师：TTT 全案》，南方日报出版社 2005 年版，第 20～23 页。

策等知识，深入了解国内外应急管理的实践做法与典型案例，再加上所讲课程的全面知识，以保证在与学员的互动中发挥自己的优势，让学员能从教师的讲课中收获理念、知识或启示。这也正是我们教师应该下工夫之处。而应急管理实践经验则是学员的优势，教师应虚心向学员学习，要经常到实践中调研，以及时跟踪公务员现实工作中的培训需求，依此设计我们的培训项目、培训课程和培训内容。紧密贴近政府部门和学员需求，是我们应急管理培训的出发点，也是我们的培训特色。

(2)作为培训引导者

所谓培训引导者，要通过一定形式引导学员围绕有关内容主动进行探讨、思考与总结，促进学员的相互交流、观点交锋，从而找到解决实际问题的思路、方法或理念。应急管理培训中，我们系统地采用结构化研讨、情景模拟、桌面推演等形式，让学员聚焦问题，根据情景解决问题。在此过程中，教师作为情境与问题的设计者、研讨和演练过程的组织和控制者、学员研讨和演练活动的点评者，设计和参与其中。

培训等于授之以“鱼”加授之以“渔”。这两种职责对于培训师来说，都是不可缺少的。我们既要履行好专家的职责，适时适事给予学员需要的知识、理念、方法、案例等，又要引导学员发现、挖掘、总结实际工作中的重点、难点问题，探寻和相互学习解决问题的思路和做法，以推进学员工作的科学化、规范化和标准化建设，提高他们依法行政的水平。

可以说，培训师兼具教师与教练的双重身份，与教师、教练又有所不同。教师、教练的受众较为宽泛，而培训的受众以成人为主。由于成人具备一定的知识和阅历，有着较强的判断是非的能力，但同时固有的经验和知识又影响成人对接触信息的取舍程度，从而造成培训与教育在知识和能力转化方面的差异。因而，培训相对于教育和训练又有着自己的特点。教育注重知识吸收，这是教师的主要职责和关注的方面；训练注重能力的转化，这是教练的主要职责和关注的方面。培训必须兼而有之，博采众长，必须兼顾知识传授和能力训练。所以，培训师首先应该是一个引导者，要通过在培训进程中的引导和启发，让学员思考为什么要这样做。培训师要留意不要把自己的想法过多强调，更多的是让学员思考并提出问题来。让学员带着问题去思考，远比直接灌输的效果要好许多。通过培训师的启发和引导，学员很快就能理解培训的目的，学习起来也就更加顺利。其次，培训师应该是一个示范者。在培训进程中，教师的准确示范能让学员很快掌握有关技能，并通过实景的操练进一步强化，这样学员会感到有很大收获。

2. 培训师的角色

具体到完成一个培训项目时，培训师至少要担当编剧、导演、演员三种角色。

(1)编剧。在培训前的准备过程中，培训师主要担当编剧的角色。这时候，培训师要根据培训目标和培训对象的特点，编写所需的教案、发给学员的资料等并制作 PPT；要编排授课内容和授课方式，使之错落有致而又能紧扣主题；要选择能够吸引学员注意力的活动、案例、研讨主题等。

(2)导演。在培训的实施过程中，培训师担当的是导演的角色。这时候，培训师要在培训前准备好的剧本的基础上，按照具体的步骤引导和组织学员按部就班、有条不紊地完成教学过程。在“导演”过程中，培训师要保证课堂的气氛活跃，要引导学员轻松、自然地参与各种活动，使他们最终能够在思想上、行为上有所收获。

(3)演员。在培训现场，培训师还是演员，要在学员面前用语言、声调、手势、表情等来综合表达课程内容，传递信息和思想。在这个意义上，培训师必须要像一个演员一样，有丰富的表现手段和高超的演讲技巧，自信、自如地履行专家与引导者的职责。

由此决定，培训师的实力包括以下几点：①对讲课主题的沉淀和把握。培训师应对讲课主题有一定的研究，有较深厚的理论功底和专业基础，有自己独特的见解、观点和视角，而不是背别人的课件，对讲课主题一知半解，鹦鹉学舌。培训师应结合自己的认识来分享得失、经验和教训，应现身说法，给大家以启迪和帮助。学员会提出各种各样工作中遇到的问题，培训师要相应地给予指导、提出建议，为学员提供技能训练，而不是单纯传授知识。培训师是教练，而不是讲师。②对学员所处行业的问题的了解与把握。培训师应在培训前做前期的培训需求调查，做访谈，以对症下药，为学员量身定做培训课程。培训师要积极开发课程，走近学员，讲大家所需的，而不是讲自己喜欢讲的，应以学员为中心，而不是以讲师自己为中心。因此，培训师要学会研发和设计课程，提升自己的专业能力，要有自己的想法和思考。一直讲别人的课程永远不会有长进。③完美的演绎和表达能力。培训师应能够运用现代化的教学手段和综合性的培训方式，即有“货”“料”，还要娓娓道来，让学员吸收消化，变为自己的东西，运用到实际工作当中。不能“满肚子的蝴蝶飞不出来”，或“茶壶里的饺子倒不出来”。培训师要吸引大家的兴趣和注意力。怎么说有时比说什么更重要。培训师要使培训课程化繁为简，化简为易，化易为趣，化趣为道，真正起到传道、解惑、授业的作用。

作为一个成功的培训师，在其培训过程中必须做到下列两点：①把复杂的理论简单化。如此是为了帮助学员在极短的时间里掌握应急管理理论的精髓，而不必面面俱到。培训师不必向学员反复解释前因后果，因为绝大多数学员不可能像大学生那样以成年累月的时间去钻透相关理论。②把枯燥的过程艺术化。任何理论的培训都是枯燥的，成人学习又不可能主要依靠死记硬背。因此培训师必须使培训过程充满生动性，寓高深的理论原则于活泼的事例分析中，需调动学员的全部感官，增强并巩固他们对学习内容的感受。

一个培训师的授课应该具备以下几个特征：①有效性。一个称职的培训师，应该使学员参加培训之后，能在很大程度上了解到怎么解决所面对的问题，或者说培训师必须给听课者以认知、分析、方案、实施等真正解决问题能力上的收益，而不只是单纯为学员堆积知识和培训师的所谓经验——这应该是底线的要求。②整个培训内容的针对性。学员有什么样的特征，是带着什么样的问题来听你的课的？一个好的培训师应该在课前了解这一点，并使培训带有针对性。不幸的是，很多培训师一上课就开始不停地讲。这在听课人多的时候当然无可厚非，人少的时候就能看出差异了——也许培训师并不知道怎么去针对。③培训过程中的针对性。培训师对学员在培训过程中提出的问题，应该有能力给予思路清晰的分析和建议。我把培训看作"咨询式培训"——别人是要解决问题才来听课，培训师应该从自己的角度提供解决问题的方法和思路。培训师可以不熟悉学员问题的具体情境，但应该对所讲授的专业领域思路清晰、经验丰富。④趣味性。趣味性是一个附加性的，或者说"有则更好"的要求。幽默能让学习轻松，提高学员的兴致，从而提高他们的学习效率，但要适可而止。有时学员反映："听得非常开心，笑话全记住了，讲的内容，嗯……"这样就有点偏离了。成功的培训师应该思路清晰、知识全面、富于经验，能引导学员积极思考和参与，且风趣幽默，课堂气氛活跃且良好——这应该是一个培训师为自己设立的标准。

四、不断提高培训师的素质和能力

本次思腾集团的培训中，培训师言传身教，让我们学习并体会到一个培训师应该具备的能力和素质。下面把我印象深刻的三个方面加以总结和论述。

(一)学会倾听

Willem 老师特别强调:有效的倾听在培训中是非常重要的。培训中的倾听,不仅仅是要用耳朵来听说话者的言辞,而且还需要全身心地去感受对方在谈话过程中表达的言语信息和非言语信息。倾听是在接纳的基础上积极地听、认真地听、关注地听,并在倾听时适度参与。

1. 倾听的要点

在倾听时,培训师应努力做到:①身体前倾,表示对谈话感兴趣。保持目光接触,集中注意力。这些动作和态度会鼓励说话人"无拘无束地畅谈"。②要"所答即所问",这表示你在与人交流。③在倾听的过程中,适时加上自己的见解,以使给予和吸收两个方面平衡。④倾听中,目光专注柔和地看着对方,以头部动作和丰富的面部表情回应说话者,适时给出回应,比如点头,表示你正在专心倾听。⑤没有听懂或弄清楚的地方要及时提出并沟通,以免造成误解。但不要喧宾夺主,更不要把话题扯开。⑥在对方说完前不要急于发表观点,也不要提前在心中作出预判,尽量避免把对方的事情染上自己的主观色彩。⑦可以从对方的观点看问题,但提出的建议一定要出于自己的想法,对方想听到的是"你的意见"。如果担心自己的想法太过主观,可尝试从多个角度切入问题,如此可以尽可能地确保客观、公正。

2. 学会倾听

要学会倾听,培训师可以从以下几个方面入手:①要体察对方的感觉。一个人感觉到的往往比他的思想更能引导他的行为,愈不注意人感觉的真实面,就愈不会彼此沟通。体察感觉,意思就是将对方的话背后的情感复述出来,表示接受并了解他的感觉,有时会产生相当好的效果。②要注意反馈。倾听别人的谈话要注意信息反馈,及时查证自己是否了解对方。不妨这样询问:"不知我是否了解你的话,你的意思是……"一旦确定了对对方的了解,就要进入积极实际的帮助和建议。③要抓住主要意思,不要为个别枝节所吸引。善于倾听的人总是注意分析哪些内容是主要的,哪些是次要的,以便抓住事实背后的主要意思,避免造成误解。④要关怀、了解、接受对方,鼓励他或帮助他寻求解决问题的途径。

3. 倾听禁忌

①对谈话内容漠不关心。②只听内容,忽略感觉。③无故打断对方的谈话。

(二)学会沟通

良好的沟通能力是一个培训师的基本素质要求。作为一个培训师,你的一言一行都代表了你的实力。在教学员如何沟通的同时，自己要跟学员建立良好的沟通。台上台下都起表率作用，大家才会信服于你。沟通在培训实施过程中的运用包括培训开始前的需求调查，课程内容沟通，培训实施中良好的互动、双向交流，课程结束后交流反馈意见。整个沟通过程中，应牢记你必须扮演谦虚的专家角色。

本次思腾集团的培训中，老师给我们讲授和实践了大量的有关有效沟通的模型和练习。因为我们团队的其他参训老师有该专题的总结和论述，我不再重复。下面从培训师的素质和能力角度进行论述。

1.一个优秀的培训师要能读懂学员的身体语言

根据学员的表情你能分辨出他们是否明白教学内容。你也应当意识到学员也能读懂你的身体语言，所以不要抱着双臂站在前台向大家发问。在学员发言时，不要打断他。被打断的人往往会感觉受到质疑，然后保持沉默。当然，偶尔你也要打断那些讲话啰唆的人，不然会影响你与其他学员的交流。为保持有效的交流，培训师必须在课程中对学员给予积极的帮助，并了解群体的反应，如果忽略了任何一个反应，你很可能会失掉交流的机会。培训师讲课必须生动有趣、热情澎湃和充满活力，我们只有展示这些要素和魅力，才能够激励群体学习的积极性。

2.交流并不意味着只是语言的沟通

在教学中，停顿和沉默能够让学员有时间对内容进行消化吸收，所以你可以考虑在讲解要点时适当做一些停顿。本次培训练习中，荷兰培训师曾多次提醒我们注意停顿的运用。

3.培养课堂观察力

培训师的课堂观察有利于各类素材的搜集、挖掘培训需求并在第一时间得到学员的反馈信息，随时掌握学员动向。有时候，学员有意无意表现出来的语言或非语言的信号，经过我们细心观察后，进行一番调整，实施在课程中，效果会很好。

4.培训师如何吸引注意力

①幽默可以用来吸引学生的注意力。培训师在使用幽默的语言时，必须肯定其是有效的和适当的。培训师必须确信幽默的主题与培训主题相关联，而且幽默故事不能太长，否则会分散大家的注意力。使用幽默的语言时，应注意以下原则：寻求许可、测试或者询问、如果失败了则忽略它、永远不要尴尬、保持镇静。②开展相关活动让学员参与，也是吸引和保持学员的积极性的一个好办法。③培训师应不时地变化音调、改变声音强度和

语速，以吸引学员的注意力。④通过向群体提问，可以吸引学员的注意力。使用"提问、停顿、出击"的提问方法，用整体性的问题向所有学员提问，停顿片刻，再请那些有意发言的学员回答。⑤建立兴趣。利用某些设备给学员们提供视觉上的观感，可以引起他们的兴趣，也可将新的内容与大家熟悉的例子和经历联系起来，也就是说，将新知识与旧知识串起来。只要有可能，培训师应该说明所有主题都是与现实生活相关的，如果学员感觉这些信息能够给他们带来益处，也会产生兴趣。另外，激发学员对主题的好奇心与对自我的竞争，也能引起学员的兴趣。

（三）学会反馈

反馈（Feedback）也是本次培训中思腾集团的老师重点演示的内容。我们从培训师的讲解与教学中，深切体会到他们对培训师与学员之间、学员与学员之间的反馈的重视，这也是特别值得我们学习的方面。他们不断地对学员的反应和表现给予及时反馈，以使每个学员准确知道自己已经取得了哪些进步，还要做出哪些努力。例如，当全班进行练习时，荷兰培训师在教室里巡视并点评学员的工作情况；在学员回答问题后，培训师应用语言或表情给予赞许；每个学习阶段结束后，培训师对本次培训情况做总结和回顾。

Willem 老师设计了一项练习，让学员站到一起，面对面地互相把自己看到的、听到的，自己的感受、建议告诉对方，以帮助对方成长。并让我们讨论为什么这样的反馈信息很重要，应如何运用这类信息。Wies 老师也在讲课中渗透了及时与学员反馈的演示与练习。他们这种高度重视以开放的心态互相反馈的理念，很值得我们反思。

学会反馈，就是要在与学员的对话中主动提问，积极思考，以令对方充分感到你的专注和投入，也确保你能准确无误地理解对方的讲话内容。及时反馈会推动你在对话中不断提问，并通过不同说法来明确对方的意思。另外，在反馈时，培训师需要在说话中尽量采用探讨商量的口吻，而非指令建议的口气，不要强加个人的信念和价值观，以让对方充分享有思考与自决的权利。平时，要培养自己的表达能力，要把自己的想法正确无误地表达出来，避免出现理解了但表述不清的现象。

培训沟通语言的要素及应用

山东行政学院社会和文化教研部　张芹玲

心理小测试，培训师请学员在大量图片中找出最契合当前心情的图片

在荷兰培训时，培训师威廉(Jan Willem)就沟通的软技能，从语言角度强调了三个要素：有声语言(音义结合体)、肢体语言和语音语调。威廉认为，从影响沟通的有效性角度看，三者的排序是语音语调占第一位，第二位是肢体语言，第三位才是字词句组织起来的有声语言。为什么传递明显语义信息的有声语言不是有效沟通的首位要素？他认为，培训师在培训沟通中，将意欲表达的目标语义信息，通过自己的有声语言、肢体语言以及个性化的语音语调，一起“打包”送递给学员。在任何培训场景中，培训师的语调语气直接影响学员对培训师“信任度”，影响学员对接收到的信息的理解和认同。如果一个培训师坐在椅子上，有气无力地与培训学员沟通，学员从他的语气语调里就无法感受到“权威”，甚至质疑“为什么要你来给我培训”。这部分内容威廉讲得很少，但几天的培训中，他让我们反复在“做”中体会，甚至有时会针对具体学员特别进行比如传递“权威”信息的语气语调、肢体动作等方面的训练，使我们受益匪浅。

运用语言(广义上的)进行有效沟通是培训师必须具备的一项极为重要的软技能。以下将结合信息论、传播学、语言学等基本理论，谈一下本人对培训沟通有效性的几个语言要素之认识，希望能抛砖引玉，对培训教师提高沟通能力有所启发。

一、有关沟通理论的基本释义

从信息论角度看，沟通是编码再解码的信息传递过程。信息输出者将意欲传递的意义符号化，变成语言(广义)形态的符号传递给接收者。接收者接收到这些符号，按照自己的理解再还原为意义。所以，信息实际是符号和意义的统一体。符号是信息的外在表现形式或物质载体，意义是信息的本质。因为信息传递的最终目的是作用于接收者，所以输出者编码的时候，首先必须考虑到接收者所使用的语言形态是否与编码者属于同一民族语言和同一文化体系。不同语言文化的同一编码，解码后的含义可能完全不一样。比如同样是跷大拇指的手势动作，虽然多数地区的人都用跷拇指表示“好”，但这个手势的含义极为丰富，在不同情势语态下包含了顺利、了不起、一切都好、平安、好运、伟大、我同意、我成功了、胜利了、准备好了、极好、一流、你做得对等意义。同样是跷大拇指这一物质符号形式，在美国和欧洲部分地区，还通常用来表示请求搭顺风车的含义。同时，用于编码的符号系统，还应力求引起信息接收者的注意。而能否引起接收者的注意，主要取决编码者拥有的思想、世界观、价值观、文化修养等稳定因素构成的符号系统以及由其个人情绪、精神状态、肢体动作等不稳定因素构成的符号系统。信息论有关编码符号系统的理论,与沟通理论中的语言三要素有些关联。

最早提出沟通语言三要素的是美国著名心理学家、传播学家艾伯特·梅拉比安。他所带领的科研团队于 1967 年通过大量的实验,提出了著名的沟通公式:人类在沟通中全部的表达信息等于 7%的语言信息(Words)加 38%的语音信息(Voice)+55%的肢体语言信息(Expression)。需要说明的是,梅拉比安公式中的 Words, Voice, Expression 三要素,针对的是表音体系的西语。如果仅根据三个英文单词的语义直译过来而应用于汉语,显然有失偏颇。笔者认为,在中国文化语境中,Words 是指字词句组织起来的、有明显语义信息的、通过人声音传递的音义结合体,我们姑且称之为“语言信息”,其在有声语言里有明显语义指向。梅拉比安所称的 Voice 是伴随有声语言出现的超长语顿、语速、语调等语音要素,具有隐性的传情达意作用,这种语音信息我们称之为“副语言”。Expression 指人说话的时候所辅助使用的表情、神态以及各种肢体动作等,我们称之为“肢体语言信息”。梅拉比安认为,有声语言信息表达在沟通中起方向性和规定性作用(我们可以看成是沟通中的硬信息),副语言信息和肢体语言信息能准确反映出人的思想感情(可以看成是沟通中的软信息)。当然,这个公式并不是放之四海皆准的,只有当一个人想表达自己的感觉、态度或情感时,这个沟通公式才是正解。

信息经过“编码—传输—解码”这样一个复杂的传播过程,不可避免地会发生信息丢失、缺损、误读等情况,也就是说,信息接收者并不一定能全盘接收到信息输出者所传递的信息。任何沟通行为,双方都不希望出现输出与接收信息差,最理想的状态是输出与接受的信息等值。但遗憾的是,信息差常常会出现。根据上述说法或理论,我们可以推断出,除传播过程中发生的信息自然缺损外,信息差出现的重要原因或许不是对有声语言传递的明显语义信息产生分歧,而可能是因为接收者对发出者发出信息时所用的语音语调及肢体语言等要素进行了个性化的解码。语言沟通的关键是信息等值,对接收的信息进行个性化解读后越接近于发出者的“本意”,信息差越小,沟通效果便越好,反之一定会出现沟通不畅的结果。

二、培训教学语体风格要义

人类社会的生活极其复杂、多样。针对不同社会关系的不同沟通对象，在不同的社会活动领域使用语言进行沟通时，因目的和场合不同，沟通的背景、内容、任务和氛围不同等，常常要选用某些最有助于实现沟通目的和营造相应沟通格调的语言表达手段，形成一种存在于特定交际场合的相对固定的言辞表达风格，这便是语体（语言学上称为言语风格）。语体一旦形成，在一定的历史阶段具有相对的稳定性，使用者一般必须遵守，才能高效完成沟通任务。培训沟通使用的语体是严谨的科技书面语与灵活多变的口语相结合的语体。科技书面语体的特点是：阐述个人或团队的研究思想、观点和结论，论述自然、政治、经济、社会文化等领域的规律时，要运用大量的表意单一的专业术语，甚至吸收运用某些表达确定的科学概念的外来语和国际通用词语，使用的句子必须是语法结构完整的句子。比如，从使用的具体句子类型看，科技书面语使用的句类（根据句子的语气对句子的一种分类）主要是陈述句，偶尔使用疑问句，一般不用感叹句和祈使句；使用的句型（根据句子内部结构的一种分类）多为主谓句，一般不用省略句和倒装句；大量运用关联词语丰富的复杂复句。不过，教学使用的科技语体不完全等同于作用人视觉的科技书面语。为适应人听觉需要，教学语言在阐述这些思想、观点、规律等“硬货”时，必须选择听觉容易捕捉的、知觉容易理解的词语和句子，所以词语应尽量通俗易懂，句子要尽量简短清晰。在句类选择上，教学用科技语体没有多大变化，但句型则一般不用复杂的、关联词语很多的复句、长句，多用结构简单的单句、短句等。培训教学的口语与日常生活口语也不同。因为培训沟通的对象一般总是群体的而不是个体的，所以，培训教学口语拒绝一般日常口语在话题内容上和语句形式上的随意性，也拒绝某些无显性意义的口头衬词，如“嗯”“啊”“这个”“那个”等。总体来说，培训教学的语体风格既严谨又简洁，既典雅又通俗。

三、培训沟通语言要素的应用

培训教学是培训教师与学员通过种种形态的语言工具来共同完成的。培训过程中出现的沟通要素不仅包括音义结合体的有声语言，而且还包括语音流动中使用的语气、语调，出现的面部表情、肢体动作，呈现的仪表服饰以及使用的培训技术和手段等。培训教师一出现在学员的视野中，学员就在无声地运动视觉器官。教师的仪表姿态、风度气质、神态情绪等都无言地向学员表达着某种信息。培训过程中，知识的传导主要通过有声语言来实现，教师往往特别重视梳理安排授课内容的逻辑，并能够有意识地控制自己的语音面貌，以达到有声讲解清晰、准确和流畅的目的。而学员不仅用耳朵听,更多的时候是用眼睛看。教师讲了什么固然重要,但是教师是怎么讲的则直接影响学员的消化吸收。有的培训教师并没有意识到有声语言以外的语言形态的信息传递功能,其做出的某些超常的语音、语调、语气以及动作、表情等被学员过度消费,影响了整个培训过程和培训效果。下面根据笔者在干部培训实践中的观察,就培训语言要素的应用提出几点建议。

(一)有声语言应清晰传递基本语义信息

有声语言是遵循语法规则组织起来的词、短语和句等语言材料单位,是一种音义结合体、一种通过语音形式来传递意义的沟通工具。培训沟通主要靠有声语言来表达显性语义。在语言的语义系统中,语义是语言单位对事物进行反映的全部内涵,包括事物概念的体现、词语组合结构关系的体现等。有声语言要清晰传递基本语义信息,主要指以下几点:

一是表述概念要明确。概念是思维活动的起点,语言表达离不开概念,借助概念才能构成判断和进行推理。所谓概念明确,就是必须清清楚楚地描述、界定一个事物的内涵和外延,不能似是而非、模糊含混,避免使用"大概""或许""可能"之类的言辞,更不能用想象和猜测替代严密的推理和科学的论证,尤其在介绍定义、公式、原理、规律、法则等方面,更要准确科学,并有意使用好恰当的学科专业术语。

现在的公务员队伍学历普遍较高,他们不仅有丰富的实践经验,而且还具有相当高的专业水准。如果我们教师表述概念不严谨,逻辑判断有偏差,即便语音再标准,语调再高亢,肢体动作再优雅得体,也无法避免学员对输出信息的拒绝及对培训师专业水准的轻视。

二是语言逻辑要严密。"逻辑"一词是英语"Logic"的音译。源自古希腊语"λογoς"(逻各斯),本义即有"思维"和"语词"的意思。西方逻辑学鼻祖亚里士多德研究逻辑就是从语言开始的,可见逻辑同语言是紧密相连的。

单个的概念不能明确表达思想。概念只有结合起来采取判断的形式,才能对对象有所断定,表达某种确定的思想。判断是用语句形式来表达的。从语言表达上来说,尤其是教学语言的表达,任何形式的判断,其语言逻辑都必须是周密严谨的。例如,公文"请示"的结尾用语上,为什么用"妥否,请批准"是错误的表述?因为"请批准"陈述的对象是"妥"与"否",上级若要批准,只能是"妥",而不会是"否"。所以该句子的主项与谓项不对应,语义逻辑违反社会约定。逻辑严密的表述应该为"如无不妥,请批准"。又比如,有人说"有些浪费现象必须杜绝""有些违法行为必须坚决予以打击”,这些语言看上去合理正确,但逻辑上不严密。所有的浪费都应该杜绝,所有的违法行为都应该予以打击。只有思维判断准确恰当,语言表达才能严谨周密、合乎逻辑。

逻辑上严密还要注意另外一种情况。我们有些教师与学员交流观点思想时,语言表述太绝对,不留有余地。比如规范学员的政务礼仪手势语、表情语时,有教师喜欢以“正确”“错误”来陈述自己的建议。实际上,手势语、表情语的运用,有时无所谓对错,是一个语言文化情境下的恰当与否的问题。把话说得太满,一旦被驳就会很尴尬。

三是语言表达要清晰。语言清晰当然首先要思路清晰、逻辑清晰、概念清晰。除这些以外,语言清晰着重指语音面貌良好。语音面貌是指通过语音流动,人们听觉自然感受到的整体印象。在说话者的语言流动中,听话者可以感受其口齿是否清楚,普通话语音是否流畅,音调、音强、音高、音色以及语速、语顿是否适中令人舒服。有的人面对群体说话的时候,为了体现抑扬顿挫之感,把自己的声调调理成高唱低吟,“低吟”处因过于低沉导致后排学员听不清楚尾音,总感觉其说话留半截,根本无法理解其全部意义信息,培训效果很差。良好的语音面貌是语言表达清晰的要素之一,应该注意训练和养成。

(二)恰当运用肢体语言,辅助传递或隐或显的信息

肢体语言包括了身体的部分或全部的动作,是表达一个人内在世界的无声而真实的语言。人的心理状态影响身体的姿势。肢体行为语言具有信息传送和接受功能,如果能巧妙地运用,会有替代有声语言的功效。意大利著名悲剧影星罗西曾应邀参加一个欢迎外宾的宴会,席间许多客人要求他表演一段悲剧,于是他用意大利语念了一段台词,尽管客人听不懂台词的内容,然而他那动情的声调和表情,凄凉悲怆,使大家不由流下同情的泪水。可一位意大利人却忍俊不禁,跑出会场大笑不止。原来,这位悲剧明星念的根本不是什么台词,而是宴席上的菜单。这个故事里,表演者与观众的感情产生了强烈的共鸣,信息输出与接受几近等值,但是决定性因素不在有声语言,有声语言的信息几乎为零,肢体语言和副语言起了关键性作用。

在教学培训中,沟通双方的一举一动,都可能传递某种态度,表达特定的含义。对培训师来说,根据培训内容和场景的不同,利用身体姿态语言进行情感信息的传达,有时比有声语言传达更重要。比如讲座课程上,培训师是挺直腰板站在演讲台上,还是弓背含胸地坐在电脑后面;研讨过程

中，培训师是走进学员中间，近距离与学员沟通，还是远距离喊话等，都在无声地传递着培训师是否权威、是否可信任等信息。而培训过程中观察学员的肢体动作，可以反思我们的培训内容和节奏。因为学员的身体姿态会隐藏对培训师所进行内容的肯定或否定态度。如果学员的身体总是略微倾向于培训师，表情跟随培训师的身体语言节奏，则表示其对培训教师和培训内容感兴趣；若学员显得心不在焉，假寐或只顾低头玩手机，则传递着拒绝接受的信息。用其他行为代替他本该做的行为，属于人类行为学上所讲的“行为转移”。而行为转移意味着心理转移，意味着注意力的转移。

培训教师在课堂上使用肢体语言时应该注意以下几个方面：

1. 表情与眼神

面部表情是人的思想感情的外在显现，是一种比有声语言复杂千百倍的语言，是可以暂时离开有声语言来传递信息的语言。比如培训师的讲座开始时，台下仍然喧哗，与其声嘶力竭地要求安静，不如用亲和的目光环视左右来替代，听众能很快安静下来。不同职业的人在职业活动中，表情习惯各有特点。比如，演员的面部表情因长期的职业塑造，比普通人的表情变化更为夸张、更为生动；新闻播音员在播报新闻的时候，因为其音质和表情都是新闻表达不可分割的部分，新闻的客观、公正性就体现在电视播音员的声音和表情中，因而其面部表情大多是冷静的、波澜不惊的。培训教学中，学员的听觉跟踪有声语言传递的知识信息，视觉上则与教师进行着互动交流，双方都会从对方的面部表情变化获取或隐或现的信息。

据观察，以下几种面部表情明显影响教学培训效果。

一是无肌肉运动的“扑克脸”。如果培训师的面部肌肉完全处于静止状态，学员从这种表情里既找不到认同、肯定、鼓励的信息，也获取不到异议、否定、批评的暗示，一堂课下来，学员的面部就也失去了表情功能，培训课堂会越来越沉闷，学员既无兴趣听，也无兴趣想了。

二是眼神无处安放。眼睛是人的脸部最生动最传神的部分。学员想从教师那里获取信息，首先关注的是教师的眼睛。有些教师讲课很投入，沉浸在自己的世界里，但眼睛不与学员对接，要么仰视天花板，要么虚视窗外，或者干脆一直盯着电脑或 PPT。学员开始还想捕捉教师的眼神，如果总是捕捉不到就会干脆放弃，久而久之，就会形成“你讲你的，我做我的”的情况，学员会开始打瞌睡、玩手机，或者干脆走出场地外出打电话、抽烟。这样的培训教师可能有一肚子的学问，备课也极为认真，但得到学员的差评也在情理之中。

三是视线范围固定。如果教师的目光不能“普照”到每个学员，而是将视线范围固定在某一个角落或某一排、某一个人脸上，那么被冷落的学员只好放弃与教师眼睛的交流，结果是“任你唾沫翻飞、口干舌燥，一切皆与我无关”。

培训教学效果不理想，某些时候确与教师的面部表情等肢体语言有关系。运用好肢体语言，有助于提高课堂效果。

(1)适时保持微笑表情。课堂授课时，教师的面部表情应随课程的内容、授课环节以及课堂气氛和秩序的变化而变化，如解释概念时，教师的表情应冷静而从容；解答疑惑时，教师应保持微笑，并展示自信、坚定的神态。在所有的表情语言中，和善、亲切的微笑是促进课堂交流最成功的手段。微笑最能够创造良好的沟通环境和气氛，消除抵触情绪。法国作家阿诺·葛拉索说：“笑是没有副作用的镇静剂。”课堂上多些微笑，就会多些和谐，少些消极对抗的负面情绪。

不过，教师在课堂中不能从头到尾一味地微笑，该笑则笑，不该笑则止。尤其是表达思考、悲伤、痛苦、愤怒等情绪时一定不能面带微笑，一味地微笑只会显得虚假和单调。教师的微笑也不是表演出来的，表演出的微笑是一种凝固在脸上的毫无质感的笑，那只会像一个假面具令人厌烦。课堂上的微笑是发自内心善意的微笑，不是皮笑肉不笑，也不是讥讽的冷笑。

(2)眼神与学员保持对接。眼睛是心灵的窗户，人们复杂微妙的感情都能通过眼睛表达出来。在课堂授课中，眼神与眼神的交流，能表达出有声语言无法传递的思想感情——学员的眼睛捕捉到教师的眼神，能体察到教师内心的激情、学识的丰富、师德的高尚、审美情趣的高雅等；教师的眼睛捕捉到学员的眼神，能察言观色，接收到学员对培训效果和质量的反馈信息。

与学员目光对接时注意以下三点：一是目光注视的部位。一般来说，目光注视的部位分为近亲密关系注视部位(视线停留在对方双眼和胸部之间的三角区)、远亲密关系注视部位(视线停留在双眼与腹部之间的区域)和社交关系注视部位(视线范围在双眼与嘴部的三角区域)①。课堂上的注视应参考社交关系注视部位，表达礼貌、友好的信息。二是目光注视的时间长短。与学员视线接触时间的长短应适度把握。既不能目不转睛地长时间盯住一个人，也不能目光飘忽，回避视线接触。前者是一种失礼甚至

① 参见黎运汉主编：《公关语言学》，暨南大学出版社 2010 年版，第 131 页。

会被解读为挑衅的行为，后者则会被解读为不重视对方，或者不够自信的表现。三是目光注视的方式。培训课堂上，培训师的目光注视方式一般为正视和环视。正视的方式既可用于个体交流也可以用于群体沟通。面对群体还需要使用环视的方式，表示教师关注到了每一位学员。切忌使用斜视和窥视。尤其注意的是，老教师因为花眼，佩戴花镜时要注意避免从眼镜上方去正视学员，那样显得滑稽、不礼貌。

(3)恰当运用表情与眼神来控场。使用表情尤其是眼神有时还能代替有声语言起到控制场面局势的作用。例如，课堂出现莫名的骚动时，教师停止有声语言的流动，表情或微笑或严肃地通过眼睛传达使学员安静的信息，立刻就能起到控场的作用，此时眼神代替了有声语言，甚至比有声语言还具有威慑力。

2. 手势语与身姿语

手势语很早就为人们所认知。孔子在《礼记·乐记》中说道："说之，故言之；言之不足，故长言之；长言之不足，故嗟叹之；嗟叹之不足，故不知手之舞之，足之蹈之也。"肢体语言中的手势语是一种运用最广泛、表现力很强的语言。每个人都有自己独特的手势语。手势语包括手指语、握手语、鼓掌语和挥手语等。我们培训过程中，手指语的用处较多，比如表示肯定会竖起大拇指、表示数量会伸出相应数量的手指等。

手势语贵在自然、协调。课堂讲解中，为了丰富有声语言的描述、指出、列举、强调和恳求等，有时会自然地挥动手掌来辅助有声语言进行表达。比如用以描摹形状物的模拟手势、激情四溢的抒情手势、指请学员起来回答问题的指示手势等。这些手势是教师与学员全神贯注进行沟通交流时的一种自然而然的语言表达，不是事先计划好的。并且，教师最好不要预先准备某种手势，一旦准备好的手势与所讲内容脱节，就会像走了调的老电影，怪诞、滑稽、可笑。

手势动作应避免失礼。手势的部位、方向、形状、急缓、角度等不同，所表示的语义和思想感情有很大区别。比如手指动作中，伸出拇指和小指分别表示赞扬和鄙夷；双手由分而合则表示亲密、团结、联合等。如果手势语不当，则可能于无意中破坏了与学员的感情，甚至伤害了学员的自尊心。结构化研讨中，我们常会用手势语请学员发言，此时一般不要用食指指向对方，而是要掌心向上、五指并拢，由内向外自然地伸开手臂，指尖指向学员，显示对学员的尊重。从心理学角度看，这种手势也意味着控制。手势语使用的频率、手摆动的幅度以及手指的姿态都要讲究，不要过多、过杂，尤其要注意手指的动作，不要给人失礼甚至张牙舞爪的感觉，否则会破坏和谐沟通的氛围。

身姿语是通过身体在某一情景中的姿势来传递信息的肢体语言。无论是坐姿、站姿、蹲姿还是俯姿，都能表达人的内心情感和人文修养。教师在课堂上使用的身姿语主要有：面向学员的坐姿、站姿、躯体的空间移动等。

在培训教学课堂上，男教师的坐姿主要是选取身体挺直、双脚并拢或略微分开的严肃坐姿；女教师的坐姿应为并拢双膝或脚踝交叉并略微斜向一侧的坐姿。当然，如果是坐在半封闭的多媒体操作台上，双腿可以相对自由些。不论男女，切忌采用瘫坐在椅子上的坐姿。因为这样的坐姿传递的是傲慢、怠慢、漫不经心的负面信息，学员会感到不被尊重。课堂上的站姿则需要脊背直立、胸部挺起、双目平视，表达一种自信、愉悦的信息。

在荷兰培训的时候，培训师给我们做出的示范身姿语是躯体不停地根据需要在培训场地中移动，向群体进行引导讲解的时候会距离远些，一旦需要跟随个别学员的问题，就走近学员，甚至侧耳倾听。他们的躯体动作相当灵活自如，展现其培训课堂上的自信和权威。

目前我们观察到，国内培训教师的体态语运用不甚丰富，有些还是影响培训教学效果的，归结起来大致有以下几种：

一是身姿僵直呆板，双手耸肩撑着讲桌，身体姿态僵硬站立，极少有肢体动作变化。二是手势动作过多过滥，下肢来回小范围走动，上肢总是上下左右不停地舞动。三是隐蔽于多媒体操作台后。之所以用“隐蔽”一词，是因为操作台加上电脑的高度很高，采用坐姿交流的教师又无法脱离PPT，从学员就座的角度只能看见教师的面部，甚至只能见到教师的头顶。这样的身姿是绝对不利于沟通的。四是习惯性的怪癖动作，如手不停地上推并未离位的眼镜；习惯性地后甩头发、将并未凌乱的头发拢向耳后；一只手插入裤袋里；习惯性杂耍书写笔等。五是在场地空间内，边讲边自顾自地在有限的空间低头来回踱步，眼神长久不与学员接触。

在培训课堂上，学员对教师授课的直接反应往往不是听到了什么，而是看到了什么。教师的异常肢体动作最容易引起学员的注意力转移。如果教师讲话的语气慷慨激昂，似乎充满了自信和睿智，但抖动的双腿、无法自主地踱步以及毫无章法的手势等，都会让自信的言辞充满了假象，建议自我修正。

(1)肢体动作与讲解内容相配合。课堂上，教师通常采用的姿势是站立，必要的时候，还需要身躯前后左右移动，如：需要作板书时，身体的位置必须有所改变；为了控制课堂秩序或让学员听得更真切，需要走近学员等。课堂上选择恰当的时机来改变身体的姿势和位置，是为了达到辅助有声语言完成教学任务的目的。如果只是为了缓解紧张情绪，而在讲台上毫无目的地来回走动，只会分散了学员的注意力，扰乱了学员的心神而使其烦躁、厌恶。很少有动作会天生令人生厌，让人们生厌的是这一动作在短时间内的一再重复。

(2)要避免上半身被完全遮挡。课堂上，教师无论是采取站姿还是坐姿，只要有利于沟通，都是可行的。站姿会使有声语言更加有力度和感染力，也有掌控课堂局面的优势，严肃的坐姿也可以拉近与学员距离。但是，如果要在多媒体操作台上采取坐姿，一定要事先观察一下自身身高与台高的比例，尽量避免上半身被多媒体操作台过多遮挡的情况。如果学员只能看到操作台后教师的头顶，看不到教师的面部表情，培训效果不会太高。

(3)根除下意识的小动作。容易分散别人注意力的那些小动作不是一夜间形成的。跟口头表达的怪癖(口头禅)一样，除非有人指出来，否则，自己很难意识到这些小动作在高频率地重复着。教师可以有意识地对自己进行观察，或听取别人善意的提醒，通过行为矫正技巧来减少这些怪癖出现的频率，慢慢达到根除的目的。

肢体语言虽然在课堂教学中有着不可忽视的作用，但它只是有声语言的补充。如果使用得过于频繁，手势、动作太多，就会显得喧宾夺主，给人心烦意乱的感觉。肢体语言务必适度，并与有声语言保持同步。

(三)注意副语言传递的隐性信息

语言沟通中，伴随有声语言产生的副语言有两种：一是表意功能性发声，如笑声、叹息声以及无显性语义的衬词，如“嗯”“啊”“这个”“那个”“什么”等。另一种是伴随有声语言出现的语音特征，如个性化的语速和音色，超出常规的语塞、语顿、语调等。副语言在沟通中传递隐性信息，这些隐性信息全部产生于信息的接受者，并且会因人而异。有意发生的副语言和下意识出现的副语言，对沟通信息的影响很大，有必要引起重视。

1.句首衬词与句尾回声

从语言学角度看，衬词大多属于插入性词语，不是组成句子的语法成分，在语法结构中被称为独立语。培训教学中的衬词多表现为口头语。比如有人喜欢用“那”字起头说话，有人喜欢用“然后”承启每一个句子，有人喜欢用“这个”“那个”“也就是说”来缓解思维与有声语言的脱节等。生活口语的特点是句子简短而散，只要不影响交流，衬词使用随意。教学中的口头语实际是生活口语的自然遗留，偶尔为之无可厚非。但若频繁出现，就会影响受众对信息的对等接受，甚至异样解读理解这些口头语。如 2014 年 3 月 7 日“两会”期间，《京华时报》的微博中报道：

> 有记者问环保部巡查河北偷排问题及石家庄环保局局长被免是否与雾霾有关。河北省工信厅厅长王昌停顿了十几秒，说：“呃，这个事呢，那个什么……”环保厅厅长陈国鹰随后回答时则谈如何整改，未正面回答。

记者没有得到被采访者任何显性的语言文字，便将采访情景做了生动描述，用被采访对象使用的衬词来描述其被采访的尴尬瞬间。很多媒体都转载了这则消息。网友看了报道，按照自己的理解进行了各种猜测性解读：对情况不了解？不想说？不会说？不能说？查看网友评论，会发现一片负面解读，一时间舆论情绪高涨。

回声，指的是有些人说话时总是习惯性地重复每句话的最后几个字词。重复句尾的字词可能会缓冲说话人语流与意识流的冲突，但使用频次多了，陡增受众的烦躁情绪，滋生拒绝接受输出信息的信号，易出现沟通信息差。为解决这个问题，建议说话人放缓语速，想好了再组句，出口的词句要尽量无废字，语流尽量连贯、无障碍。

2. 语调、语顿与语速

说话时，句子有停顿，声音也有轻重快慢和高低长短的变化，这些总称语调。语顿、句调、重音和语速等都归为语调。下面主要谈谈句调、语顿和语速在沟通中的作用。

句调是指整句话的音高升降的格式，是语句音高运动的模式。人们俗称的语调在语言学上实际指句调。句调贯穿整个句子，而在句末表现尤为明显。句调有四种类型，每种类型表达的信息意义各有区别。

(1)升调：句调由平升高，多表达反问、疑问、诧异等语气信息。

(2)降调：句调由平到降，多表达客观陈述或请求等语气信息。

(3)平调：句调一直保持同样的音高，多表达严肃、冷静等语气信息。

(4)曲调：句调高低起伏较大，多表达含蓄、讽刺弦外之音等语气信息。[①] 荷兰培训师威廉强调的沟通第一要素是语气语调，实际就是强调句调和语气在培训沟通中的信息传递意义。任何语言的语气语调都有表意

---

① 参见黄伯荣、廖序东主编：《现代汉语》，高等教育出版社 2012 年版，第 109 页。

功能。汉语言在这个方面更是突出,其字调(声调)、音高(声音的高低)、音强(声音的强弱)、音长(声音的长短)和音色(声音特色),全都有表达语义信息的功能。从这个意义上看,熟练操控语音工具也是培训教师的基本功。

说话时,段落之间、语句之间等语音流动中出现的间歇叫语音停顿,简称"语顿"。出于人的生理上或者句子结构上的需要,停下来换气或使结构层次分明的语顿是语法常规停顿。常规语顿不生成信息意义,不属于副语言范畴。但是,如果常规语顿出错,也就是该停顿的地方不停顿,不该停顿的地方反而停顿,造成语句结构或语义上的割裂,则会产生语义变异。比如有一则小笑话:一位厂长在全体员工大会上宣读管理规定,宣读中念到这样一句"已经取得大专学历的和尚/未取得大专学历的员工……"听者大笑。之所以笑,是因为本厂没有"和尚"员工,很显然是厂长出现语顿错误导致的。正确的语顿应该是"已经取得大专学历的/和/尚未取得大专学历的员工……"

出于表达思想感情的需要,为让听者有时间领会内容,超长的语顿是构成语句意义的重要因素,是交流沟通的重要技巧之一,属于副语言范畴。恰如其分的超长停顿能产生非凡的效果,这是语言本身难以达到的。周恩来总理的外交艺术高超,很多语言沟通精彩瞬间值得我们学习。在外交部举行的一次记者招待会上,周恩来介绍了我国经济建设的成就及对外方针后,回答记者提问。一位西方记者提问道:"请问,中国人民银行有多少资金?"记者提问隐含的信息是讥讽我国贫穷。周恩来正色作答:"中国人民银行的货币资金嘛,有 18 元 8 角 8 分。"此话一出,全场愕然,鸦雀无声。停顿了一会,周恩来风趣地解释说:"中国人民银行发行面额为 10 元、5 元、2 元、1 元、5 角、2 角、1 角、5 分、2 分、1 分的 10 种主辅币人民币,合计为 18 元 8 角 8 分。中国人民银行是由全中国人民当家做主的金融机构,有全国人民作后盾,信用卓著,实力雄厚,它所发行的货币,是世界上最有信誉的货币之一,在国际上享有盛誉。"语毕,大厅内顿时响起了听众的热烈掌声。

周恩来总理在这次语言沟通中,巧妙地运用了语句间的超长停顿来设置悬念,借以吸引人们的注意力,更好地领会他后话的意义。

作为培训师,要学会运用超长语顿来调节沟通节奏,掌控团队局面。比如,培训师完整陈述了一个社会现象后,如果想挖掘学员对这个现象的看法,就一定要运用超常语顿给学员留出思考的时间,而后再分享或交流思考的结果。但是,因内容不熟练或者思维短暂空白而突然出现语顿时间过长，甚至出现经常性的语塞结巴，则会被学员捕捉到并做出符合自我判断的个性解读，这对培训师的权威会造成极大挑战。

语速和语顿有密切关系。一般来说，人说话快的时候，停顿时长就会减少；说话慢时，停顿时长就会增加。语速也表达情感、状态等信息。人在激动、欢快时，语速就会相对快些，在悲伤痛苦、情绪低沉时，语速就会慢些。培训教学中的语速不可过快也不可过慢。语速过快不仅说话者累，听话者也累，并且来不及消化大量的信息内容；语速过慢容易给人造成懈怠、拖沓的感觉，使培训师没有激情、没有气场，学员的注意力也很容易分散。有研究表明，对于日常生活中非常熟悉的语料，人耳的接受程度可达每秒七八个字，一般人的辨析率是每秒四五个字，每分钟 240～250 字。超过这个速度，听者理解辨析时就会有一定困难。不同年龄、不同文化程度、不同职业甚至不同知识结构的人，对语言的理解能力是不同的。老年人听力差、反应速度慢、记忆力减退，他们的听觉和识辨能力往往不及年轻人；文化水平低的人对语言的理解能力一般不及文化水平高的人。每分钟 250 个字左右的语速可作为教学培训语速参考。

柔和的声调意味着坦率和友善，缓慢低沉的语气表示同情和沉重。不管说什么样的话，阴阳怪气的语调，就显得冷嘲热讽；用鼻音出声往往表现傲慢、冷漠、恼怒和鄙视，是缺乏诚意、容易引起人不快的。语音、语调等副语言不仅对有声语言起辅助作用，而且还可以表达独立隐性语义。恰如卡耐基所言：“你的精神和灵魂会通过你的目光、你的语音和你的神态向外放射。你不冷不热，他们就三心二意；你轻率肤浅，他们就视如儿戏；你出言不逊，他们就对你侧目而视。”我们进行沟通时，切不可轻视副语言和肢体语言传递信息的作用，应该进行一些有效的训练。

（四）服饰语言传递价值观信息

人的仪表外观形象是由服装、饰物、身体特征、情绪状态等共同构成的。人在社会关系中进行交际，服饰也是一种重要的非语言符号。日本传播学学者林进说：“在人的中枢神经系统中，处于比感觉、运动更高的层次并代表高度表象活动（即象征性活动）的，无疑是语言。但是，语言并不是唯一的继承性的观念体系。各种非语言的象征符体系，如仪式和习惯、徽章和旗帜、服装和饮食、音乐和舞蹈、美术和建筑、手艺和技能、住宅和庭园、城市和消费方式等，都包括在其中。这些象征符体系在人类生活的各个领域都可以找到。”在中国古代，服饰甚至被用作区分贵贱的标志及权力和财富的象征。象征符是一种社会文化现象，同一个象征符在不同社会里会有不同的解释,即使在同一个社会里,随着时代的变迁,象征符也会发生意义的变化。随着社会的发展,当代社会服饰的差异日益缩小,虽然不再能精确地区分贫富贵贱,但服饰的色彩、款式、质地、标志等各种要素,常常具有不同的首因效应。服饰同人的言谈举止一样,有着丰富的信息表达功能,无声地表明穿着使用者的身份、个性、气质、修养、信仰、追求等。当代各个国家的领导人都非常善于通过服饰表达政治理念,提升亲民的政治形象。比如我国的领导人,在出席正式中外记者新闻发布会的时候都身着西装,而当他们深入农村、厂矿街道等基层与老百姓聊天时,则身着休闲便装,通过服饰传递平凡、亲民的领导者形象。在一定的环境里,恰当的服饰显然可以传达尊重他人的信息,而这样的信息被接受后又会赢得他人的尊重。同样一个人,穿着打扮不同,给人留下的印象完全不同,对交往对象也会产生不同的影响。有位营销心理专家做过一个实验,他以不同的打扮出现在同一地点,以测试路人对他的反应。当他身穿西服以绅士模样出现时,向他问路的人,大多彬彬有礼,相当绅士;当他打扮成无业游民时,接近他的多半是流浪汉。

培训教师的仪表服饰在学员的第一印象中占有重要的地位。优雅的风度、脱俗的气质、整洁的衣着、端正的外表,都有可能促使学员由关注你的外表进而关注你的内涵,并关注你的培训内容所显示出来的价值。但是,有的教师显然还没意识到服饰的信息传递功能,他们重视提高自己的业务水准,却忽视自己的仪容仪表。比如,有的男教师对穿西装不得要领,不仅谈不上笔挺,而且还极不合体;有些教师佩戴的饰物与众不同,有带佛珠手链的,有效仿明星佩戴夸张首饰的,这都与自己的身份职业极不相称。

任何社会角色都必须自觉将自己置于一定的社会伦理道德和社会生活规范之中。培训教师面对的都是政府公务人员,所以我们的仪表服饰必须要有职业感,符合社会角色需要。

(1)养成讲究个人卫生的习惯。整洁是一个人仪表得体的关键,是社交礼仪的基本要求。不管容貌多美,服饰多华贵,若面不净、衣不洁、浑身异味,必然会破坏一个人的美感。

(2)衣着典雅大方。俗语说人靠衣服马靠鞍,强调的就是服装在感官审美中的作用。服装专家说:“穿着打扮要适合自己的身份。”这里当然不是指“人分三等,衣分五色”,而是说人的穿着打扮要与自己从事的职业相适应。一般来说,教师的衣着总体应以整洁、典雅、大方为原则,不可着奇装异服、过分暴露,不可过紧或过于宽松休闲。尤其不宜过于奢华。

(3)饰物、妆容淡雅协调。教师不是不能佩戴饰物,也不是不能化妆。领带、丝巾、胸花作为适当的饰品,总是能画龙点睛地起到很好的装饰作用。但是,教师的装饰物不宜过多,也不宜过于夸张。妆容也一样,不能过于浓艳、张扬。淡雅的妆容不仅让教师看上去很美,而且还与课堂的环境相协调和适应。

教学培训是一种特殊的沟通活动。这种沟通需要一个丰富的"语言工具包":既有人类社会约定俗成的音义结合体即有声语言,也有极富个性化特征的副语言、肢体语言以及服饰语言等多种辅助性的工具。要想提高沟通的有效性,提升培训效果,这些语言要素不能不重视。

培训师沟通能力与课堂掌控技巧探析

山东行政学院社会和文化教研部　栾盛磊

作者在参加荷兰 TFT 培训项目时，利用游戏进行培训

作者参加荷兰 TFT 项目时，荷兰方培训师威廉在进行启发教学

现代成人培训是单位人力资源管理的一个重要模块，是党政机关、企业、事业单位培养高素质人才，提高职工技能，更新职工知识结构，挖掘职工内在潜力，增强职工积极性和创造性的重要途径。在这个知识爆炸和社会经济高速发展的新时代，职工培训所包含的信息量越来越大，培训难度也越来越高。如何高效地做好职工培训工作，与培训师有很大关系，离不开培训师与培训学员的良好沟通以及其对整个课程现场节奏的掌控。目前，很多的培训，尤其是党政机关的干部调训都存在这两个方面问题，解决培训过程中的沟通问题并增强培训师的课堂掌控能力，是提高培训效率和效果的重要手段。通过对培训沟通的研究，我们能找出培训的沟通问题加以改进，消除培训过程中的沟通障碍，从而提高培训的效率和效果，实现培训目标，满足参训学员的实际需求，增强参训单位的综合竞争力。

一、目前国内培训存在的问题

目前国内不少学者在培训理论方面做了大量的研究，通过查阅以往的文献可知，他们对现阶段国内培训存在的问题主要从以下几个角度来认识:①培训机制。如范瑞雪在《浅析我国公共部门人力资源培训机制》一文中提出了我国在培训机制方面存在三个问题,一是培训制度不完善,形同虚设;二是培训工作实施过程不科学;三是缺少促使人员参与培训的激励机制。②培训模式。如蔡国栋、洪玉琼在《从创新的角度构建企业培训模式》一文的分析中得出企业培训理论、培训策略、培训设计、培训目标、培训主培训条件、培训评价等要素及其之间的相互联系,共同构成了企业培训模式。而我国现阶段的培训并没有将所有要素完全结合,缺乏对企业培训模式的改革和创新。③培训效果评估。如李卓在《企业培训评估问题浅析》一文中分析了当前企业培训评估中存在的问题,即对培训评估的战略意义认识不够、培训流程随意性强、评估准则缺乏科学性等。④培训与单位的战略目标。如马晓丹在《浅谈企业战略性培训》中指出,战略性培训是一种战略性思考,企业的战略性培训是一个系统工程,而我国企业培训体系的构建与企业的发展战略尚未有效结合,很多培训并不适应企业发展战略,尚未树立战略性培训观念,也没有建立完善的战略性培训体系,培训目标的制订以及培训的管理也不具备战略性。

通过分析国内学者的培训研究现状,结合笔者自身的多年培训经验以及在思腾集团进行培训学习的经验,与国外先进的培训理念进行对比后,笔者认为我国目前在成人培训方面的情况是不容乐观的,除了上述学者分析研究的问题外,主要还存在以下两个方面的问题:

(一)国内对培训师与教师的概念常常混淆不清

作为教师,工作大部分时间以讲授为主,教师是主角、是主导。这种形式虽然可以很好地传授知识,但往往忽视了学员的自主性、能动性。尤其党校、行政学院系统进行的是干部调训,这是一种成人培训,参训学员都是领导干部,有自己多年大量丰富的经验,所以更应该善于发掘、启发他们的思维。目前国内培训仍然以灌输式的教学为主,整个培训中起主导作用的是教师,教师怎么讲,受训学员就怎么听,这就如同在我们国民教育体系中尚存的填鸭式教育、应试教育。我们国内的成人培训往往起的是医疗作用而缺乏保健功效,即所谓头痛医头、脚痛医脚,常常陷入为培训而培训的怪圈。

(二)培训老师与参训学员存在沟通障碍

笔者通过多年培训管理工作时与参训学员的交流发现,我国成人培训存在沟通问题或者说沟通障碍是个普遍的现象,主要表现在以下几个方面:①缺乏良好的沟通环境,沟通渠道单一,尤其是上行沟通薄弱。②培训管理者对培训沟通存在误区，忽视训前沟通和培训后的反馈沟通，绝大数学员在培训前对培训不了解。③相关管理者和受训者缺乏沟通技巧，对沟通能力的培训不足。④学员对培训师满意度低下，培训师不具备必要的课堂节奏掌控技巧。⑤学员在培训沟通中扮演消极被动的角色，主动沟通意识淡薄。

二、培训师重视沟通的重要意义

现代成人培训是指参训组织针对参训学员有计划、有组织实施的系统学习和挖掘潜力的行为过程，包括学员培训需求分析、培训计划、培训实施和培训结果评估以及反馈的系统流程，通过使学员的知识、技能、态度乃至行为发生定向改进以及发掘其潜力，以确保学员能够按照预期甚至超预期的标准或水平完成工作任务。在学员培训过程中，无论是由培训师讲授还是通过多媒体学习、网络学习或者情景模拟等，不管采用什么培训方式，其目的都是向学员传递一定的知识、技能或其他特定信息，要素包括信息的发出者（培训师）、信息传输媒介（多媒体、网络等）以及信息的接受者和培训内容以及信息反馈。

沟通模式应包括七个基本要素：①沟通主体，即信息的发出者；②信息编码，即沟通主体采取何种形式来传递信息，是书面的还是语言的等；③媒介，即沟通信息传递的载体和渠道；④沟通客体，即沟通信息的接受者；⑤译码，即客体对所接受信息的理解；⑥反应，即沟通后做出的表现；⑦反馈，这是沟通成为一个循环的过程。

当下越来越多的单位已经意识到培训的重要性，培训经费的投入也有很大程度的增多，但是培训效果却仍不明显，究其原因，很大程度是由于培训过程中培训师与学员的沟通不畅造成的。培训的整个过程实际就是一个个沟通的过程，不仅包括知识和技能的沟通、现场节奏的掌控，而且还是一种心灵和思维的交流。培训的本质和核心就是沟通，沟通是培训的重要工作之一，好的沟通不一定必然有好的培训效果，但好的培训效果必然离不开好的沟通。如果不能实现良好的沟通，消除培训方面的沟通障碍，培训效率和效果必然大打折扣。培训过程中的沟通是一个双向的循环过程，培训是沟通流程的具体运用和细化，良好的培训离不开良好的沟通，良好的沟通对培训具有促进作用，有助于培训目标的实现。很多单位在培训管理中，由于对沟通的认识不足以及存在误区，造成了培训资源浪费、培训效果不乐观、培训目标难以实现的后果。因此，培训过程中良好的沟通是促进培训顺利进行和培训高效的前提条件。只有沟通充分，培训师才能充分挖掘培训需求，做好培训规划和设计，更快更准确地实施培训，使培训真正为组织和学员所利用，降低甚至避免培训资源的浪费，实现培训收益最大化。

三、改善培训沟通的对策方案

培训师若想将现场沟通能力最大化，离不开培训前期的沟通与后期反馈，所以，在培训过程之外，还需要进行一些额外的工作。

（一）应注重培训过程中沟通环境的改善

沟通是在一定的环境下进行的，而环境是影响沟通有效性的一个重要因素。《荀子·劝学》中讲到“玉在山而草木润”，说明了环境的重要性。学员培训沟通重在“润”。应在组织中打破传统观念，创造一种以人为本的和谐环境，使参训学员在课堂上也能够自由交流，相互引导启发。培训沟通环境包括参训学员个体的行为风格、培训师对沟通的重视程度、参训学员之间的熟悉程度以及与培训内容相关的文化氛围和民主氛围。

首先，培训师的沟通风格和对沟通的重视程度构成了沟通环境的基调。培训师应鼓励和重视参训学员在培训过程当中的沟通。在沟通方向上，既要鼓励学员重视与培训师的上行下行的沟通，也要进行学员之间平行的沟通；在沟通方式上，可引导学员采用一对一、一对多等多元的沟通方式。其次，培训师可以多开展一些群体游戏或活动来鼓励学员之间的交流和协作，尽量营造一种放松的氛围，增强学员的参与度，这是优化沟通环境的前提。最后，培训师应致力于营造一种民主的沟通氛围和科学的引领风格，民主的文化氛围和科学的引领风格是良好的沟通环境的核心要素。

培训的根本就在于通过培训师将培训内容通过各种形式传递给参训学员，为了使参训学员能最大程度地接受培训内容，培训师应注重与参训学员之间的沟通。一方面，受训者间的知识结构、人生阅历、培训需求的差异很大，只有通过沟通，培训师才能掌握学员的实际需求，适时调整培训内容、方法和流程，提高培训质量；另一方面，培训师的教学方法形形色色，参训学员的思维习惯和学习方法也各不相同，只有通过沟通，培训师才能针对参训学员培训过程中存在的问题进行适当的指导，而参训学员也能快速地适应培训师和培训。通过沟通，不仅能调动培训参与双方的积极性，更重要的是可以提高培训效率，有助于双方知识结构的发展。沟通的主要内容是学员在培训中未理解部分，培训师应在培训中营造良好的沟通氛围，以便参训学员积极提问。

(二)组织应注重健全沟通渠道和沟通反馈机制

有效沟通贯穿于整个培训过程。整个培训环节包括需求分析、确定培训目标、设计培训规划、实施培训、效果评估、结果反馈。培训师与参训者通过一定程度的提前沟通,一方面可以增进参训学员之间的感情,提高认识,有利于单位团队建设,增强内聚力;另一方面可促进培训实施过程信息的畅通,使培训的内容能够很好地传递给参训学员,增强学员对培训内容的熟悉程度。

健全的沟通渠道对提高沟通效率有决定性的意义。马斯洛的需求层次论启示我们在进行培训时,要充分考虑参训单位及参训学员的需求,尊重学员,注重沟通,为学员创造抒发情感的途径。沟通的本质就是要求沟通者站在对方的立场上思考问题,传递信息,并获取对方反馈,以解决具体问题,从而强化积极的人际关系。在培训过程中,沟通是一个不可或缺的、主要的行为活动。培训师进行沟通的实质就是不仅考虑受训单位的利益,而且还要站在受训学员的立场上,在培训计划开始前,了解参训学员的培训需求,通过培训需求分析,制订培训计划,向参训学员实施有效的培训并获取培训效果反馈的过程,以此进行良性循环。

培训师如果不事先了解参训组织及参训学员,就很难配合该组织及学员的需求开展培训,从而很容易变成为培训而培训的情况,因此既应该考虑培训师所具备的专业技能、培训课程是否与受训者需求相匹配,还应充分考虑培训师自身的风格特点、授课技巧等。培训师进行沟通时内容至少应包括课程表、参训学员的名单、专业知识背景、现任职位以及训练时最希望解决的重点问题。

(三)培训师应掌握和改善沟通技巧

培训师在培训方面的作用和地位十分重要,其既是培训战略的制订者和执行人,也是培训整个过程中的沟通当事人。培训师的沟通风格、习惯等直接影响培训沟通模式。因此,培训管理者重视和善于沟通是实现良好培训沟通的前提。

1. 培训师应重视开发培训需求的沟通

培训师应在培训前加强与参训单位甚至参训学员的培训需求沟通,变以往的“插花”式培训为“种花”式培训。“插花”式培训,短期看有效果,但时间长了花就谢了;而“种花”式培训不仅关注短期效果,而且注重引导受训者改变态度、行为和绩效。从认知成果及绩效成果、投资回报率等来看,进行需求前沟通更能满足培训要求，创造更好的培训成果。培训师要了解学员的需求，自始至终要紧紧围绕课题中心内容，分多方面详细阐述，也可采取“菜单式”培训，由学员亲自点“菜”，满足学员对培训内容直接有效性和实用性的需求。首先，只有通过沟通才能明白学员想要学习什么、需要在哪些方面提高，可为培训师了解他们的培训需求提供客观必要的信息。其次，不同层次的管理人员在培训需求中的关注点不一样，高层管理更倾向从单位发展前景来分析培训需求，而中层管理人员更关注本部门目标的实现，他们所关注的培训需求都不能代表最终参训学员的需求。最后，培训师通过与学员的前期沟通能让学员感受到被尊重和重视，可以提高学员参与培训的意愿，缩小实际培训与期望培训的差距，从而增强培训效果和学员对培训的满意度。另外，前期沟通还要注重两方面的问题，一方面应根据将要参训的学员行为或者工作绩效是否存在差异来确定不同的培训方案，另一方面通过与参训单位和学员的有效沟通，应让其就改进工作的方法及培训提出建议。

2. 培训师自身应重视沟通

培训师在培训前就应根据各方面的培训因素做好相应的沟通分析，确定如何在沟通中树立威信和可信度；如何使用语言沟通和行为沟通或其他沟通方式，从而使信息清楚地表达；如何有效将语言、行为等输入、输出。

3. 培训师应善于倾听

所谓倾听，不单指用耳朵听，还要用眼睛观察、要用嘴提问、用脑思考、用心感受。总之，就是要耳、眼、嘴、脑、心同时启动，对信息进行积极主动的搜寻和分析。倾听分为全神贯注、专心和随意三种，培训师应当善于全神贯注地倾听。

4. 培训师应重视培训反馈沟通

没有反馈的沟通不是完整的沟通。将培训评估结果及时反馈给相关部门和当时的参训学员，不仅有利于未来培训的改进，而且还能对受训者起到鞭策作用，因为知道要评估、要反馈，所以学员们会在培训中更加认真和努力，这可以改变以往参训学员只关注培训过程而不关注结果和培训成果的情况。

（四）尽可能强化参训学员主动沟通的意识

1. 对参训学员进行沟通技巧培训

参训学员与培训师都是培训活动的主要参与者，是培训沟通中的利益相关者和当事人。良好的沟通是双向互动的沟通，所以参训学员具有一定的沟通技巧是在培训活动中实现良好沟通的必然条件。而笔者在与学员的日常沟通中发现，近四成学员认为他们沟通方面的能力应当加强；一半以上的学员认为他们缺乏沟通技巧。所以参训单位应当注意对参训者沟通技巧方面的培训。

2. 强化参训学员主动沟通的意识

在整个培训过程中，参训学员才是培训的真正重点。培训是为参训者来设计和进行的，所以参训者是整个沟通行为的参与主体，同时参训者是培训的受益主体，那么增强培训效果就不仅仅是培训部门和培训师的责任，它也是参训者的责任，参训单位和培训师应当让参训者明白这一点，可以加强对他们的激励作用，强化他们在培训中积极主动沟通的意识。强化参训者主动沟通的意识有以下几点好处：①在培训规划和设计中，不符合参训者需求时，当事人会主动提出，有利于培训的需求分析和培训方案的制订。②在培训中有不适应或者疑难时，参训者们为了更好地学习和接受也会提出来，对培训内容、培训方式、培训师讲课方式等都能更积极地提出意见以便于培训师改进，并且会就培训及时、主动地反馈给培训师以求进步，有利于培训师和组织了解参训学员的学习进程和成绩。

在培训结束后，为了检验培训所学，参训者们会更渴望将所学运用到工作，有利于培训的消化、吸收以及创新，培训师此时要做的就是尽量鼓励他们将所学运用到工作中，并与参训单位的管理人员进一步沟通，尽可能地给参训学员创造最好的工作环境以供他们运用新知识和技能。总之，强化受训者的主动意识，不仅能使培训沟通真正实现双向互动，提高培训效率，而且还能减轻培训师的工作任务和压力，使培训参与各方更加和谐、协调。

四、培训师现场培训过程中的沟通技巧

通过上述分析可以了解到，作为现代培训师应更注重与学员的良好沟通。培训师的沟通不仅局限于语言内容本身，也包括肢体语言、眼神、表情以及适当的停顿、对课堂突发事件的处理等课堂节奏的控制，而且还包括培训前的需求调查及培训后的效果反馈等。

（一）注重培训前的准备

1. 学员座位的安排

培训教室的座位排布应根据学员数量的多少、具体培训内容以及培训师和学员之间预期的交流沟通要求而设计，可选择圆形、马蹄形、室形、剧

场形或扇形座位，以兼顾互动式学习为主。

2. 培训师的培训前自我心理调节

其内容包括审视外表、放松学习、自我暗示。

3. 培训师的站位

以确保每位学员能够看见并不遮挡任何培训仪器设备为前提，培训师应保持适当的走动，以保持学员的注意力集中。

（二）讲好开场白，运用好结束语

注意营造一个轻松融合的氛围，一开始把现场气氛活跃起来，有助于调动学员的学习兴趣。开场白包括培训师的自我介绍、培训的形式和内容、大致需要的时间、培训的目的等的介绍。有的培训师认为自我介绍并不重要，会简单地一语带过，或出于中国人的谦虚本性，把自己的经历轻描淡写讲几下。其实，从学员的心理来看，对培训师个人能力与成就的认同和崇拜，会帮助培训师更好地树立威信，有利于培训的开展。

开场白就像一本书的前言，精彩才会吸引读者。开场白可以有多种形式：①幽默式。是以幽默、诙谐的语言或事例作为培训教学前的开场白，培训师或幽默地介绍自己，或使用幽默的肢体语言和神态表情。幽默式的开场白能使学员精神愉悦、充满朝气和活力并在轻松愉快之中很快进入受训者的角色。幽默式开场白切忌使用低级庸俗的笑话或粗俗的语言。②引用式。开场白也可以直接引用权威、名人或学员十分熟悉人物的话语，为展开培训师的培训主题做必要的铺垫和烘托。作为开场白被引用的材料，一般要具有相当强的概括力、说服力和感染力，以帮助培训师利用权威效应或熟人效应唤起学员的注意力。③悬念式。悬念式是指对培训内容中最吸引人的部分先进行提示或暗示，在学员心中悬下疑团。悬念能激发学员的好奇心，牢牢地吸引学员，一下子就能紧紧地揪住学员的心，逼着学员非听下去不可，以取得出奇制胜的培训效果。④其他形式。如进行自我介绍，说一下自己的心情，调和课堂气氛；说说与学员相关联的事情，吸引大家的注意力；概述讲课的主要内容，起到提纲挈领的作用等。开场白各有千秋、见秉性、见风格，有的一开始就把课堂气氛搞活跃了；有的是精心设计的，一张口就不同凡响；有的则是随意而为，好似信口开河，其实意蕴深矣，有心者才能意会。

开场白后，一个重要环节就是破冰，在尊重学员的基础上给其发挥的机会。我们知道，如果学员来自不同的岗位，彼此之间并不熟识，那么上课之前的破冰就尤为重要，每次遇到这样的培训，都应该先让学员有一个互相认识的过程。

结束语是一堂课的有机组成部分。培训师应在思考与设计结束语上倾注心血。结束语的设计包括以下几个关键:①梳理内容。每一堂课的教学内容,都有重点、难点及注意事项。如培训师在最后问学员的几个问题:我们在这节课里学了哪些新知识、新理念?你认为通过对新知识、新理念的学习有哪些收获和提高?你还有哪些疑难问题需要提出来讨论?②概括中心。把一堂课上的知识点串起来,以简驭繁,突出中心,有利于学员理解、记忆和运用,这就需要教师在结束语中力求高度概括。③画龙点睛。卓有成效的结束语需具备画龙点睛的效果,使学员茅塞顿开。④提炼升华。结束语不只是把传授过的知识重复一下,而且要从更高的角度来提示知识间的纵横联系,以深化认识、提炼升华。

(三)仔细斟酌推敲培训语言

如何将信息有效地表达出来是培训的难点之一。培训师应具备良好的语言功底和表达能力,例如将枯燥的理论用歇后语、俏皮话表达出来。优秀的培训师甚至可以做到字字珠玑、妙语连珠,这会令学员感到培训师言之有物、自身获益匪浅。另外,培训师要善用"分享"一词,例如在授课时对学员提出:"我来将这部分知识和大家分享。"要尽量避免教与学的对立关系,使培训师和学员的关系更加平等,比如当学员表达不清时,不要说:"你的意思是……"而应该说:"我来重复一下你的观点……"然后用更清楚的语言表达出来。

(四)适时引入体验式教学,增加真实感

培训师可以在授课中综合运用多媒体教学、音乐、活动、故事、展示材料、白板、提问与反馈等多种素材和手段。如下午授课时学员容易发困,宜采用音乐、肢体活动等形式,帮助学员克服困意,或像于丹讲《论语》一样,通过讲故事来渗透道理。培训的学员都是成年学习者,成人学习讲究实用性,一味地讲授理论并不能让学员真正理解和学会应用,而且容易产生枯燥感,所以在讲授过程中应该不断地穿插案例。正所谓"以理透事,理透了,事未必透;以事透理,事透了,理在其中。"培训师可用令人深思、回味的小故事结束培训。

另一方面,培训师要引导学员通过实践活动去亲身感受与领悟,从而使他们获得知识发展的能力。培训课不仅要教给学员知识和技能,而且还要改变学员的态度和观念,开启学员的所有潜能,并让他们将这些潜能运用到实际工作中,带来最优的个人绩效。因此,培训师要善于合理引入模拟、视听、案例、现场教学等多种体验式教学方法,让学员以亲身的经历,生成丰富的体验,从中增长知识、开发潜能。

模拟式体验是引导学员在现实的模拟情境中得到相应体验的一种方式。情境性和亲历性是模拟式体验教学的标志性特点,培训师要用心设计有意义的模拟情境,让学员在有意义的模拟情境中得到体验,提高认识。视听式体验是利用现代视听技术,引导学员通过欣赏特定的文字、图片、声音、动画、影片或其组合等体验材料,更有效、更完整地在体验中获得知识技能的一种方式。现代视听技术能把抽象的理论具体化、形象化,让学员充分发挥视、听等多种感官的功能,在亲临其境的感受中轻松愉快地获得知识技能。案例式体验是把现实中的真实情景加以典型化处理,编写成供学员学习的案例,让学员进行思考和讨论,并提出解决问题的建议和方案的方式。精心筛选与培训目标和内容有关的教学案例,是帮助学员获得真实体验、加深理解、提高培训课效果的关键。现场式体验是把学员组织到生产现场,通过听、思、问等环节进行观察、分析、解决问题的方式。这种体验式教学不仅能使学员开阔视野、巩固理论知识,而且还还能帮助他们较好地找到理论与实际的契合点,提高运用能力。

(五)充分的课堂互动和风趣幽默的授课风格更受欢迎

培训的目的在于让学员"会",因此要以互动的方式让学员充分参与到课堂中。参与提高兴趣,参与促进练习。培训的过程是协同合作的,应该让学员努力发挥他们的聪明才智,来展开由培训师设定的主题讨论。讨论过程中,培训师不仅要讲,而且还需要倾听,在分享的时候要集中所有人的注意力,并不时地启发学员。对于学员来讲,能提高他们效率和注意力的非常重要的手段就是幽默。幽默对于一个优秀的培训师来说是非常重要的品质,但有两个原则要把握:幽默应当非常自然地融入到授课当中;不要说无礼或者无聊的玩笑。

(六)提高控场能力,保证学员均等地参与,随时观察学员的反应

首先要让学员明白,作为培训师你非常关注他们的成长。在培训过程中,培训师要仔细观察学员的一举一动,了解他们对培训内容掌握的情况,随时调整进度。如果培训师发现课堂气氛比较沉闷,可先调动气氛,再找有幽默感、"开心果"类型的学员,适时地让其参与到互动中,往往可以起到非常好的课堂效果。如果你发现气氛已经非常活跃,可以问一些广泛性问题,引发大家积极回答。对正确答案应采用强烈支持态度,对不正确的答案使用积极或中立的态度,也可以请其他学员谈谈他们的想法或者自己进

行补充。要认真倾听学员的发言，不要打断，可以用点头来肯定和鼓励学员。

学员中不乏性格内向、外向的人。通常在培训课程中有一些性格外向的、比较自信的学员在讨论中愿意扮演主角，但培训师应该确保时间得到公平的分配，不要总让几个活跃的学员占了课堂的大部分时间，应采用轮流展示的方式，使每个人都有发言的机会。在课堂上会有一些想主导讨论的学员，但课堂时间是有限的，有时候培训师对这些学员的态度可以是视而不见，避免与这些学员进行眼神交流，而直接把问题交给那些沉默不语的人。可以把一些“棘手”的问题抛给活跃学员，寻求他们的帮助，以引导其他人畅所欲言地发表观点。这样做既体现了培训的公平性，又调动了每一个学员的积极性，让学员意识到自己是集体中的重要一分子，积极地融入教学。

（七）注重培训中的礼仪规范

良好的礼仪形象会帮助培训师树立专业、严谨的形象。在服饰上，培训师宜身着正装，男士以西装、女士以西装套裙为好。成人培训中一种流行的说法是“微笑是最好的化妆品”，所以在培训过程中，无论培训师心情怎样，是否疲惫，都应该始终面带微笑，使人有亲切和蔼的感觉。培训师应该站着讲课，充分运用肢体语言帮助表达，要有目的地自由走动，与学员随时随地充分地接触和互动。坐着不动或靠着桌子都给人死板或懒散的感觉，容易让人产生困倦。目光的接触也是非常重要的，通过眼神可以控制局面，沟通信息。不要盯着某个人一直看，也不要将目光四处游离。一般来说，目光接触停留在一个地方应该在 3 秒以下，要关注所有的人。培训师应声音洪亮、吐字清晰、语速适中，注意用语气的停顿来突出重点，通过抑扬顿挫的节奏感，给学员一种很有想法、很自信的感觉。

（八）变培训师主导为学员主导，善用“引导、跟随”的技巧

培训教学中，培训师要启发引导学员去发现，而学员的发现又促使培训师去启发，二者密切配合，可在轻松、愉快的情境中实现教与学的共振。培训课堂上，若沿袭传统的“以教为中心”的授课模式，必定会引起学员的逆反和怨烦。培训师要转变观念，树立以学员为本的理念，积极采用互动、双向交流的授课模式，激发学员参与课堂的积极性和热情。

带领与跟随是培训师一项必备的基本软技能。作为教师，大部分时间以讲授为主，教师是主角、是主导。这种形式虽然可以很好地传授知识，但往往忽视了学员的自主能动性。尤其是党校行政学院系统进行的培训，这

是一种成人培训，受训学员都是领导干部，有自己多年的丰富经验，所以我们更应该善于发掘、启发他们的思维。荷兰培训师威廉老师用一个钻石模型详尽地介绍了作为培训师应该如何带领与跟随。他把一节课分为三个部分，类似于钻石一样（如图1所示），一开始先由培训师带领，抛出一个问题，划定一个框架，引导学员在这个范围内讨论；然后跟随，对学员讨论的内容进行头脑风暴并进行深层次的挖掘，碰撞思想的火花；最后再带领，进行总结。整个过程跟随是主导，占据大部分课堂时间。

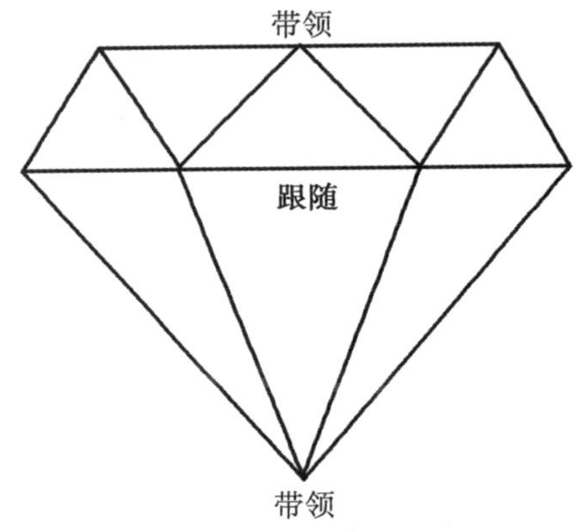

图1　培训师授课钻石模型

带领指的是以培训师为主导，抛出一些封闭性的问题，引导学员在一定范围内思考。培训师在开始就要给大家一个清晰的过程，告诉学员将要做什么。例如“今天我们花一个小时做一个讨论，主题是突发事件发生后如何能够更好地引导舆论”。通过这样一个明确的说明，告诉大家今天培训的目的。这是在课程开头的带领。另外在课程过程当中，如果学员在讨论时发生了一些争执，场面失控的话，培训师需要再次行使带领的职责，这样一是可以进行话题的转换，重新引导大家讨论的方向；再就是可以暂时打断某个学员的发言。例如“好，您说的意思我们明白了。您先等一下，我看那位学员还有些观点，我们来听听他有何看法”。最后，课程结束时，培训师要对所有学员的发言进行梳理归纳总结，再次进行带领。

跟随时，培训师是配角，而学员是主角。培训师在整个跟随过程中所起的是桥梁作用，将各个学员的观点串联起来，不断地进行引导和挖掘。跟随的方式归纳一下，主要有以下几点：①培训师可以提出一些开放性的问题，启发学员思考，例如“舆情管理在突发事件中所起的作用有哪些”等。②对学员的陈述进行重复或者归纳。③适时地停顿，留给学员一部分思考的时间。例如向学员提问:“这个观点是不是大部分人都认同,还有没有人有新的意见?”然后停顿下来等学员回答是或者不是。④常鼓励学员。⑤认可学员。肯定学员的发言,使自己与学员达成情感上的共鸣。⑥剖析自己,拉近与学员的距离。⑦深入提问,挖掘深层次的信息。

带领与跟随这两方面的技巧特别适合一些结构化研讨、研讨式教学、案例教学或者桌面推演。如果研讨分组的小组人数能够控制在10人左右,发挥这方面的技能就能够更有效,此时培训师能够观察到每个学员的反应,并充分进行引导。建议结构化研讨等课程多安排几个培训师,让一个培训师带领一个小组,在单独的房间独立进行课程,以充分运用带领与跟随的技巧,这样才能够真正实现学员思想碰撞、充分研讨的目的。

(九)提高课堂突发事件应对技巧

任何一种形式的培训课程中,至少30%的时间是培训师在说话,有时是讲授理论、有时是阐述技巧、有时是给予反馈。让每个学员都参与到培训中是很重要的。培训师作为培训现场的管理者,如果在课堂上遇到培训时无人响应、学员过于活跃、学员有不同意见和面对专家学员等情况,应如何面对呢?

1. 面对不积极参与的学员

有的学员由于比较内向或有顾虑,不会主动参与课程。要解决这个问题,培训师除了预留让学员参与的时间和做出有针对性的互动安排外,还应采用以下一些技巧:①提出开放式问题。运用开放式问题可以从学员那里获得更多的信息。开放式问题通常以“什么”“怎么样”“请谈谈”“请解决一下”等词语来提问。如:“你认为什么叫作舆情?”提问题后应尽量等待学员回答。如果你不知道等了多长时间,提问后请在心中默数个数。倘若没人有反应,就解释一下问题或再问一次。②指名提问。挑选一位有可能知道答案但一直沉默的学员来回答你的问题。为避免使学员觉得不自在,要先叫学员名字,再提问。③时刻对学员的参与进行肯定。要针对学员的参与和投入,而不是学员的回答进行肯定。可以是言语上的肯定,如“谢谢你的参与”“你贡献出了很好的意见”。也可以是非言语的,如微笑、点头、竖大拇指、写下他的观点、走近学员等。④建立沟通网络。让学员相互交流,不要让他们只局限于和你交流。⑤将问题交给学员。自己不回答学员的问题,让学员发挥他们的专长。

2. 面对消极的学员

培训师应善于倾听并积极应对不良表现。不要在真空中讲课,要注意倾听学员说什么和怎么说。大部分的学员都在岗位上积累了一定的工作经验,对一些理论类的课程,有的学员不太接受。比如有学员抱怨一些在实际工作中遇到的困难,表现出了很浓的消极情绪,这时候培训师应耐心倾听学员想表达的东西,必要时对他的问题进行简单复述,让其表达完整。不要一味反驳,那样会和学员一同陷入问题的怪圈,使学员反感。对问题充分理解后,可找一个合适的切入点对问题进行解决,并可以让学员提一些建议,但要注意把握分寸,要慢慢地由"配角"转为"主角",最终使学员心服口服。在课堂中,培训师要善于观察学员的肢体语言。学员消极的态度通常表现为:避免眼神与老师交流,双臂交叉、身体后倾背靠椅背,眼神表现出对老师的不友好,直接打断老师讲话、插嘴反驳等。大多数情况是学员对培训内容有异议。对于这样的学员,老师要善于倾听并给予耐心的解答,但又不能完全被其左右,因为还要照顾到其他学员的求知欲望。

3. 面对过于活跃的学员

活跃学员的表现是每次都回答培训师的问题,并且滔滔不绝,有时还会离题万里。如果这样,其他学员的参与机会就会受到限制。为了能够让课程顺利进行下去,让更多的学员获得参与机会,培训师需要有技巧地控制和调整这种行为。因为学员过度参与的原因很多,并不一定是故意的或恶意的。如果处理不好,可能会挫伤学员的积极性。培训师可采用以下方法进行调整:①提醒学员注意基本规则。倘若培训师带领学员制定了基本规则,就可以凭借这些基本规则来督促学员按要求参与课堂活动。如"请注意,我们的基本规则之一是,让别的学员也有机会发言。"②运用问题转换到你希望做的事情上。你可以先总结对方的观点,然后用限制式问题过渡。如"刚才你充分说明了你在这方面的看法,现在我们是不是听听其他人的意见"。在学员发言离题时,你也可以运用这个技巧提醒他。如"你讲的内容也很有价值,不过今天还是讨论我们的主题"。③有意给其他学员参与的机会。可采用征求其他学员意见的方式让其他学员参与,这样既控制了过度参与的学员,又促进了其他学员的参与。如"谢谢您,其他人对这个问题怎么看"。④运用指名提问。在之前,先说出希望回答的那位学员的名字,然后再提问题。连续几次反复运用这个技巧,就可以使过度参与行为得到有效控制,又不会伤害过度参与者。

4. 面对学员的不同意见或"挑衅"行为

有时候学员会与培训师有不同的意见,有的学员甚至在课堂上会有挑衅性行为,这是培训师最为艰难的时刻。挑衅性行为往往伴随着激烈的情绪，容易形成冲突，破坏培训师辛苦营造的学习氛围。以下做法可能会对解决这个问题有所帮助：①开放从容的肢体语言。你的面部表情、姿势等一定要得体、放松，向学员表明你是坦率的，微笑是很好的润滑剂。②不要对自己的行为和观点过度辩护，不要给他人造成"我不能有错"的感觉，不要试图从个人角度进行辩解和防卫。③澄清和确认。复述关键的话，检查你自己的理解是否正确。有时可能是培训师错误地理解了学员的意思。不要在无谓的问题上纠缠，在不需要争论的问题上浪费时间。④积极解决问题。不要过于关注问题的本身，要将注意力集中在如何解决问题上。如："我们还可以采取哪些办法来解决这个问题?"⑤让全体学员协助你解决问题。给其他有可能支持你的学员发言机会，运用其他学员的力量。如果情况严重，可以采取举手表决的方法。⑥课后个别讨论。如果需要，可以让大家休息一下，而培训师可以找到有关学员和他单独讨论使你伤脑筋的话题。这时，培训师要综合运用各种技巧来解决问题。⑦适可而止。如果"挑衅学员"已经放弃了挑衅行为，培训师不必继续特别处理，以至于让学员觉得失去了面子。正确的行为是当挑衅行为得到控制之后，培训师像对待其他学员一样对待挑衅者。

5. 面对专家学员

有时候，我们会遇到"专家学员"，与其他学员相比，他们对授课内容有较多的经验与认识。对于这样的学员，我们需要特别的技巧：①请专家学员讲授一小部分内容。这样做可以激发他和所有学员的兴趣，同时你也能检测到他到底对你的课程内容了解多少。但注意，是小部分内容而不是大部分。②请专家学员帮助解答其他学员提出的问题。这是一个让专家学员表现的好机会，但注意他回答完之后你要视情况再次陈述或简述你的意见。③请专家学员作总结。在课程开始后和结束前，可以邀请专家学员帮助你总结和回顾已经讲解的内容。④向专家学员提出一些更有深度的问题。只要专家学员认为你是善意的，你就可以启发他进一步思考。⑤请专家学员分享经验。在你需要的时候，可以请专家学员将他的经验分享给大家，以增强其他人的学习热情。⑥请专家学员担任辅导员。可请专家学员充当教练、指导者或观察员，指导其他学员进行培训过程中的案例分析、小组讨论等。

基于洋葱模型的培训师胜任力研究

山东行政学院经济学教研部　刘　泽

培训师训练学员如何分析自身强势或弱势

笔者对培训师胜任力的关注源于工作上从学历教育到干部培训的转变，从“教师”到“培训师”的转变。2015 年 6 月，笔者有幸参加了学院组织的荷兰思腾集团的培训，受益匪浅，在体会先进培训理念、先进培训方法的同时，也从培训老师身上看到很好的示范。作为受训者，在接受培训的同时，笔者考虑更多的是作为培训师应该具备哪些素质和能力才能胜任培训工作。

2010 年 1 月 1 日起施行的《行政学院工作条例》明确了“行政学院应当发挥公务员教育培训的主渠道作用”。2013 年中共中央印发的《2013～2017 年全国干部教育培训规划》指出:“干部教育培训是建设高素质干部队伍的先导性、基础性、战略性工程”,是落实党的十八大关于建设学习型、服务型、创新型执政党战略部署的保障。新时期,公务员、党政干部的整体素质在提高,对培训工作和培训师的要求也更高。培训效果的大小在很大程度上取决于培训师的素质与能力。如何由一名教师转型为一名培训师?一名优秀的培训师应具备哪些素质特征?如何提高一名培训师的培训能力?通过培训学习和阅读,笔者也有一些体会,以下将回答这些问题。

一、培训师胜任力

(一)胜任力的含义

胜任力(competency)的研究最早可追溯到 20 世纪初管理学之父泰勒所进行的“时间—动作研究”,也被称为“管理胜任特征运动”。泰勒在研究中,将复杂的工作分解成一系列简单的步骤,来识别不同工作对能力的要求。这里的胜任力主要是指可观察的动作技能或体力因素。现代胜任力研究,始于美国哈佛大学著名心理学家麦克兰德(David McClelland)为美国国务院选拔驻外服务信息官所进行的研究。1973 年,麦克兰德在《美国心理学家》杂志上发表了影响深远的文章《测量胜任力而非智力》,文中正式提出了“胜任力”的概念。麦克兰德经过深入研究发现,传统的评价企业和政府管理人员工作的方法过于注重智力、知识能力和专门技能,这样来判断个人能力是不合理的。他认为,影响个人绩效的并不仅仅是知识和技能,而是一些更根本的、更潜在的因素,诸如“成就动机”“人际理解”“团队影响力”等一些可以被称为胜任力的东西。他强调,要从第一手材料入手,直接挖掘那些真正影响工作绩效的个人条件和行为特征,用胜任力测试代替标准化测试,从而为提高组织效率和促进个人事业成功做出实质性的贡献。[1] 之后,美国薪酬协会对胜任力作了进一步的解释,即个体为达到成功的绩效水平所表现出来的工作行为,这些行为是可观察的、可测量的和可分级的。

---

① 参见惠宁:《20 位影响世界的管理学家——经典管理思想与评论》,中国经济出版社 2013 年版,第 251～272 页。

从1989年开始,麦克兰德的同事斯班舍(Lyle M. Spencer)对涉及科技、教育、制造、服务、政府机构、军队、医疗机构等行业和组织的200多种工作,进行了长达20年的研究,得出了几百项与优秀绩效相关的工作行为。1993年,斯班舍在《工作胜任特征》一书中给出了胜任力的定义,认为胜任力就是个体所具备的某种或某些潜在特质,这些特质与高绩效员工的工作表现具有高度的因果关系。麦克兰德进一步补充,认为这些个人特质在人格中扮演深层次、持久性的角色,通过它们能够准确地预测出一个人在复杂的工作情景及重要位置上的行为表现。他把这些个人特质划分为六个方面:①知识,指对某一特定领域的了解;②技能,指一个人能完成某项工作或任务的能力;③社会角色,指一个人对职业的预期,或者说在他人面前想表现出来的形象;④自我概念,指对自己身份的认识和知觉;⑤人格特征,指一个人持续而稳定的行为特征;⑥动机/需要,指决定一个人外显行为的自然和稳定的思想。[①]

我国关于胜任力的研究起步较晚,最早的一篇学术论文是发表于2001年《东华大学学报》(自然科学版)的《转型期国有企业中层管理人员胜任力的研究》。2005年以后,此类研究成果开始大量增加,研究对象涉及党政干部、公务员、企业管理人员、职业经理人、营销人员、教师、辅导员、医护人员、研发人员、专业技术人员、导游、服务员等,总体上以针对营利部门管理者的胜任力研究为主,以胜任力应用研究为主,以个体胜任力应用研究居多。[②] 本研究将主要关注培训师这一职业类型的胜任力,并以个体胜任力应用研究为主。

国内外不同时期的研究者对"胜任力"给出了不同的表述,但这些表述并没有太大差异。有的强调胜任力是个体的"潜在特质",有的强调胜任力是个体的"显性行为",有的将二者合一认为胜任力是个体的"潜在特质"与"显性行为"。学界比较认可的胜任力定义是:"能将某一工作(或组织、文化)中有卓越成就者与表现平平者区分开来的个人的潜在特征,它可以是动机、特质、自我形象、态度或价值观、某领域知识、认知或行为技能——任

① 参见王沛:《大学生职业心理研究基于职业决策困难与创业心智的视角》,科学出版社2013年版,第205页。

② 参见王建民:《中国胜任力应用研究的回顾与展望(2001～2012)》,载《商场现代化》2013年第26期。

何可以被可靠测量或计数的并能显著区分优秀与一般绩效的个人特征。”[①]胜任力一般具有以下特征：第一，胜任力是个体所具有的能够有效承担组织既定任务的素质和能力；第二，胜任力与工作情景密切相关，不同的工作，其胜任力的构成要素不同；第三，胜任力与工作绩效密切相关，它可以帮助预测个体未来的工作绩效，能够帮助区分组织中的绩效优秀者和绩效一般者；第四，胜任力可以通过培训和“做中学”得到塑造和提高。

（二）培训师胜任力

国外对从事培训这一职业的人群进行了比较细的划分，如美国劳工部编制的《美国职业大典》将培训师分为三类：培训管理者、培训师和培训协调员。1989 年美国培训与发展协会把专业培训师的角色分为培训分析与评估者、培训项目与课程开发者、培训战略家、培训师、培训管理员五种。[②]

在我国，培训师是伴随着经济和社会的转型发展而涌现出来的新职业。目前我国培训师这一职业的成熟度尚未达到发达国家水平，更细的分类标准尚未建立。我国劳动和社会保障部 2008 年颁布的《企业培训师国家职业标准》(2007 年修订)，将企业培训师定义为“能够结合经济、技术发展和就业要求，研究开发针对新职业(工种)的培训项目以及根据企业生产、经营需要，掌握并运用现代培训理念和手段，策划、开发培训项目，制订、实施培训计划，并从事培训咨询和教学活动的人员”。本研究所指的培训师不包括培训管理者和培训协调者等角色，而主要指策划、开发培训项目，制订、实施培训计划，从事培训教学的人员。

国外对培训师胜任力的研究，成果比较多，其中美国是培训师胜任力研究领域的前沿和主导。在美国培训师胜任力研究中，专业机构发挥了主要作用，下面主要介绍其两大机构的研究成果，一是美国培训和开发委员会(ASTD)，二是美国培训、绩效和教学标准委员会(IBSTPI)。

ASTD 是全世界最大的人力资源开发从业人员的机构，其在培训师胜任力研究方面可谓硕果累累。1989 年，MeL-agan 采用专家小组法进行了研究。他认为培训师胜任力包括 13 项因子，分别是：理解成人学习、目标设定技能、胜任力识别技能、商业理解力、组织行为理解力、反馈技能、表达技能、发问技能、关系建立技能、写作技能、信息搜集技能、智力的灵活性、

① 时勘：《胜任特征模型、领导行为研究及其在人力资源开发中的应用》，载《首都经济贸易大学学报》2007 年第 6 期。

② 参见高洁：《英美企业培训师的研究》，华东师范大学硕士学位论文，2003 年。

观察技能等[①]。2004 年以后,ASTD 的研究从培训和开发转向职场学习与绩效,这是对培训和开发的重新认识和定位。技术的进步,尤其是互联网及网络科技的发展,改变了传统的学习方式,也从根本上改变了培训师和学员的角色定位。ASTD 提出了职场学习与绩效的金字塔模型。[②] 在模型的最顶端,是职场学习与绩效人员要扮演的角色,即学习战略家、商业合作伙伴、项目管理者以及专家。对培训师而言,就是要能够站在组织的立场,了解培训的目的是为了帮助组织提高绩效、服务于组织战略目标的实现,因此,培训师应具备影响利益相关者、战略性思维等胜任力。模型中间部分是专业领域,对培训师而言,其专业领域应该是设计学习、实施培训、测量与评估、发挥学习的功能以及对学习提供指导等五大方面。培训师应具备有效地沟通、计划并实施培训任务等胜任力。模型最底端,也是最基础的部分,是培训师个人素质。这也要求培训师应该学会个人发展,不断地自我学习、自我成长。

美国培训、绩效和教学标准委员会(IBSTPI)在 1991～2001 年间开发了培训师能力标准。该标准将培训师分为培训管理者和培训师,其中培训师的职业能力包括 14 项,分别是:①分析课程材料和学习者信息;②为教学作准备;③建立和维持教师和学员之间的信任关系;④管理学习环境;⑤有效的表达技能;⑥有效的交际技能;⑦有效的质疑技能和技术;⑧对学习者需求做出有效的反应或反馈;⑨提供积极的强化和引起学习的动机;⑩恰当地使用教学方法;⑪有效地使用媒体和电脑;⑫评估学习者的绩效;⑬评估教学的传授;⑭分析评估的信息。

国内关于培训师胜任力的研究成果较少,以下介绍两项有代表性的成果。一是魏静通过对 20 名培训师的行为事件访谈和 200 余名培训师的问卷调查,将培训师胜任力特征归纳为五个方面,即:学习创新能力、综合素质水平、临场控制能力、情绪调控能力、客户服务意识等。[③] 二是李冰等通过对清华大学继续教育学院 20 名培训师的行为事件访谈和 200 余名培训师及培训学员的问卷调查,将培训师的胜任力归纳为四个纬度和 12 个胜任因子:知识,包括基本知识、专业知识;培训技能,包括培训实施、参与式授课、准备与反馈、根据需求设计课程、培训方法等;心理特质,包括性格、

① 参见戴鹏飞:《培训师胜任力特征综述》,载《长三角》2010 年第 1 期。

② 参见张书娟:《美国培训师胜任素质研究:回顾与评价》,载《继续教育研究》2010 年第 3 期。

③ 参见魏静:《培训师的胜任素质模型研究》,华东师范大学硕士学位论文,2007 年。

交流互动、职业道德、激情与感染力等;问题诊断与解决能力,即参与组织管理能力。①

二、培训师胜任力模型

(一)胜任力模型

胜任力模型(Competence Model),是指特定职位需要具备的胜任力特征的总和。胜任力模型中包含一系列具有明确定义的行为指标,可以清楚地说明哪些是与员工获得高绩效密切相关的胜任能力,哪些是员工通过培训和学习可以获得的以及胜任力在个体取得成功时是如何起作用的。目前,学术界有代表性的胜任力模型是冰山模型和洋葱模型。

1. 冰山模型

冰山模型是由麦克兰德在1973年提出的,如图1所示。如果把胜任力分为基准性胜任力和鉴别性胜任力两类的话,麦克兰德认为,位于冰山水面上的部分就是基准性胜任力,包括基本知识和基本技能,是胜任力的外显特征;潜藏于冰山水下的部分是鉴别性胜任力,包括自我认知、社会角色、价值观、特质和动机等,是胜任力的内隐特征。

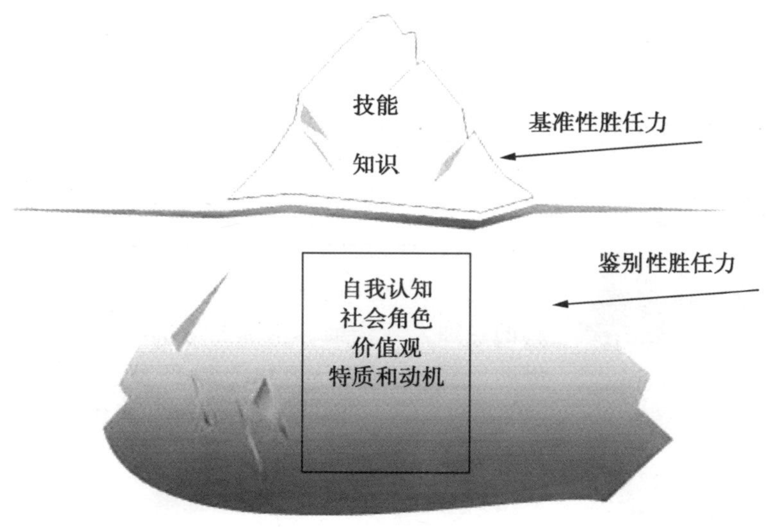

图1 胜任力冰山模型

① 参见李冰、王晓平、张敏:《培训师胜任力模型》,载《继续教育》2006年第20期。

基准性胜任力，是任职者必须具备的与岗位相关的专业知识和技能，相对来说比较容易通过培训和学习在短时间内得到提高，也比较容易了解和测量；而鉴别性行胜任力，是不容易通过外界的影响发生改变的，在短时间内很难通过培训得到快速提高，同时也具有一定的隐蔽性，难以测量。鉴别性胜任力对个人的行为和长期工作表现起着关键性的作用，是区别高绩效者和普通绩效者的关键性因素，而通过基准性胜任力则难以做到这种区分。

2. 洋葱模型

美国学者R.博亚特兹（Richard Boyatzis）在麦克兰德冰山模型的基础上，提出了胜任力洋葱模型。洋葱模型本质上与冰山模型是一样的，但与冰山模型相比，对胜任力的表述更具有层次性。洋葱模型的最表层是基本知识和基本技能，鉴别性胜任力又被细分成中间层和最里层，中间层包括社会角色、自我认知和价值观，最里层、最核心的是动机与特质。在该模型中，越是深层的部分越是个体最不容易改变的。这些胜任力特征，由表层到里层，层层包裹，被形象地称为洋葱模型。

（二）培训师胜任力的洋葱模型

在培训师胜任力的研究角度上，有的学者关注培训师在实施培训过程中传递知识、技能、情感和价值观等方面的胜任力；有的关注培训师在培训过程中运用设备、技术等方面的胜任力；有的关注培训师在促进学员能力提高和组织绩效方面应具备的胜任力等。本文通过洋葱模型，侧重于探讨第一种情况，即培训师在培训实施过程中与学员之间实现有效沟通方面的胜任力。

保罗·瓦兹拉威克

培训实施的过程就是培训师与学员之间沟通的过程，这种沟通是双方进行知识、情感、思想的传递和交流，并运用合理协调方式形成共识或达成理解的一种人际沟通。沟通是否有效决定了培训效果的好坏。美国心理学专家保罗·瓦兹拉威克（Paul Watzlawick，1921～2007），创建了沟通理论模型。该模型将博亚特兹的胜任力洋葱模型具体应用到培训师的培训实施过程中，考察培训师的沟通胜任力。

培训师胜任力洋葱模型是针对培训师与学员沟通过程中所涉及的因素及各因素之间的关系进

行分析的模型。借助这个模型，可以发现沟通中存在的各种问题，帮助培训师实现有效的沟通。该模型着眼于培训师与团队的沟通，将培训师与团队之间的沟通分为四个不同的层面(见图 2)，即内容、理解与互动、感知、价值观，由外到内，层层深入，核心是价值观。这些影响沟通的因素并非独立发生，也不能独立分析，而是相互依存又相互影响的。

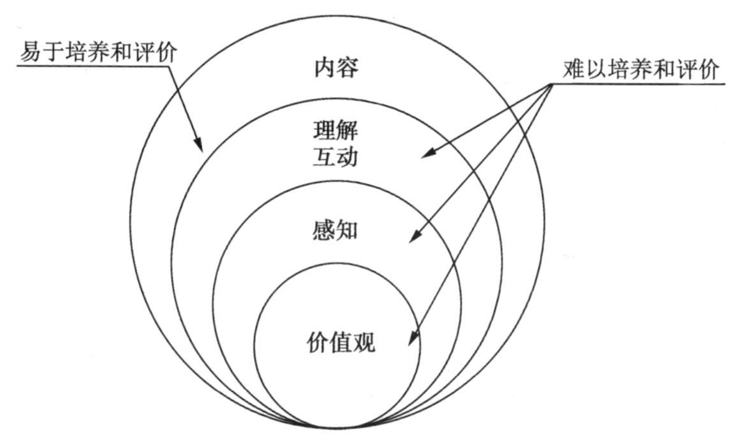

图 2　培训师胜任力洋葱模型

洋葱模型的第一层是内容。这是培训师与学员沟通的最外层，是培训师准备与学员分享的知识和经验。

按照洋葱模型，内容的重要性只占 25％，里面三个层面的重要性要占到 75％。需要说明的是，这个权重是从沟通的角度来确定的。实际上，培训师首先应该关注的还是内容。任何培训，培训师总是会先告知学员培训的内容，学员也会据此作一个预判。至于培训师与学员就内容沟通到什么程度，就要看培训师在内容下面三个沟通层面上的功夫怎么样了。培训师对内容的积累和掌控远比其他三个层面要容易得多，所以，从培训师与学员沟通的角度来看，内容的重要性就下降了。

第二层是理解与互动。理解和互动，又是两个不同的层面。理解是指培训师与学员之间的双向理解，即学员是否理解培训师所讲的内容，培训师是否理解学员的状态。如果这种理解出现了问题，学员的注意力就会离开培训师，学员之间就会产生互动，这种互动往往是负面的。比如，学员会想："你可能是个专家，但你讲得很枯燥、很没意思，我不想听下去。"如果学员之间的这类互动增多，就会引起培训现场的秩序混乱。这里的互动，主要是指学员之间的互动。

瓦兹拉威克认为，信息沟通不良会造成行为分歧、意思曲解。偏差行为是由于语言和非语言的表达缺乏一致性造成的。因此，在这个层面，培训师应分析沟通形式并澄清问题所在，应清楚地表述并确认学员反馈的信息。培训师要经常与学员做一个确认，比如问："清楚吗？"当得到"是""是的"这样的肯定答复后，再回到内容上面来。这种方式被称为"发声的想"，即培训师和学员把在培训过程中产生的想法，及时地用声音表达出来，这种表达不只是澄清问题，也包括培训师与学员之间的相互肯定与赞扬。这一层面的工作，对培训师来说是一个不小的挑战，是很难做的功课，但也是培训师应该努力做的功课。

有关互动，平时我们讲的互动是广义的，包括培训师与学员、学员与学员之间的互动。在洋葱模型中，沟通层面被更细地划分，这里的互动特指学员之间的互动，而且是发生在培训师与学员的理解发生断裂之后。

第三层是感知。感知是触及学员感觉或情感的一个层面。如果对理解与互动层面上出现的断裂，培训师没有及时发现或有意识忽略的话，学员就会对培训师产生不良的情感，如不满、生气、对抗等。这种情绪会严重影响培训师与学员之间的理解。相反，如果培训师与学员在这个层面能实现有效的沟通，培训师与学员之间的情感距离就会被大大地拉近。所以，作为培训师，应努力提高自己的感知能力与沟通技巧，并尽量触及到学员的情感层面，这种情感上的有效沟通，会对培训起到积极的、有时甚至是决定性的作用。

第四层是价值观。价值观是培训师与学员沟通最核心的层面。任何内容的背后都有其价值判断。培训师应该有自己的价值判断，而且要与所讲的内容保持一致，学员对培训师价值观的认同所产生的共鸣，会使培训师对学员产生更强的影响力，也是使培训真正取得效果的力量所在。反过来，如果学员认为培训师言不由衷，或其价值判断不清晰，或不认同培训师的价值观，培训师与学员之间的沟通就会在这个层面断开，培训就很难触及到学员的心灵深处。在这个层面，体现的是培训师与学员之间深层的尊重与信任。

上述四个沟通层面，层层递进、逐步深入。作为培训师，在培训过程中要不断地回到几个层面上去查看，反思沟通是否在哪个层面上断开了。这个过程也可以看出一个培训师的能力以及培训师是如何掌控局面的。

三、如何提高培训师胜任力

我国的培训师多半是半路出家，也许拥有所属领域丰富的专业知识，但可能缺少作为一名合格培训师的专业素养。培训师的力是可以通过培训和学习提高的，一个培训师要想提高胜任培训工作的能力，应长期关注以下四个方面：

（一）培训师角色认知

洋葱模型使我们认识到培训师与教师关注点的不同。教师主要关注内容，而培训师在关注内容的同时，更要关注过程。培训师应比教师具有更强的软技能，需要掌握更多的沟通技巧，需要具有更强的沟通能力。对培训师角色的认知是一个培训师首要的任务。

培训师是讲师和教练角色的结合体。[①] 讲师的主要职责是通过设计和讲授培训内容，提升学员相关知识和技巧，最终的目的是让人明白或知道。教练的职责是改变被辅导者的行为模式，通过观察被辅导者，诊断出被辅导者行为模式中不正确、不足够的方面，给予针对性的反馈和指导，最终的结果是让人"会用"。两种角色在不同的内容和不同的时间段会有不同的配合。

培训师是导师和学习的促进者角色的结合体。导师是所讲授的专题内容的专家，对课程内容的认识程度和研究要比学员多，而学习的促进者则不一定是所讲授专题内容的专家；导师喜欢告诉、指示和直接给出答案，而学习的促进者则是喜欢问问题、聆听和寻求多种解决问题的可能性；导师不一定擅长组织小组活动，而学习的促进者则是各种小组活动组织的专家。在洋葱模型中强调培训师与学员的沟通，就是在强调培训师作为学习的促进者的角色。学习的促进者要能够感觉到正在发生的事情，并能迅速判断是否需要对此进行干预。一个好的学习促进者能够让培训过程和谐推进而自己意识不到自己的工作过程，同样，学员也意识不到。

培训师还是编剧、导演和演员的结合体。[②] 有人把培训师看做是编剧、导演和演员。在培训准备阶段培训师是编剧，要确定培训目的、培训内容、培训方法、培训资料、制订课时计划等。在培训实施阶段培训师是演员，要有引人入胜的开场和耐人寻味的结尾、实用的培训内容、应对课堂特殊情

---

① 参见王东云等：《杰出培训师》，海天出版社 2005 年版，第 9 页。

② 参见姜玲：《培训师培训 TTT 指南》，高等教育出版社 2008 年版，第 14 页。

况等。当指导学员练习、引导学员参加活动时，培训师担任的又是导演的角色。

从教师到培训师转型的过程中，我们不仅要了解教师与培训师的区别，而且还要培养作为培训师的意识，用培训师的思维去设计课程，用培训师的思维去完成培训。

（二）培训师应重视知识的更新与积累

拥有知识是培训师存在的首要条件，也是学习者最为关注的部分。基本知识和专业知识构成了培训师的知识结构。如果对培训按内容划分的话，可以分为知识的培训、技能的培训和态度的培训，其中知识的培训是最基本的，是培训工作的重要组成部分。当前，培训师面临着诸多挑战。首先，知识更新和传播的速度越来越快。其次，成人学习的持续化和普遍化日趋成为国际大趋势，每个人都需要不断地调整知识结构，提高解决问题和适应变化的能力，这使最现实的适应机制就是持续学习，而培训师成为终身学习制度的重要环节。再次，党的十八大提出，要“完善终身教育体系，建设学习型社会”，这是继《国家中长期教育改革和发展规划纲要》（2010～2020年）确定到2020年“基本形成学习型社会”后，我国又一次突出强调的国家重大战略决策，是我国实现全面建成小康社会和中华民族伟大复兴宏伟目标的根本保障。[①] 在这样的背景下，培训师需要特别关注相关领域的发展动态，不断吸取新知识、新成果，充实自己的知识储备，更新知识结构。将最先进的知识和理论深入浅出地讲授是培训师首要的素质与能力。调查表明，好的培训师不仅是课程方面的专家，往往还拥有丰富的人文知识、学习能力强、注意点滴积累、不断更新知识和观念、在课程中不断充实新的理论和案例，在长期不懈的努力中体现出了自身的主动性和创造性。

（三）培训师应重视“软技能”的提高

在洋葱模型中，知识和技能之外的部分可统称为软技能。软技能是培训师胜任力的重要组成部分，也是区别优秀培训师和一般培训师的分水岭。软技能的提高尽管不容易，但仍可以通过培训和学习得到提高。

1. 在培训中学习

通过参加荷兰 TFT 项目（专业培训师的培训），笔者对通过培训提高

---

① 参见郝克明、季明明：《建设学习型社会是全面小康的重大战略决策》，2013年1月11日，http://theory.people.com.cn/n/2013/0111/c107503-20170176.html。

软技能有了一些感性认识和理性思考。

软技能培训的目的是为了改变受训人原有的观念或做法,去经历变的过程,这个过程往往是痛苦的。保罗·瓦兹拉威克等在以改变为主题的专著《改变—问题形成和解决的原则》中指出:“一旦有了改变的需求,不论它是多么微小,必然会促使其他的小改变发生;这些小小的改变发挥了滚雪球的效果,导致更有意义的改变。”所以,让受训者认识到接受培训的必要性,并愿意接受培训、愿意作出改变,是进行培训的前提。一般来说,人们在决定变化之前要经历四个阶段,即拒绝变化、迷茫丧气、准备变化、采取行动,大部分的培训失败是因为培训者主观地认为受训者已处于第三阶段。研究表明,一般的培训项目中,只有20%的人是作好准备的。[1] 所幸的是,在我们经历的荷兰TFT项目中,所有参训团队成员都对这次培训充满了期待,培训过程中活跃的表现也表明我们已作好了变化的准备,在培训过程中也看到了大家行为上的变化。

荷兰培训师成为了我们学习的榜样,从他们身上我们看到一个优秀培训师所具有的素养:第一,足够的专业素养,能够清晰地表达自己。第二,能够与受训者建立良好的关系。培训过程中,荷兰培训师试图与我们每一个人建立联系,如给每人一个独特的称谓、目光的交流,还有幽默的语言和形体动作等。他们的热情、真诚以及对我们的理解与体谅赢得了我们的信任。第三,用体验的方法来组织培训。软技能的培训不能仅从讲授中获得。荷兰培训师为我们设计了大量的游戏与练习,我们练习的时间远远大于培训师讲授的时间。在做的过程中我们深切体会到了“知易行难”,也正是在培训师精心设计的体验中我们理解了培训的理论、掌握了培训的技能。第四,能够给受训者提供有针对性的建议和辅导,帮助受训者了解自己的进展。在我们每个人发言或展示的时候,荷兰培训师都会及时作出点评,尤其是出现问题的时候,培训师会非常明确地指出问题所在并提出改进建议,使我们每个人既可以在个人的体验中了解自己,也可以在观摩他人的表现中获得进步。

2. 在工作情景中学习

经验是最好的老师。当一个学习者参与到一个活动,然后回想这个活动,确定这个活动中有用的知识和技能,并把它们带入到自己工作当中的时候,经验学习便发生了。Morrison 和 Hock 认为,处于组织环境中个人

---

① 参见徐庆文、裴春霞:《培训与开发》,山东人民出版社2004年版,第315～316页。

的主要发展源是工作经历而不是正式的培训。[①] 国外研究证实，工作中的能力有70%～80%是从工作中学习得来的。

在工作中学习，是以提高实际工作中的绩效和胜任力为目标的。围绕具体工作，个人可以在别人指导或自我指导下进行胜任力的获取。这种学习的特点是内置于工作过程之中，是在真实的工作环境中发生的。当然，学习行为的发生需要具备一定的条件，即一定的胜任力基础、特定的学习需求、相应的激励机制和一定的学习资源。工作中的学习，其形式可以是正式的、非正式和偶然的。具体的学习方式，有观察、模仿、别人的指导和阅读记忆等。

培训师的成长不是一蹴而就的，是一个相对漫长的过程，尤其是心理特质方面的养成更是需要时间。培训师所需要的心理特质，如自我调节能力、自信乐观、激情和感染力、合作精神、奉献精神、职业道德等，并不能完全通过知识迁移和实践锻炼获得。这类隐性的和情感的特质，需要一定的情境去引导和启发，由培训师进行反思和领悟，最终实现素质的内化和养成。

(四)培训师要了解成人学习的特点

以成人为培训对象，应了解成人的学习规律和学习特点。成人学习的特点主要有以下几点：

1. 学习目的明确

成人学习者大多是带着职业的实际需要和工作中的问题来学习的，注重学以致用，往往会把课堂上听到的内容与现实中的情况进行比照。这就要求培训师所讲授的内容应多从实战角度考虑，在讲理念、理论的同时，多讲如何去做。

2. 愿意自己控制学习过程

这一特点源于成人的自我认识，即认为自己是能够自主、自律、控制自身学习过程的。因此，他们在学习中遇到问题时，更希望培训师与他们平等地讨论问题，给予他们引导和帮助，而不是以权威的姿态出现，将他们像在校学生一样对待。他们善于思考，不会轻易接受说教，有时会刨根问底。这就需要培训师在上课之前作好充分准备，既需要作好知识准备以应对学员的刨根问底，更要善于用同理心去思考，设想自己正坐在台下听自己的

---

① 参见孙平、段永清、胡培：《基于能力的企业经理人力资本结构研究》，载《四川师范大学学报》(社会科学版)2010年第1期。

课程，设想自己会有什么样的感觉。

3. 有较强的参与意识和分享意识

现代社会，成人的表现意识和参与意识普遍较高，他们之前所积累的大量经验也希望被人认同。培训中成人的这些经验也是非常宝贵的学习资源。作为培训师，应充分运用案例教学、小组研讨等多种培训方法，尤其应加强自身的互动意识、提高互动技巧，将学员的智慧、知识和经验挖掘出来，扮演好学习的促进者的角色。培训师与学员之间的互动，可以为学员提供更多思考和学习的机会，也是深化学习的必要手段。

Kolb 学习圈理论在管理培训中的应用

山东行政学院企业管理人员培训部　张志红

学员课堂展示后，与培训师互动

2015 年 6 月 1～14 日，笔者有幸与 13 位同事一起赴荷兰参加培训，在为期两周的培训中，亲身体验了荷兰的培训理念与模式，体验了培训师的培训风格与风采。其中，给我触动最大的是每个培训师都特别重视学员的个性特点，关注学员的内心感受，强调培训师与学员的互动，积极调动每个学员的能动性，让每个学员都积极参与到培训过程中，帮助我们了解自己、了解他人、了解培训。

大家的收获是多方面的。以下笔者结合自己的培训经历，对 Kolb 学习圈理论在管理培训中的应用谈谈自己的体会。

一、Kolb 学习圈理论简介

Kolb 学习圈理论又称为“Kolb 模型”“学习风格模型”“学习周期理论”，是 20 世纪 80 年代美国成人学习专家科勃(David Kolb)在总结了约翰·杜威、库尔特·勒温和皮亚杰的经验学习模式的基础之上，在他的著作《体验学习——让体验成为学习和发展的源泉》中提出的经验学习模式亦即体验式学习圈理论(experiential learning)，包括具体体验、观察反思、抽象概念、行动实践(如图 1 所示)。具体经验是让学习者完全投入一种新的体验；观察反思是学习者在停下的时候对已经历的体验加以思考；抽象概念是学习者必须达到能理解所观察的内容的程度并且吸收它们使之成为合乎逻辑的概念；到了行动实践阶段，学习者要验证这些概念并将它们运用到制定策略、解决问题之中，形成解决问题的具体方法或步骤。学习过程有两个基本结构维度，第一个称为领悟维度，包括两个对立的掌握经验的模式：一是直接领悟具体经验，二是间接理解符号代表的经验。第二个称为改造维度，包括两个对立的经验改造模式：一是通过内在的反思，二是通过外在的行动。学习过程是不断的经验领悟和改造过程，这两个维度在学习过程中缺一不可。

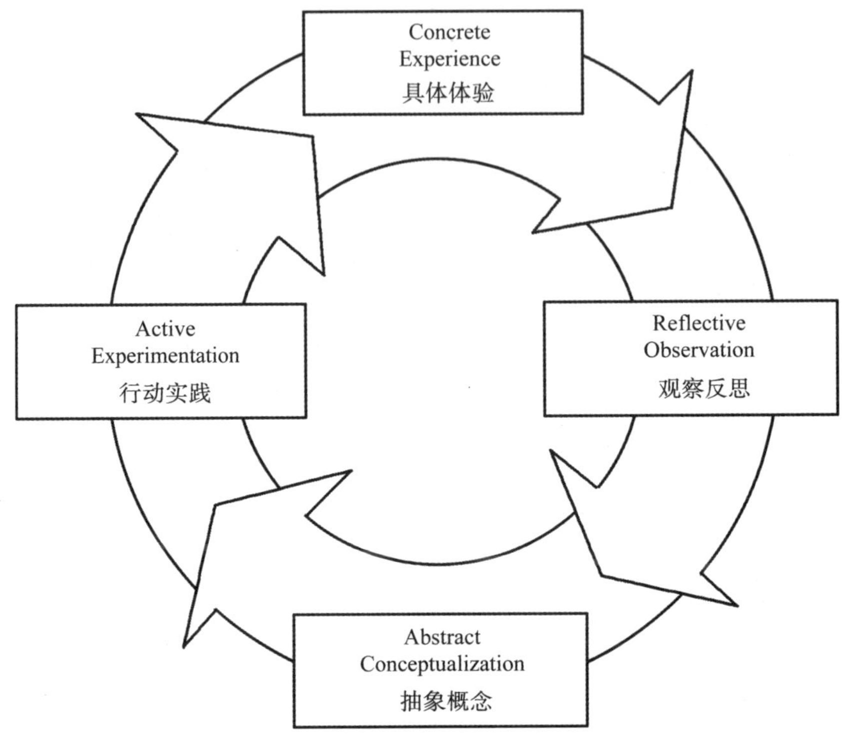

图 1　Kolb 模型

以下为 Kolb 学习圈理论的基本观点：

第一，任何学习过程都应遵循学习圈。学习的起点或知识的获取首先是来自人们的经验或体验（experience），这种经验或体验可以是直接经验，是人们通过做某事获得某种感知，借用哲学的术语说，就是对世界图景的第一次粗略把持。当然也可以是间接经验或体验，因为人们不可能在有限的生命周期内将世界的每一件事都体验一次。有了经验，学习的下一步逻辑过程便是对已获经验进行反思（reflection），即人们对经验过程中的知识碎片进行回忆、清理、整合、分享等，把有限的经验进行归类、条理化和拷贝。然后，有一定理论知识背景和一定理论概括能力的人便会对反思的结果从理论上进行系统化和理论化，这个过程便进入了学习的第三阶段——理论化（theorization），形成概念。如果说前面两个阶段是知识获取的充分条件，那么，理论化阶段的学习对于知识的获取则是充分而又必要的条件。库伯认为，知识的获取源于对经验的升华和理论化。理论化阶段，学习者要做的工作很多，包括要将类似于某种“应用程序”的过去的分析框架从大脑“存储器”中暂时“打开”，对反思的结论即相关文本进行处理，得到人们所希望得到的结果。学习圈的最后一个阶段是行动阶段(action)，可以说，它是对已获知识的应用和巩固阶段，检验学习者是否真正学以致用，或是否达到了学习的效果。如果从行动中发现有新的问题出现，则学习循环又有了新的起点，新一轮的学习圈又开始运动。人们的知识就在这种不断地学习循环的过程中得以增长。

第二，学习圈理论强调重视每一个学习者的学习风格的差异。库伯认为，由于每个人的内在性格、气质的差异性以及生活、工作阅历、教育知识背景的差异性，从而导致每个学习者的学习风格的不一致。根据学习圈理论，可以将学习者大致分为四类：经验型学习者、反思型学习者、理论型学习者和应用型学习者。这四种学习者的学习风格各有特点。

(1)经验型学习者。学习者通常用具体的思维方式感知信息，并对这些信息进行反思式的加工。这类学习者需要独自从事学习活动。

(2)反思型学习者。学习者通常用抽象的思维方式感知信息，并对这些信息进行反思式的加工，在学习活动中，他们需要根据详尽的、程序化的步骤进行思考。

(3)理论型学习者。学习者通常用抽象的思维方式感知信息，并对这些信息进行积极的加工，在学习活动中，他们需要投入实际问题的解决过程。

(4)应用型学习者。学习者通常用抽象的思维方式感知信息，并对这些信息进行积极的加工，他们在学习活动中需要冒险，进行变革实验，而且具有灵活性。

库伯认为，这四种学习风格不存在优劣的价值判别，它们之间有一定的互补性。正因为如此，在设计培训项目时要考虑到这种差异的存在。

第三，集体学习比个体学习的效率高。集体崇尚开放式的学习氛围，反对把学习看作孤立和封闭的行为，倡导学习者之间的交流、沟通，重视学习者的相互启发、分享知识。正因为学习者的不同学习风格，才有了他们对某种事物的不同看法，可以在思想碰撞中得以增长知识。不同思想的交换使得每个学习者得到更多的思想。毋庸赘言，这种集体学习的学习模式更有利于知识的生产和传播。

二、管理培训的内涵

(一)管理培训的定义

管理培训主要是以提高管理技能、提升生产运作效率为目的的培训。对于管理人员的培训,除了丰富个人知识、增强个人素质、提高技能、为个人发展创造条件外,还应侧重开发其潜能,提高他们的决策、用人、激励、沟通、创新等方面的管理能力。

被称为"现代企业管理之父"的杰克·韦尔奇认为,对于一个精干而有生命力的公司而言,提高生产力的唯一途径就是建立一支有活力的、人人积极参与并且全身心投入的、热情无限的员工队伍。随着世界经济一体化的趋势不断加强,任何企业都将越来越面临来自内部、外部的各种严峻挑战,企业的愿景和前途,从某种意义上来说,就在于能够不断地适应这种瞬息万变的变化和变幻莫测的挑战。管理培训可以帮助企业获得管理的方法,来改变企业经营和管理上的一些不足之处,帮助企业获取竞争优势。

(二)管理培训的类型

管理培训的分类方法很多,我们主要从培训内容和培训层次进行分析。

1. 以培训内容为分类标准

从培训内容看,管理培训可分为管理知识的培训、管理技能的培训和态度的培训。

(1)管理知识的培训包括管理知识的学习和管理知识的更新。比如,对从技术工作岗位上提拔起来的管理人员就需要进行系统的管理知识的培训。管理知识的培训信息量大、内容丰富,可以快速补充、更新学员的知识,开阔其眼界。这种培训一般以培训师讲授为主,辅以其他的培训方式,以增强培训效果。

(2)管理技能的培训。广义上讲,管理技能培训包括管理者素质的开发与培训和管理者能力的开发与培训两个方面。其中素质开发指管理者的体能、心理、观念、思维、知识等方面的开发与培训;能力开发指管理者的决策能力、管理技巧、人际关系技能等方面的开发与培训。管理技能的培训信息量不算大,注重联系实际,重视学员的参与,强调反复演练,形式活泼。

(3)态度的培训。态度决定一切,作为管理者,如果没有一个良好的态度,即使掌握了丰富的管理理论和高超的管理技能,仍然无法发挥自己在组织中的作用。“成功等于知识加能力再乘以态度”，这很好地诠释了态度在个人成长和组织发展中的作用。态度会决定个人的成败，也会影响组织的兴衰。因此，对管理者态度的培训就显得尤为重要。

2. 以培训对象为分类标准

从培训对象的层次看，管理培训可分为高层培训、中层培训和基层培训。

不同层次的管理者在组织中的作用不同，决定了他们需要具备不同的素质和技能，也由此决定了培训内容的不同。

高层管理者负责制订组织的总体战略和发展目标，并对整个组织的绩效进行评价，重点是决策和控制。由此，他们需要更多地掌握概念技能，进而把全局意识、系统思想和创造精神渗透到决策过程中。对他们的培训，重点是决策判断能力、组织推动能力等。

中层管理者负责贯彻执行高层管理人员的重大决策，监督和协调基层管理人员的工作，重点是计划和控制。由此，他们需要更多地掌握技术技能和人际技能。对他们的培训，重点是领导能力、影响能力和协调能力等。

基层管理者直接指导和监督下属员工的现场作业活动，保证各项工作任务有效完成，重点是执行和控制。他们必须全面而系统地掌握与本单位工作内容相关的各种技术技能，同时也要掌握一定的人际技能。对他们的培训，重点是执行能力、团队建设能力等。

人际技能是组织各层管理者都应具备的技能。因为不管是哪一层次的管理者，都必须在进行有效沟通的基础上，与他人相互合作共同完成组织目标。因此，人际技能对高、中、基层管理者是同等重要的。

（三）成人学习的特点

管理培训特指对管理层的培训，管理培训的对象是成年人。而成年人在学习过程中与在校学生有明显的差异，主要表现在以下几方面：

1. 经验丰富

参加管理培训的对象一般都是长期在管理岗位从事管理工作的人，尽管他们的职位有高低，从事管理工作的时间有长短，但基本都有丰富的工作、生活经验，而且善于在培训中充分运用他们的经验。已有的经验是成人进一步学习的基础和依据，会影响到他们学习目的的确定以及学习内容和学习方式的选择。由于自身丰富的经历和阅历，他们在学习的过程中，更喜欢理解性和理论联系实际的学习方法。

2. 目的性强

从个人的角度说,管理者之所以愿意参加培训,是他们认为自己想学习或者需要学习。他们看中培训的针对性和实效性。那种组织为了完成培训任务而安排的培训对他们没有吸引力,即使参加也是敷衍了事。

3. 善于思考,理解力强

成人学习不是被动接受,而是主动思考的过程。他们既有丰富的实践经验,又有一定的理论知识的储备,而且善于理论联系实际,具有较强的概括能力,能将零散的、看似无内在联系的内容整合成系统的、逻辑性强的知识体系。他们在参加培训时,不喜欢说教式的灌输,而是希望在培训师的引导下经过自己的体验和思考得出自己的结论。

三、Kolb 模型在管理培训中的应用

管理培训过程实质上是培训者引导成人自主学习的过程。因此,在进行管理培训时,必须按照成人学习的特点和规律来组织培训。而 Kolb 的学习圈理论为现代管理培训提供了强有力的支撑。

依据学习圈理论的基本思想,管理培训应遵从个体学习的特点、个体学习风格的差异性以及相对于个体学习而言的集体学习的高效性而进行。

(一)不同内容的培训,学习圈的起点可以不同

学习圈是一个从具体经验、观察反思到抽象概念,然后付诸行动实践的过程,但这并不意味着不管什么内容的培训,也不管培训对象的学习风格如何,都必须从具体体验开始。实际上,任何一个培训过程,都可以有不同的起点,从而形成四种方式,即:

(1)具体体验—观察反思—抽象概念—行动实践;

(2)观察反思—抽象概念—行动实践—具体体验;

(3)抽象概念—行动实践—具体体验—观察反思;

(4)行动实践—具体体验—观察反思—抽象概念。

至于采用哪种方式,取决于培训的具体内容和培训对象的学习风格。

对于管理理论知识的培训来说,可以从抽象概念即方式(3)开始,通过理论的讲授,使学员掌握基本的概念与原理;然后运用所学理论,结合具体工作实际,总结工作的方法与步骤;然后通过案例分析或沙盘模拟或桌面推演等可以让学员参与的培训方式,让学员在体验中获得或验证所学理论,进而反思实践经验和感受,进一步强化所学理论。当然,管理知识的培训也可以从其他起点开始。

而对于技能培训,最受学员欢迎,效果也最好的方式是方式(1),即具体体验—观察反思—抽象概念—行动实践。

以沟通培训为例,在做管理沟通培训时有一个环节,即单向沟通与双向沟通。作为培训师,笔者没有系统地讲述单向沟通与双向沟通在沟通中的作用,而是通过做游戏的方式让学员自己体验、总结。游戏的具体内容和过程是:

游戏名称:撕纸。

游戏目的:通过撕纸游戏,让学员感受到只有双向沟通才是有效的沟通。

第一阶段:发给学员每人一张相同的纸,要求学员闭上双眼,按培训师的指令,对折、旋转、撕纸(具体过程略)。完成后,请学员睁开眼睛,把手中的纸打开,然后把自己纸的形状与其他学员的作比较。结果发现,虽然培训师发出的指令是一样的,但每个学员手中的纸几乎没有相同的。

这时,让学员讨论为什么会出现这样的结果。结论是,虽然培训师发出的指令是一样的,但由于每个人的理解不同,特别是有时学员感觉培训师的指令不是特别清晰,但却没有向培训师提问,每个人按照自己的理解去做,所以撕纸后就形成了各种不同的形状。

第二阶段:再发给学员每人一张相同的纸,要求学员闭上双眼,按培训师的指令,对折、旋转、撕纸(具体过程略)。只是,这次要求学员有不清楚或不明白的,可反复向培训师提问。完成后,比较各位学员手中纸的形状,可发现虽然个别仍有区别,但相似性已经非常大了。

再次引导大家思考为什么会出现这样的结果。结论是,当大家感觉培训师的指令不清晰或无法理解时,经过与培训师的反复沟通,最终大家的理解基本达到一致。之所以个别的仍有差异,是因为个别学员没有抓住培训师指令中的关键点,而且,没有仔细询问培训师,也没有认真聆听其他学员的提问,一味地按照自己的理解去撕纸。

此时培训师再进一步对学员进行引导:“第一次撕纸时,并没有要求大家不许提问,大家为什么不提问?”

多数学员的回答非常令人意外,如“老师是权威”“老师没让问,当然就不能问”等。

此时培训师可引导学员进行如下思考:如果领导在安排工作时,交代的任务不清晰或者学员自己感觉理解不准确,而学员又不向领导询问,结果会怎样？

然后，培训师再组织学员分组对游戏和以上问题进行讨论、总结，得出以下结论：

(1)单向沟通中最容易发生沟通的不足，从而产生误差。虽然培训师发出的指令是一样的，但学员未必都听到了，或者即使听到了，但理解也有不同，所以呈现的结果会很不一致。

(2)双向沟通才是有效的沟通，而且沟通得越充分，沟通越有效。

(3)在沟通的过程中，无论是信息的发布者还是信息的接受者，都要把握好信息的关键点。任何沟通的形式及方法都不是绝对的。对复杂的事情，要采用多种形式和方法进行沟通。

(4)面对上级或权威，对自己不理解的问题或对方的指令不清晰时，要采用恰当的方式进行反复沟通，否则会影响工作绩效甚至不能达成预期的结果。

这是一个完全按照学习圈理论进行的具体经验、观察反思、抽象概念、行动实践的培训过程。在这个过程中，培训师基本上没有理论的介绍，而是引导学员自己体验、自己总结、自己提升并形成结论。这样，学员对培训中形成的结论认同感非常强，而且印象深刻，相对于培训师以单纯讲解的方式来讲，效果要好得多。

(二)重视团队学习

作为管理者来说，每个人都有丰富的人生经历和工作经验，也有自己的困惑。一个人感到困惑的问题，可能恰恰是其他人已经遇到过、并且得到解决的问题。这些问题通过团队内部的沟通，可能解决起来更容易。所以，在培训中，以团队的形式进行培训，强调学员之间的交流和分享，是笔者非常推崇而且重点强调的方面。在培训中，笔者设计了一个“你问我答”环节，即每次培训中，笔者首先要求学员尽快融入团队中，并且把自己在管理过程中遇到的问题或困惑提出来，由笔者对学员提出的问题归纳分类，然后在培训团队中公布所有的问题。学员可以选择自己在管理实践中曾经遇到过并且解决得比较好的问题，在团队中与其他学员进行分享和讨论，最后，大部分问题都可以得到解决。对于一些在培训过程中暂时没有解决的问题，可作为培训团队的研究课题，学员回到工作岗位以后，通过我们的微信群继续讨论、研究。这样可以集中大家的经验和智慧，解决大家在管理过程中遇到的问题或困惑，效果非常好，也很受学员的欢迎。同时，还增强了培训团队的凝聚力，即使培训结束了，大家之间的沟通和交流却能一直延续下去。

（三）组建培训团队时，每个团队都要有不同学习风格的学员

培训班中，每个学员的学习风格各不相同，甚至有很大的差异。在组建培训团队时要注意，一个团队尽量不要全是同一种学习风格的人，而是要有各种学习风格的人。这样做的好处是，不同学习风格的学员在一个团队中，可以取长补短，相互补充、相互借鉴，共同提高。

比如，在组织学员进行研讨时，每个小组既要有擅长总结实践经验的人，又要有擅长对实践经验进行反思总结的人；既要有擅长理论概括的人，又要有擅长把理论与实践结合，使理论成为具体的解决问题的方法的人，即四种学习风格的人都要有。只有这样，才能使研讨既能展开，又能形成一定的结论，从而达到研讨的目的。

通过这样的培训，作为培训师，笔者深深体会到，每个成年人都有自己的人生阅历和社会经验，有自己看待事物的标准和价值观。在管理培训中，因为学员个体的差异，培训师讲授的东西不见得是每个人都需要的。可是如果通过精心设置的情景把学员带到模拟的环境当中去，在参与的过程中他会获得自己的体验。因为个体不同，每个人会各取所需，通过讨论、分享，会激发他们的学习热情，变被动式学习为自发式学习，从而提升学员学习的积极性，同时也让培训师的培训效果达到最佳。

鉴于此，培训师在设计课堂上的培训活动时，应当在学习圈理论的指导下，依照让学员获得体验—引导学员进行反思—过渡上升到理论知识—引发学员将培训所得应用于实践这样的步骤设计并实施培训。这样做的好处概括起来有：①确保培训活动是一个完整的学习过程。研究证明，如果遵循了这个学习过程，人们的学习会更为有效，学习成果保留的时间会更长，还会有利于培养更有效的行为技能。②如何按照学员的特点和需要实施培训，是长期以来困扰培训讲师的一个难题。将培训按照学习圈进行设计和实施，可以最大限度地兼顾到各种学习风格的学员的学习兴趣及学习需求，达到培训收益最大化。③依照一个完整的学习过程来实施培训活动，将有助于不同学习风格的学员在自己不擅长的学习阶段里逐步弥补自己的不足。毕竟各种风格都有长处和短处。课堂上学习风格各异的学员在完整的学习过程里，会潜移默化，相互感染，彼此欣赏，取长补短。

这样的培训中，培训师不是喋喋不休的讲述者，而是培训的引导者和催化师。表面上看起来，培训师好像很轻松，没有多少事情做，但实际上这种培训对培训师的要求非常高。培训师在培训前要有充分的准备，包括对

学员基本情况的了解、培训内容的确定、培训过程的设计、培训方法的选择及培训课件的制作甚至培训道具的使用等。在培训课堂上，培训师要有高超的组织能力和现场掌控能力以及灵活应变能力，以保证整个培训过程都在自己的掌控之中。

随着培训的不断深入，对培训师的要求会越来越高。一个优秀的培训师，不仅是掌握了丰富知识的人，而且还是善于运用先进的培训理念和培训方法的人。而任何一种培训理念和方法，都有其优势和局限性，培训师要有所鉴别，综合运用。同时，每个培训师也有自己的特点和优势，在各种培训理念和方法的应用上，要结合自己的特点和优势，形成自己最擅长的、学员欢迎的、效果显著、独具特色的培训模式和风格，使培训达到最优效果。

运用团队影响力
提升培训品牌力

山东行政学院经济学教研部　李维梁

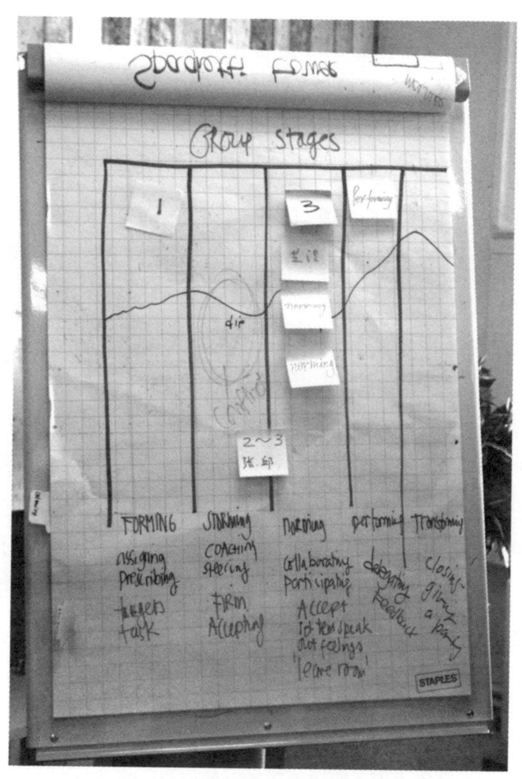

培训师请各小组判定团队发展所处阶段

荷兰培训师注重引导学员积极参与、分享知识和
经验，用拉的方式传递团队影响力

一、培训的体验体会

在现代社会，培训已经成为提升雇员人力资本水平、工作技能水平，改变他们的工作态度、提高他们的工作满意度水平的重要手段。但研究证明，企业培训效果不能令人满意，如唐文君对青岛市中小企业培训情况的调查显示，调查范围内有50.8%的员工认为培训对实践工作起到的作用一般，还有10.2%的员工认为培训的作用比较小。① 即使是体验式培训的效果也不理想，刘建荣通过调查发现，我国大部分企业的体验式培训中培训投入的转化率只有10%～20%。② 更多的企业数据显示，有24%的公司认为所进行的培训未达到预期效果，有50%的员工认为企业培训是无效的。2008年中国企业培训调查报告显示，在所调研的企业中，有58%的企业认为员工未能将企业培训的知识应用于实际工作，以至于企业浪费大量培训

① 参见唐文君：《青岛市中小企业培训现状调查及对策研究》，山东大学硕士学位论文，2008年。

② 参见刘建荣：《个人及组织因素对企业培训效果影响的理论与实证研究》，华东师范大学博士学位论文，2005年。

投资，企业培训收效甚微。[1]

在笔者参与的一次针对企业管理者的培训满意度调查中，学员们提出了一些改善培训效果的建议：①要求在培训中增加案例，增加趣味性，加强培训针对性和课程实用性。②希望培训课件提前发放，记录与专家的交流互动并反馈给学员。学员希望参加对工作有实质性帮助的培训。③要求培训内容尽量符合企业的客观事实，进行针对性的培训，多请成功企业家进行经验交流。④希望现场评估企业的需求，帮助企业获得支持和分析。这些要求反映了现有培训设计和培训实施中存在的问题，也是改善培训工作、提升培训效果的切入点。

在笔者参与的一次针对公务员的培训项目满意度调查中，学员们认为该次培训的设计和实施适应了经济社会形势和发展的需要，对参训学员的工作实际有积极的调动性和助推力，主要的亮点有：①培训组织周密高效、务实认真，培训内容充实紧凑、主题鲜明、互动活跃，培训系统地对实际工作进行了总结，起到了理论提升作用，培训从理论到实践都站在了全国的高度和发展方向，做到了理论联系实际，培训的实效性强、指导性好。②通过现场教学，学员们加强了对省内、国内同行工作的认识，学到了先进理论和实际经验做法，也找到、看到了自己与他人在工作方面的差距，开拓了思路，为以后工作的开展奠定了基础。③学员普遍认为课程设计和培训实施科学合理、设计新颖、形式丰富、内容全面、层次分明、贴近基层工作、效果明显、有实际指导作用，使他们非常容易找到工作的差距和不足。这些观点也为公务员培训持续改善提供了思路和要求。

但是公务员培训也存在一些显著的问题，包括：①在培训理念上不能做到以人为本、按需施教，没有针对学员的培训前需求进行调研，难以把握培训内容是否符合了党和国家中心工作的要求，是否符合了学员实际工作的需要，是否满足了学员个人能力提升的目标。②在培训内容上各类培训难以有效区隔。如《公务员法》要求公务员培训包括初任培训、任职培训、在职培训、专业技术培训等，但实践中很多培训内容都存在相似性问题。③培训形式单一，不适应培训有效性要求，如案例教学、结构化研讨等先进培训形式采用的比较少。④在培训对象上存在重复培训等问题，浪费了培训资源和经费。

---

① 参见李辉、刘凤军、汪蓉：《企业培训研究新视角：培训前涉因素与培训效果关系研究》，载《南开管理评论》2011 年第 4 期。

《行政学院工作条例》规定："行政学院是培训公务员、培养公共管理人员和政策研究人员、开展社会科学研究和决策咨询的机构，是政府直属单位。行政学院应当发挥公务员教育培训的主渠道作用、公共行政理论和政府管理创新研究的重要基地作用、政府决策咨询的思想库作用。"因此，行政学院应当组织力量解决培训当中存在的问题，运用培训设计和培训实施的新思维、新方法、新模式来有效提高培训针对性和有效性。习近平在国家行政学院调研座谈会上的讲话指出：要继续围绕提高教育培训质量和水平、围绕党和政府工作需要，更好地把教育培训、科学研究、决策咨询密切结合起来，使三者相互促进、协调发展。这为解决培训当中存在的问题指明了方向。

品牌承载的更多是消费者对其所消费的产品以及服务的认可，是一种品牌供应商与消费者购买行为间相互磨合衍生出的产物。品牌经济学认为，品牌是在价格一定的条件下，给目标顾客一个不假思索持久选择的排他性单一利益点，不假思索就是选择成本等于零。因此，培训品牌就是在培训单位和学员中间长期磨合而建立的一种口碑、一种不可替代性、一种独一无二的物质利益和情感利益选择。培训本质上是人与人的沟通、交流和提升，通过优化培训设计和培训实施可以有效传递团队影响力，提升培训品牌力。

二、培训经验

为增强培训效果，针对培训前准备不足、培训内容缺乏针对性、培训方式单一、忽略学员个体特征和违背成人学习规律等导致培训效果难以令人满意的问题，结合《行政学院工作条例》规定的职能要求，山东行政学院在培训工作中总结提升了"基于效果的 TEC 培训模式"[①]，其中 T 即培训主题设计、E 即培训添加元素、C 即培训管控。TEC 培训模式通过培训前调研、培训内容设计、学员培训前针对培训内容的准备、培训过程中添加元素的使用、经验交流和培训成果检验等流程和活动的实施，针对学员的内外个性特征设计不同的培训形式，通过添加元素影响学员的状态性个体特征，有效解决或避免了传统培训中存在的影响培训效果的不利因素。在英国国家政府学院，由于培训职能的变化，教师所承担的角色已不仅是学员当

① 参见司强、王朝华、李维梁：《基于效果的 TEC 培训模式设计与实施》，载《中国成人教育》2014 年第 13 期。

前学习领域的专家，而且还是学员学习过程中可利用的资源库，是顾问、引导者，同时还是学员之间经验交流的催化者。[①] 因此培训师不应再单纯扮演讲师的角色，更多的是扮演“讲师加教练”的角色。培训师通过全程参与并及时解决培训中存在的问题、掌控培训方向，激发学员培训的积极性、主动性和参与性来提升培训效果。

TEC培训模式在山东行政学院的公务员和企业高管人员等各类培训班上实施后效果明显，得到了参训学员的认可。如全省科技企业孵化器管理培训班，精心组织了包括理论知识课堂教学、现场参观考察和座谈交流分享等在内的培训活动，取得了预期成果，学员的综合满意度评价分数为4.96分（满分为5分），对培训方案和实施的认同度评价分数满分为5分。通过对多期不同领域和层次培训中学员的培训满意度评估调查发现，学员认为TEC培训模式的实施使得培训主题更加鲜明，全部培训活动包括课堂讲授、学员交流、现场教学、移动课堂、总结研讨和成果检验等均围绕培训主题展开，增强了培训的针对性和系统性；添加元素的适时使用对于缓解培训疲劳、增强培训效果起到了立竿见影的效果；流程化的培训管控营造了良好的培训氛围，为学员的学习和交流创造了良好的环境。

TEC培训模式重新定义了培训设计、实施和反馈全流程中的活动，消除了培训中的不利因素，发扬有利因素，并将培训过程变成了一个涵盖培训师、学员和培训主持的整体流程，使他们在合适的培训场景中采取合适的培训方式共同完成培训主题，实现培训目标。TEC培训模式根据培训目标、培训对象和培训时间等要求，精心设计培训主题，确定培训内容、培训形式和培训场景，精致运用能够增强培训效果的各种添加元素，精确使用流程化、专业化、规范化的培训管控贯穿整个培训过程，共同达成培训目标。

TEC培训模式的核心是培训主题的设计和实施，行政学院培训课程的开设一要以党和政府对当前中心工作的精神为指导，二要满足各级政府领导干部决策和领导能力提升的要求，三要重点突出山东省在金融发展、城镇化、政务品牌、农业经济等领域的优势。在课程建设上，要注重案例分析，总结提升和推广山东省及各地的先进经验，争取创出学院的培训品牌课程，承办全国各兄弟院校培训任务，联合地市行政学院在以上领域挖掘成功的做法，开展相关领域的培训、科研、咨询工作并形成全国知名品牌。

---

① 参见窦杰等:《公务员培训存在的问题及对策》，载《辽宁法治研究》2009年第1期。

在培训实践中,培训效果是培训工作的试金石。要提升培训效果,除了TEC培训模式中关注的培训主题设计、培训元素添加和培训管控外,还必须注重成人学习规律和培训项目的团队影响力,一要使学员在接到培训邀请或要求时感到兴奋并能够按照培训要求准备问题,这就意味着学员对学院培训品牌的高度认可,意味着有机会到学院来培训是学员的一种荣幸或机会;二要使学员在培训过程中时刻紧绷精神参与培训,并能够通过各种有效方式得到放松,这就意味着学院的培训模块和课程安排要更加合理,意味着培训师资要形成合力;三要使学员在培训后能够使用学习到的知识和技能并能够随时联系到相关领域专家进行决策咨询活动,这就意味着学院的科研和决策咨询工作要和培训结合起来,这才标志着学院团队培训品牌体系的完善。在培训中,发挥培训的团队影响力是提升学院培训品牌的关键。在以往的培训中,学院的培训团队存在主体不鲜明、方法不明确、效果不突出的问题,没有按照培训团队影响力产生和传递的科学方式来组织培训全过程。

三、通过团队影响力提升培训品牌

传统上,培训更多的是"传道、授业、解惑"的升级版,主要针对的是理念传递、知识更新和技能的学习,缺少对这些理念、知识和技能的向内转化,没有注重使学员结合自身的工作经验总结提升,更加缺乏技能的训练。现代培训理念认为,培训不仅仅是理念、知识、经验、技能的传递,而且还是培训师利用丰富的知识、有影响力的技能,将学员从一种状态转到另一种状态,在整个培训期间激发学员的行为改变,并期望这种改变能够带回到工作中去和能够及时反馈,使学员最终形成自身的有关于工作的和个人的良好习惯。

培训实践中效果不能令人满意的原因主要有四个:一是培训前准备不足[①],包括培训计划不足、培训需求调研不足、培训内容与实际脱节、学员无法获得准确的培训资料等。二是培训方式和方法单一,以培训师课堂讲授为主,没有发挥学员的主动性和积极性。因为学员个人因素(自我效能、学

① 参见李辉、刘凤军、汪蓉:《企业培训研究新视角:培训前涉因素与培训效果关系研究》,载《南开管理评论》2011年第4期。

习动力、认知风格、学习能力)是对培训效果影响最大的因素。[①] 三是忽略学员个体特征。培训效果是培训方式和个体特征(内外控个性)共同作用的结果。实验表明,对个体特征的影响的确在一定程度上改善了培训效果。[②] 四是不注意调整学员在培训过程中的状态,违背了成人学习规律,没有针对学员状态性个体特征来进行培训安排。状态性个体特征更多地强调在培训中外部环境所施加给个体的影响或引导的一种心理状态,对培训效果的影响较为显著。[③] 针对以上影响培训效果的四个方面,在培训设计和实施中要有针对性地运用团队影响力来改善。

影响力,一般认为指的是用一种为别人所乐于接受的方式,改变他人的思想和行动的能力。罗伯特·西奥迪尼在《影响力》一书中说:政治家运用影响力来赢得选举,商人运用影响力来兜售商品,推销员运用影响力诱惑你乖乖地把金钱捧上。[④] 培训的团队影响力是一种整体力量,培训前、中、后的各个阶段,参与培训的设计、实施、管理、服务的人员都会对学员产生或大或小的影响。从人的心理上来说,90%的努力产生的正向作用力可能会被10%的消极的负向作用力所抵消,而这其中最重要的是改变学员思想和行为的培训设计者和实施者的团队影响力,在于运用团队影响力满足学员内心需求的意识和能力。

(一)培训设计的团队影响力

培训设计是基于客户要求展开的对培训内容、方式、场景、添加元素和管控服务等进行规划、计划的总和。一项合格的培训设计是在综合考虑培训单位要求、培训对象需求,提供培训单位实力和培训绩效及时评估反馈并修正培训设计的基础上,以高效完成培训任务为目标的培训规划和计划的活动。要体现团队影响力,应该从培训设计开始考虑团队影响力传递的路径和方式,来达到切实改变培训参与者的思想和行动、增强培训效果的目标。

日本国家公务员培训在内容上既注意专业训练,又注重素质和能力的

---

① 参见王佳、王征兵:《体验式培训效果影响因素的实证研究》,载《华中农业大学学报》(社会科学版)2010年第3期。

② 参见卢致新等:《内外控个性对培训效果的影响》,载《中国人力资源开发》2004年第6期。

③ KANFER, R. Work Motivation: New Directions in Theory and Research. In C. L. Cooper & I. T. Robertson (Eds.), *International Review of Industrial and Organizational Psychology* (Vol. 7: 1-53). New York: Wiley, 1992.

④ 参见[美]罗伯特·西奥迪尼:《影响力》,闾佳译,万卷出版公司2010年版,第9页。

全面提高，体现了以素养、能力为本的世界培训新潮流。首先，日本公务员培训非常注重公务员职业伦理素养的全面提高。其次，日本公务员培训非常重视公务员政策研究与政策能力的培训。最后，主题政策研究是日本人事院公务员研修所最具特色的培训方法，充分体现了日本公务员培训以能力为本、注重实务的特点，是一种研究式培训。[①] 在我国的培训设计中应该注意借鉴国外的先进经验和技术，使其为我所用并有所创新，在我国公务员教育培训的传统优势的基础上，创造出新的模式和准则。

公务员培训课程设计的基本准则包括以需求为导向，以胜任力为基础，以解决问题为目的。现有的培训课程设计的理论模型主要包括两种：

一是培训系统设计模型(如图 1 所示)。培训系统设计是一项系统性的技术，它包含了一个有规则的过程，即计划、购买、选择或开发培训项目及课程和发展实践。这项技术可以保证个人和团队获得成功地履行岗位职能所必需的知识、技能和态度。

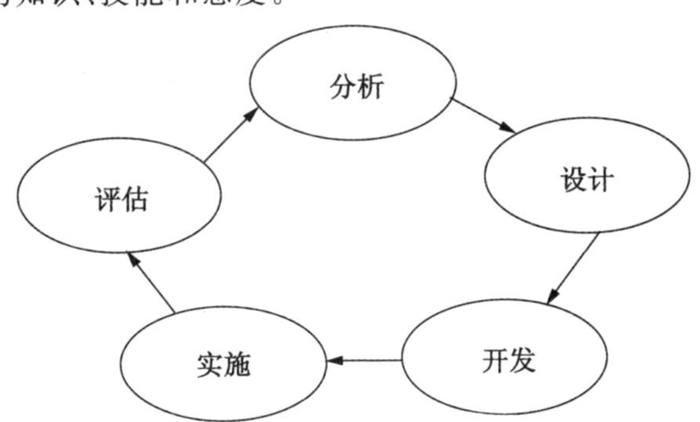

图 1 培训系统设计模型的实施过程

二是整体培训设计理论。如图 2 所示，图中实线表示流程顺序，虚线表示信息反馈。整体培训设计的理论程序模型是建立在设计者对培训与社会、组织环境相互作用的理解的基础上的，因此，它不是一个封闭的系统。培训应该随着组织和学员的变化而变化，也应该根据学员的反馈而变化。整体培训设计理论程序是为培训项目的设计者服务的，其设计过程要考虑时间、经费成本因素以及工作任务的复杂性。[②]

① 参见窦杰等：《公务员培训存在的问题及对策》，载《辽宁法治研究》2009 年第 1 期。

② 参见刘耀臣、赵晓呼：《公务员培训课程设计的理论与应用》，载《天津行政学院学报》2014 第 9 期。

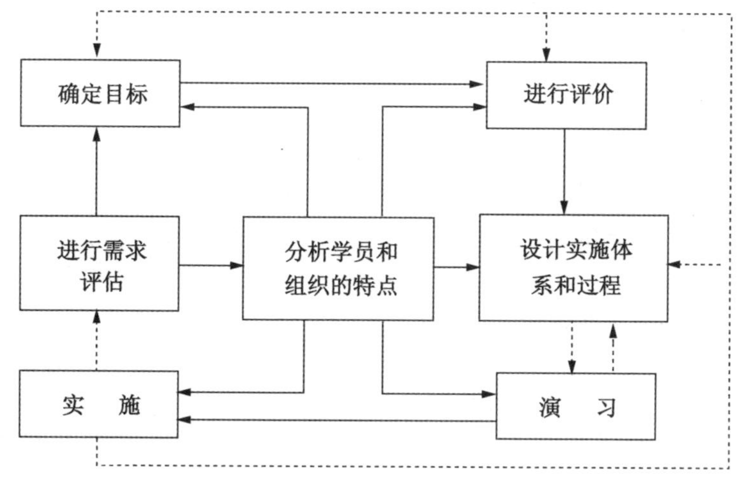

图 2 整体培训设计理论程序模型

结合以上两个理论模型可知，培训设计是一项基于学员的，以个体胜任力和工作需求为基础，以完成提升学员理论、知识、技能、经验和操作演练为目标的系统性工作。在这个过程中，除了以上模型所列举的工作要点之外，行政学院在进行培训设计时还需要考虑如何提升团队影响力这个因素，以期能够引起学员在培训前、培训中和培训后的兴趣，以积极地参与为着力点，以开放地分享为关键，共同提高公务员的履职能力。

《2010～2020 年干部教育培训改革纲要》提出，要形成以培训需求为导向，组织调训为主、自主选学为辅，激励与约束相结合，规范有序、健全高效的运行机制。形成遵循干部成长规律和教育培训规律，培训理念、内容和方式不断创新，更具针对性、实效性和吸引力、感染力的教育培训模式。这对于行政学院提出了很高的要求，需要行政学院在完成组织调训任务以外，还需要提供干部自主选学的课程模块，以提升培训团队影响力来实现具有针对性、实效性和吸引力、感染力的培训模式。

1. 应当考虑培训单位的年度培训计划和当前工作重点等要求，确定培训重点课程和方式。比如有些培训单位是为了提升学员的管理技能水平，这就需要加强培训过程中技能和经验提升类课程的比例，并加强学员的参与度，努力将学员自身蕴含的经验和隐性知识展示出来并得到大家的评价，从而得到改善并在所有参与学员中将隐性知识转变为显性知识，然后再通过训练内化为隐性知识，达到知识的提升和分享。再比如有些单位是为了提高内部培训师的培训水平，由于学员本身就是一名培训师，这就有必要将一些成人学习理论、知识生产、知识传播、知识提升和知识分享的专业理论知识传授给学员，并通过适当的训练将这些知识内化，形成他们在课堂上可以灵活应用的隐性知识。

2. 应当掌握培训对象的需求以及学员现有理论知识、经验技能和履职能力之间的差距。这就需要在培训设计时，增加对适合培训对象要求的培训内容和培训形式的培训前调研。在实践中，用来进行培训需求分析的调研方法有许多种，包括访谈法、问卷调查法、观察法、经验判断法、绩效分析法、头脑风暴法、关键事件法、专项测评法和胜任能力分析法等。对于以提高培训团队影响力为目标的培训设计来说，行政学院还要掌握培训过程中学员的个性特征、学习特征、状态特征等，这就需要针对学员的工作领域、学员面对的工作对象、学员承担工作任务特征等进行调研，适用的调研方法主要是访谈法、观察法和关键事件法，以直接获得培训对象的各项思想和行为特征，帮助培训师在培训过程中采取更加适合培训对象的方式和方法来传递团队影响力、增强培训效果。比如各部门公务员都参加的初任培训班和以财政税收为主的行业性培训就需要考虑公务员的个体特征、工作特征等采取不同的培训方式，以免造成学员对严谨或活泼的培训方式接受程度的分野而使得团队影响力大打折扣。

3. 应当考虑自身的实力，对培训师进行整体性配置和师资再培训，在知识类、技能类、经验类等培训类别上储备一定的师资力量，同时增强培训师的多样性能力，在培训交流、控场、反馈的各个环节都积累深厚的功底。培训师的团队影响力需要一定的天赋，但是不可否认不同的培训师具有不同的团队影响力，没有必要强求千篇一律。因此，培训师要加强学习，掌握先进的培训技巧和培训心理学、知识管理的相关理论，能够熟练运用传递团队影响力的方式，将培训设计的理念贯彻到培训实施过程中去。

4. 应当将培训绩效评价中对团队影响力传递产生负面作用的培训内容、培训方式、培训场景进行及时修正。根据《2010～2020年干部教育培训改革纲要》要求，干部教育培训机构要组织学员对培训项目、课程设置、师资水平、教学管理等进行评价，根据评价情况不断改进工作，提高教学水平。培训评估不仅是培训后的满意度调查，而且还包括培训后的效果应用的调研，特别需要关注学员在培训中的收获能否运用到实际工作中，这是决定培训后续效果的一个因素，也是培训团队影响力是否真实可靠的检验和投入产出比评价的重要指标。根据国家公务员局公布的《公务员培训规定》(试行)，担任县处级以上领导职务的公务员每5年应当参加党校、行政学院、干部学院或经厅局级以上单位组织(人事)部门认可的其他培训机构累计 3 个月以上的培训。其他公务员参加脱产培训的时间一般每年累计不少于 12 天。因此,干部教育培训是一个长期的不断螺旋式上升的过程,每次培训评估结果是下次干部教育培训需求调研的一个重要来源,也是培训设计需要重点考虑的一个要求,以期达到培训内容、形式、场景的不断升级,减少课程内容的重复性,提高培训项目的整体性,使得每次培训都能针对参训学员的新知识、新技能和新经验,不断提高行政学院的培训团队影响力,提升培训品牌。

培训设计中,需要结合培训实施中团队影响力传递的两种方式,将知识、愿望、感觉和信念用不同的培训模块体现出来。因此培训设计时,培训管理者需要不断地和培训师进行沟通,双方共同确定培训的内容、方式、流程和场景,才能够将培训目标准确地完成并获得学员认可。培训设计是体现培训品牌的基础,是团队影响力传递的开始。在培训调研之后,还可以根据实际情况做好预培训工作:一是提高学员的期望值,通过项目介绍激发学员的学习精神。二是希望学员能够结合工作实际和个人情况,对于培训主题能够积极思考并提出问题。提倡带着问题去培训,带着方案回到工作岗位。三是培训预热,提供培训场景和环境的想象空间,能够帮助学员找到自己在培训中的合适位置。

(二)培训实施的团队影响力

在培训实施过程中,培训师要研究利用前期培训需求调研的结果,同时注意观察现场学员的状态特征,及时调整和掌握培训的进度,挖掘并灵活运用自身的核心品格,综合运用推和拉的方式来传递团队影响力。

1. 用推的方式传递团队影响力

推的方式传递团队影响力包含有两种元素。一是知识。对知识的掌握是影响力的第一来源,培训师要通过有说服力地展示知识去传递团队影响力。如果培训师连基本的知识都无法掌握,肯定不是一名合格的培训师。同时培训师还要掌握有说服力地传递知识的四个维度:①同情心,要求培训师能够和学员建立一种同情心或同理心,站在学员的角度去传授知识;②清晰,要求培训师在专业领域具有一定的研究深度和广度,能够完整清晰地传授知识;③真实,要求培训师是在准确把握知识的前提下,能够在正反两个方面澄清知识并准确传授知识,帮助学员理清知识的发展脉络;④接受,要求培训师必须自己从内心接受所要讲授的知识,将自己认可的知识传授给学员。很难想象一个培训师能够将个人不认可的知识正确地传递到学员的内心。国内很多培训都非常注重知识的传授,培训师在运用知识传递团队影响力方面都具有较强的技能。比如在现阶段,全球各国都在互联网应用中寻求机会,我国更是提出了“互联网+”行动,因此有关互联网、大数据、云计算、移动互联、物联网等的知识普及在培训中占据了重要的位置。

二是愿望。培训师在培训过程中应向学员展示自身传授知识和技能的强烈愿望和希望,并时时通过激励学员来传递团队影响力。这种愿望和希望既是培训师将某种知识和技能传授给学员的强烈期望,也是培训师对学员能够积极吸纳新知识和技能并将其运用到实践中去的期望。培训师首先要对自己的培训课程从内心里接受并愿意向学员传递和分享,才能够提高对学员的吸引力和感染力。比如一名讲授工作绩效提升的培训师,如果自身的工作绩效就比较差,而只是将一些司空见惯的知识和理论堆砌罗列、一股脑地塞给学员,就会受到学员行为上的排斥和内心里的抵制,这种排斥和抵制将会化解培训的团队影响力,使培训变成索然寡味的授课。其次,培训师在培训现场的热情、语音语调和全身心投入是自身强烈愿望和希望的外在表现,否则再长时间的苦口婆心的劝说也不会展示出自己的魅力和影响力,更难以让学员接受。

用推的方式去传递团队影响力,是从培训师这一方向学员一方进行知识和信息的传授,很大程度上是单向的。目前,国内培训基本以这种单向培训(除去户外拓展培训和部分技能培训以外)为主。推的方式以培训师为主,侧重培训师灌输和学员吸收,培训师与学员互动较少,更加不注重解决学员的实际问题和内心的疑问,学员会有一种不受重视的感觉,从而在培训过程中没有参与积极性或者开小差,培训效果不显著或者没有效果。因此,用推的方式来进行培训影响力的传递,同样需要运用洋葱模型、沟通三阶段(信号发出、传递渠道、信号接收)等技巧与学员进行沟通和互动,引导学员积极地思考和参与,提高传递团队影响力的效果。

2. 用拉的方式传递团队影响力

拉的方式传递团队影响力包含有两种元素。一是感觉。要求培训师运用直觉来获取学员感觉、通过调查或研究学员内心情感变动来传递团队影响力。如学员在座椅上的位置和姿态就展示了学员对于培训师及其培训内容是否感兴趣。培训师应该及时通过直觉、知觉、观察、询问和调查来掌握学员的心态,调整讲授内容和方式,提高学员参与培训的兴趣和积极性。培训师也应该用某种感情与学员建立链接、形成共鸣,只有如此才能将学员内心的感觉释放出来。团队影响力传递并引起学员共鸣的原因就是培训师通过互动和参与及时掌握学员内心的敏感点，发掘并强化学员的个人经历（一些事实、接受的价值规律、经历过的某些场景等），建立某种情景，同时将学员的经验体会和这种情景建立联系，从个人体会的角度去印证这一情景，以顺利传递影响力，达到让学员自己说服自己的目标。比如执行力培训，就应该在培训过程中通过游戏、设定任务场景来将学员带入某种情境，让学员自己去判断如何采取行动，从而建立共鸣并传递团队影响力。

二是信念。要求培训师展示深信不疑的信仰和价值观激发学员，同时邀请学员参与来传递团队影响力。只有培训师真正接受的信念，在传递给学员时才能获得相信和认可。培训师要学会激发和邀请学员参与、互动，以使他们接受某种信念并将内心的信仰和价值观释放出来，真正将培训师传递的信念变成改变他们思想和行为的号角。比如在时间管理的培训中，价值观的挖掘可以通过价值观拍卖的小游戏来深入学员的内心。通过价值观拍卖，学员可以从心底审视自己的价值观，同时也可以观察到别人的价值观，并且通过活动参与体会到机会把握和机会成本计算，更加深刻地体会到时间管理技巧不是建立在空洞的理论上的，而是扎根于自身的价值观，从而能够对于生命的意义有更深的体会并能够树立去努力实现自身价值观的信念。

用拉的方式传递团队影响力是培训师和学员的双向信息情感沟通交流，采取各种方式的互动较多，培训中注重以学员为主体，侧重挖掘并释放学员对培训师传递知识和技能的认识、认同、态度和信仰，建立学员从内心去改变自己思想和行为的愿望。用拉的方式去传递影响力更加适合某些技能和经验提升类的培训课程，这种课程的关键不在于传递高深的知识，不在于频繁的说教，而是在于挖掘学员的经历建立共鸣，挖掘学员的内心建立信念，让学员不仅能够自己提高技能和经验，而且还能够通过分享互相借鉴提高技能和经验。

3. 培训师核心品格的挖掘

培训师运用以上两种方式来传递团队影响力，要达到最好的效果，还需要利用自身优势，挖掘自身的核心品格，将核心品格结合四种元素，有针对性地设计和实施培训师的培训课程，去展示和发挥一名培训师最具有优势的方面。同时培训师还要通过继续挖掘寻找并规避自身的弱势和陷阱，防范自身的敏感和厌恶，承担提升自身素质的一些挑战。图 3 显示的是培训师核心品质挖掘模型，运用该模型培训师可以对自己有更为深刻的认识，找到自己面临的挑战和需要努力的方向。

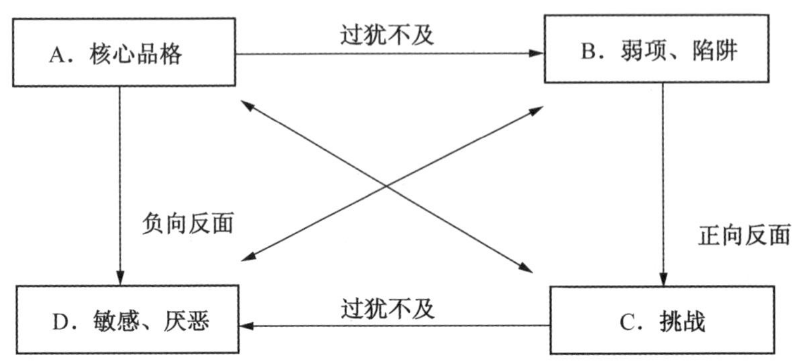

图3　培训师核心品质挖掘模型

培训师首先需要自己挖掘或通过领导、同事的帮助寻找出自身具有的某种核心品格，这种核心品格是一名培训师的优势，在培训中培训师将会不由自主地将这种优势发挥到较高程度并沉浸在这种成功之中。但是一名培训师如果过多倚靠核心品格去传递影响力，就会产生过犹不及的后果，变成自身的一种弱项或陷阱。举例来说，一名具有决断力这一核心品格的培训师，如果在培训中频繁发挥这种决断力，就会发展成为武断。自信心极度膨胀就会变成自负，会使该培训师受到学员从内心的抵制，变成他的弱项或陷阱。

弱项或陷阱的正的对立面就是挑战，也就是培训师需要了解如何去克服这种弱项和陷阱。举例来说，一名培训师的武断只有通过耐心才能克服，也就是说，耐心成为了一名具有决断力这一核心品格的培训师的挑战，该培训师在培训过程中应该时刻在心里提醒自己不要武断。如图3所示，决断力和耐心是相反却又相成的。

培训师过多面对挑战或急于去改变弱项及陷阱也会变成敏感或厌恶，敏感或厌恶是培训师核心品格的负的对立面，也是与培训师的弱项或陷阱相反却又相成的。举例来说，如果一名培训师过于关注用耐心去克服武断，就可能会变得被动，也就意味着培训师的决断力变差，在培训中无法树立自己的权威或自信心，减弱团队影响力的传递效果。

四、启示与建议

在培训全过程中，行政学院应该运用培训知识管理方法，在培训设计、培训实施和培训反馈中注意团队影响力传递的有效性，提升培训效果、创建和提升培训品牌，同时应定期组织培训师参加培训师培训项目，及时更新自身知识和技能，挖掘自身核心品格、发挥自身优势，并应注意采取挂职锻炼等各种方式深入基层、了解公务员工作实际，在培训中增加针对性和实用性。在此提出三个建议：

（一）培训知识管理方法的运用

为达到培训团队影响力的有效传递，行政学院应该在培训设计、实施和反馈全过程中应用基于流程的知识管理方法，其基本步骤为：①构建完成培训设计、培训实施和培训反馈等工作职责的流程图（如图 4 所示），建立一个涵盖培训主要过程的以培训目标职责为根、完成培训职责的流程为支的网络，确定基本独立的培训流程活动。②培训知识、培训专家与培训流程活动的结合。首先要明确完成培训流程活动需要的培训知识和培训专家，其次将培训知识和培训专家结合到培训流程活动中去。③在培训流程中每一个活动都完成了培训知识、培训知识专家与培训流程活动的结合以后，就可以将其充实到职责流程图中去，形成一个完成整个培训职责的知识流程图。比如培训方案设计的流程活动，就需要明确培训方案设计需要哪些知识来完成、由谁来完成、由谁来监督和把关、由谁来提供知识咨询，然后将这些知识、知识专家和培训流程活动结合起来。同样，完成培训实施、培训反馈等流程活动中知识、知识专家的结合，就可以形成完整的培训知识流程图。

在实际培训实施中，TEC 培训模式确定了培训前准备、学员报到、班务管理、培训实施和后续服务与联系等相关子流程，这些流程的实施为 TEC 培训模式的运用提供了培训模板、培训标准规范等技术保证；运用基于流程的知识管理方法[①]形成流程节点表，对每一个流程节点的工作条件、工作内容、工作产出、负责人和关键文档进行了规范说明，确保了培训目的严格、准确地贯彻与实施。

培训知识管理可以构建行政学院内部的将知识和流程结合起来的培训知识流程图，运用互联网技术建立知识门户、流程地图、知识地图和专家地图，协助进行知识清理、知识挖掘和知识评估，为管理知识化、体系化提供思路和依据。在当前“互联网＋”背景下，行政学院应该与时俱进，建立学员与学院之间的网上联系渠道，这不仅对于提升培训效果有重要意义，

① 参见司强、李维梁：《基于流程的应急知识管理方法及应用研究》，载《华东经济管理》2012 年第 12 期。

而且还建立了科研、培训、咨询三位一体的立体化、网络化平台，提供学院与学员之间的有效沟通渠道和知识类课程的在线教育培训平台，方便培训前的需求调研、培训中的过程管控和培训后的信息反馈和决策咨询，全面提升培训团队影响力和品牌力。

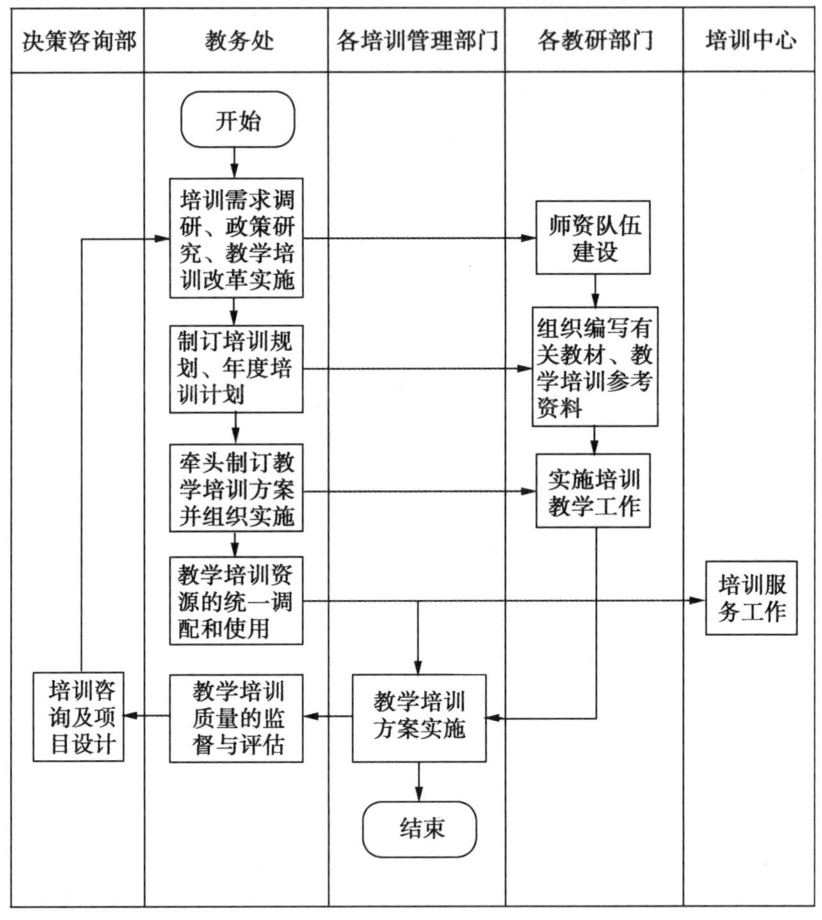

图4　培训总体流程

（二）培训项目的设计

一个培训项目在开始设计之时，就应该考虑团队影响力的传递效果，以获得学员对培训项目的最大程度的接受和应用为目标。为提升团队影响力，培训项目的设计应关注培训需求调研、培育和使用培训设计专业人才、注重培训项目可实施性三个方面的工作。

1. 培训需求调研

培训设计要注重模块化，以胜任力模型为基础，从学员需求出发，以培训团队影响力有效传递为目标进行各类培训模块的组合。因此建议培训需求调研以四个内容为主：一是对当前经济社会发展形势和任务开展调研，这是全面理解和贯彻当前党和政府的中心工作，从国家层面和社会层面等宏观高度把握培训趋势的要求；二是对公务员参加培训的具体需求和期望开展调研，这是结合公务员完成当前工作任务的履职能力和下一步个人发展期望来设计培训目标的要求；三是对培训师的知识和能力开展调研，这是行政学院把握自身能力、判断能否完成培训任务的基础；四是对公务员以往参与培训的绩效和在实际工作中的应用开展调研，这是促进行政学院培训效果能够真正螺旋式上升的关键。

2. 培育和使用培训设计专业人才

培训设计是科学也是艺术，需要丰富的知识、技能和经验，应该注意培育和使用培训设计专业人才。培训设计人才既需要有培训、科研和咨询的经验和能力，还需要熟悉实际工作领域、掌握公务员真实的培训要求，更需要培训设计的专业技能、经验和操作能力，不能将全部培训课程都设计成知识的传授，单纯依靠由培训师向学员灌输知识和愿望，也应该考虑学员的情感和信念来增强培训效果。

3. 注重培训项目可实施性

培训项目设计要注重可实施性。并不是每一个培训项目都要设计成培训大师的盛宴，要注重接地气，以满足学员真实的培训需求为目标，而不是飘在半空中，去塑造一种虚无缥缈的高端形象。培训设计要重整体、轻个体，关注项目中所有培训模块和内容的内在联系，积极运用团队影响力传递的四个因素，弱化个别培训大师的作用，这样才能提升培训品牌力。不同类型的培训主题或不同的培训课程可以偏重使用不同的影响力传递方式和因素，比如：最新的前沿的“互联网＋”“政府和社会资本合作（PPP）”等知识的传授需要运用推的方式，而技能类的课程则需要多考虑学员的感觉和信念等，运用拉的方式。

（三）培训项目的实施

在培训项目实施中，无论是培训师、主持人还是教学班主任都应该注意团队影响力的传递，在培训中形成合力来充分调动学员的积极性和参与性。比如：近两年来山东行政学院在部分培训项目中间使用的培训添加元素就达到了调动学员情感和信念的效果，让学员对整个培训项目有了更为深刻的印象。

在培训中，还应该继续发挥培训主持人的课程串联和信念鼓舞作用，将不同的课程联结成一个整体，让学员不仅记住培训内容，而且还能在实践中应用这些知识和技能。全体教职员工应建立服务于培训这一中心工作的理念，形成培训一线紧紧围绕党和政府中心任务开展工作，培训二线为培训一线服务的状态。应进一步完善教学班主任工作机制，明确教学班主任职责，教学班主任从培训项目设计就要开始参与培训过程；要增加教学班主任工作任务，使其在培训中的研讨活动、学员学习的辅导和指导以及培训需求调研中更多地发挥专业培训师的优势；要从专业主持和综合主持两个方向提升教学班主任主持水平，要着力提升培训师的技能。作为公务员培训的主阵地，行政学院应该建立激励约束机制，帮助培训师提升自身知识、技能和经验水平，使他们找准自身科研、培训、咨询的优势领域。培训师应该结合公务员工作实际去及时调整优化培训课程，在掌握国家各项政策方针的基础上经常性地就所开设的培训主题开展调查研究，主持或参与涉及政府工作的各项决策咨询项目，并能够主动采取再培训、挂职、进修、访学等各种方式提升培训技巧。

精细化诊断式培训模型

山东行政学院公共管理教研部　张明亮

小组演示成人学习过程

干部教育培训是国家赋予党校、行政学院的主要职能，是加强各级干部执政能力和核心竞争力的重要途径，是提高公共组织行政效率、决策化水平、公共形象的必然要求。[①] 现阶段，我国正处于经济新常态、社会转型的叠加发展期，“国家治理体系和治理能力现代化”“市场在资源配置中发挥决定性作用”“加强社会治理”和“发挥第三方评估作用”等重要论述表明，我国政府正在向法治型、服务型政府转型。[②] 因而，积极发挥干部教育培训职能，全面提升干部教育培训质量日益迫切。

与其他培训对象不同，党校、行政学院培训的学员，主要是来自工作一线的各级干部，他们工作经验丰富、理论水平较高、很多是某一领域的行家里手，甚至不少同志具有博士学位。面对这样的培训对象，如何让他们在短期（一周、二周或一个月）的专题培训班中学有所成、学有所获，通过学习到的知识和经验破解现实工作中的难题，日益成为各级组织部门、培训方案设计者、授课教师等必须认真对待的难题。[③]

一、培训前的精细化需求分析

截至 2014 年，我国县级以上的干部教育培训机构有 4500 多所，其中党校 3100 所，行政学院 300 所，干部院校 400 所，部门行业培训中心 660 多个，教职工总数达 10.8 万。加上组织、人事部门和高校基地从事干部教育培训的管理人员，相关从业人员约有 12 万人。近年来，我国各级各类干部教育培训达到了每年 1500 万人次。[④]

现阶段，党校、行政学院系统的招生主要是以计划内的组织调训和有关部门委托调训为主，更多体现了上级组织部门和行政学院的需求，对下级组织部门、参训学员单位、参训学员本人的需求考虑不足，因而导致其参与的积极性不高。从培训规划来看，目前大多数培训缺乏科学有效的培训

① 参见陈泓任：《公务员培训效果有效性分析——基于柯克柏里克四层次培训评估模型》，载《当代经济》2013 年第 8 期。

② 参见王建韬：《建设专业化干部教育培训管理者队伍》，载 2014 年国家行政学院内部研究交流资料。

③ 参见陈涛：《思维导图工具在干部培训中的实践探索》，载 2014 年国家行政学院内部研究交流资料。

④ 参见王建韬：《建设专业化干部教育培训管理者队伍》，载 2014 年国家行政学院内部研究交流资料。

需求分析[①]，对精细化组织教学培训的重视程度不够，认为其耗费人力、物力和时间，成本太高[②]，这导致党校、行政学院更加注重培训阶段，而对培训前阶段和培训后阶段重视不够。据《2013～2017年全国干部教育培训规划》起草组的一项关于"党政干部对影响干部教育培训学习风气的原因"的调查显示，影响干部教育培训学习风气的主要原因是"培训内容与实际应用脱节(占53.7%)"[③]。这一调查结果表明，我们在需求调研、培训方案设计等核心环节存在不足甚至缺位现象，仅仅为了完成任务而培训，精细化不够。现代培训需要我们高度重视完整培训循环圈的构建，即培训需求分析培训设计—培训实施—培训评估—新的培训需求分析……[④]

(一)国内外干部教育培训需求研究实践

培训对象需求一直是国外公务员培训的重要研究内容。英国公务员培训历史悠久，已历经150余年，其三分之一以上的课程专门针对公务员的特殊需求进行设计。[⑤] 美国依据公务员的需求设定培训目标，进而根据培训目标设计培训课程，从而形成具有多元化特征的培训课程体系。法国根据公务员岗位、层级的不同，设立与之相适应的培训单元，并提供自主选训菜单，供参训公务员自主选择。[⑥] 德国则重视参训公务员的个人需求，也已形成完善的培训体系。

国外重视培训需求的研究实践给我们很多有益启示。如：充分调查分析公务员的多元需求，进而科学设定培训方案。但国外过分重视公务员个人需求的倾向又与我国国情不符，我们的干部教育培训需求应该充分体现"组织""岗位""干部"三者的意愿，单纯强调某一个或某两个方面的需求都有失偏颇。

国内的需求研究始于1998年国家行政学院对省(市、区)厅局级公务员培训需求的调研。随后，各省也相继开展需求调研，如2006年青海省针

---

① 参见俞姝：《论基于胜任力的领导干部培训需求分析》，载《领导科学》第2013年第3期。

② 参见刘钢：《参与式方法在公务员培训中的功效分析》，载2014年国家行政学院内部研究交流资料。

③ 王建韬：《建设专业化干部教育培训管理者队伍》，载2014年国家行政学院内部研究交流资料。

④ 参见林永煌：《干部教育培训质量监督体系研究》，载《国家教育行政学院学报》2009年第12期。

⑤ 参见邓岩：《英国公务员培训制度评述及其对我国的启示》，载《管理观察》2009年第8期。

⑥ 参见王伟：《国外公务员培训对我国公务员培训的启示》，载《西藏发展论坛》2008年第3期。

对县处级公务员的需求进行调研,2007 年大连针对部分县处级、局级领导干部开展需求调研。[①] 郗春媛等对昆明和曲靖的调研发现,不同级别公务员所需知识和能力的顺序是不同的,厅局级公务员的顺序是:专业业务知识、人际协调能力、基础文化知识和主动精神、相关法律法规、科学管理理论和决断能力、适应能力;县处级公务员的排名则是:专业业务知识、相关法律法规、人际协调能力、科学管理理论、主动精神、基础文化知识、决断能力和适应能力;科级公务员则是:专业业务知识、相关法律法规、基础文化知识、人际协调能力、主动精神、适应能力、科学管理理论、决断能力;一般公务员则是:专业业务知识、相关法律法规、人际协调能力、基础文化知识和主动精神、科学管理理论、决断能力、适应能力。[②]

(二)国内外干部教育培训需求调研方法或技术路线

传统的干部教育培训需求调研分析主要包括三个方面:组织需求、岗位需求和干部需求。具体而言,组织需求指的是确定组织范围内的培训需求,进而确保整个干部教育培训符合组织的整体目标和战略要求[③],《2013～2017 年全国干部教育培训规划》中指出的组织需求就是"使广大干部理想信念更加坚定、理论素养不断提高、党性修养切实增强、工作作风明显改进、德才素质和履职能力显著提升"。岗位需求主要是通过分析参训干部履职岗位的内容与要素,界定出履职岗位的任务,进而明确完成任务所需的能力,以此能力提升作为干部教育培训的标准。干部需求是从参训干部的实际情况出发,通过调查分析参训干部的知识、技能、履职能力、个性需求等方面的现有水平与理想水平间的差距,进而设定具体的培训目标和内容。[④]

国家行政学院教务长陆林祥以课程设计为例(见图 1),提出以组织需求为目标、以岗位和干部需求为出发点、以三需求为着力点。并且认为:①如果党校、行政学院的课程设计脱离三需求,就与社会培训机构相混同,因而我们的干部教育培训千万不能脱离组织需求;②培训要以学员为本,

① 参见王丛漫等:《县级公务员培训需求调查实证研究——以河北省为例》,载《河北大学学报》(哲学社会科学版)2010 年第 5 期。

② 参见郗春媛等:《公务员在职培训需求调查分析与思考——以昆明、曲靖为例》,载《云南行政学院学报》2008 年第 2 期。

③ 参见王东强、田书芹:《服务型政府视域下的公务员培训需求分析和设计探讨》,载《继续教育研究》2009 年第 12 期。

④ 参见李淑敏、时勘:《基于胜任特征的培训需求分析》,载《中国人力资源开发》2009 年第 3 期。

重视参训学员的需求，否则其学习积极性难以提高，不重视学员需求的课程设计如图 2 所示。③培训不能无视学员所在岗位（单位）的需求，否则就会出现单位派学习代表来凑数的现象。

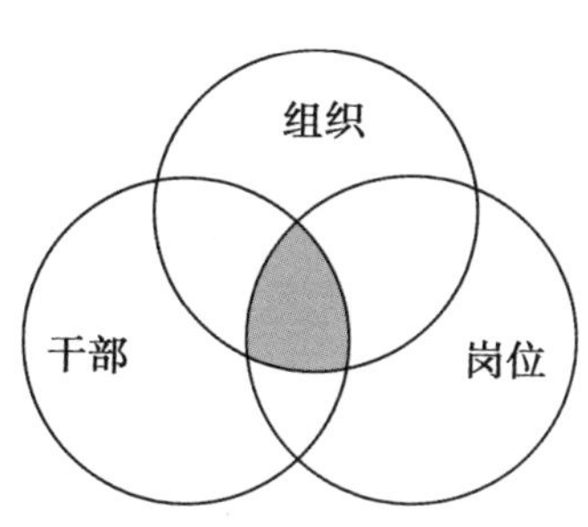

图 1　三需求合理的课程设计

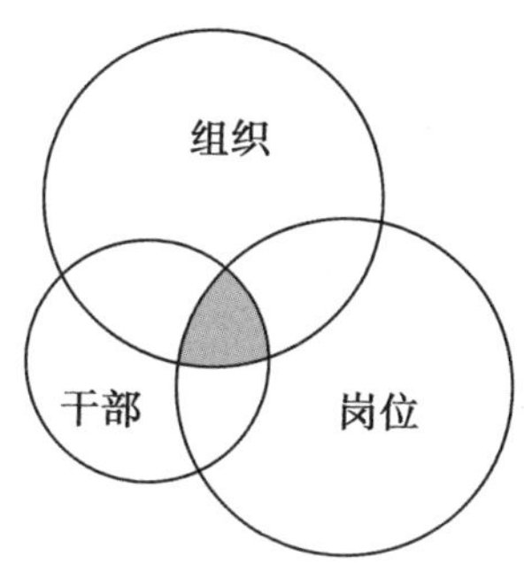

图 2　忽视学员需求的课程设计

陆林祥认为，基于三需求的课程设计，必然要求对三需求进行全方位调研。组织需求调研不仅要吃透中央的方针政策，而且还要结合实际，梳理出各层级贯彻实施的具体政策和方针；岗位需求调研不仅是研究岗位职责，更要研究岗位在整体改革事业中的作用；干部需求调研不仅要向学员本人了解，而且还要向学员周围的人了解。同时，他还提出专题培训是聚合三需求的捷径模式（见图 3），因为有专题就有重点，可突出针对性；有专题就有具体的培训对象，有利于选调学员；有专题就有利于衡量培训实效，看能不能推动相关领域的工作。行动学习是聚合三需求的优先模式，因为在行动中学习，在学习中行动是毛主席在延安倡导的传统，实事求是、知行合一是我党始终一贯的要求。行动学习模式是现代培训的特征、培训发展的方向。

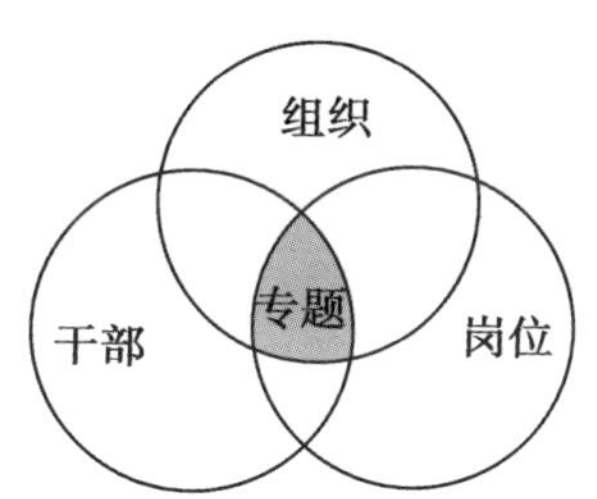

图 3　聚合三需求的捷径模式

胜任力本是现代企业人力资源管理领域的一个专属名词，是指“能够把在工作中表现优秀的员工与表现一般的员工进行有效区分的个人的、潜在的、深层次的特征(主要指动机、特质、自我形象、价值观、知识、行为技能等)”[①]。近年来,基于“胜任力”的需求分析引入了干部教育培训领域,并引起不少学者和培训管理者的一定关注。进行胜任力的干部教育培训需求分析的前提是建立胜任力模型,该模型是描述有效完成某项工作所需的知识、技能和特征的组合。

基于胜任力的干部教育培训需求分析的思路是:①构建胜任力模型;②对参训学员进行胜任力评估,明确参训学员的胜任力现状;③将参训学员胜任力现状与胜任力模型进行比对,寻找出二者间的差距;④将此差距作为干部教育培训的重点。

基于胜任力的干部教育培训需求分析的优点:根据参训学员履职岗位的不同制定相应的鉴别体系,进而依据履职岗位的要求和参训学员现有的能力设计出重点突出、层次分明的培训计划,并将组织需求的胜任力与设计出的培训内容进行结合,从而增强培训计划的有效性、针对性和参训学员的积极性。[②]

王雄则提出了干部教育培训需求调研的四步法模式[③]:①干部教育培训项目立项之初,深入分析各方培训需求,选择培训主题,明确培训目标。②培训项目正式实施前,进行深入细致的需求调研,确定培训项目的内容和方式,进一步优化培训设计方案。③培训项目实施过程中,实时评估检验培训需求,实时修正培训方案。④培训项目结束后,跟踪反馈培训需求。通过培训需求的四步法模式,可以使干部教育培训的各个环节都围绕培训需求开展,确保了培训效果。

为了充分满足参训学员需求,袁金辉提出了超市自主选学模式。[④]“培训超市”是指为参训学员提供个性化自选培训产品的一种培训形式,它将参训学员摆在培训的核心位置,由培训管理部门采购相应培训产品,然后让参训学员自主选择学习。培训超市要本着需要什么学什么,缺少什么补什么的原则,以提高培训的针对性和实用性。培训超市具有下列几个特点:①实现了由单一的行政命令式的组织调训模式向双向选择模式转变;②要有多家水平较高的培训机构参与,并实现良性竞争;③设计大量的体

---

① 俞姝:《论基于胜任力的领导干部培训需求分析》,载《领导科学》2013 年第 3 期。

② 参见俞姝:《论基于胜任力的领导干部培训需求分析》,载《领导科学》2013 年第 3 期。

③ 参见王雄:《“四步法”干部培训需求调研实践与探索》,载《继续教育研究》2008 年第 11 期。

④ 参见袁金辉:《用超市自主选学模式和理念来提升公务员培训工作》,载 2014 年国家行政学院内部研究交流资料。

现参训学员需求的课程和内容。培训超市的优点是有利于解决公务员学习培训的工学矛盾和供需矛盾;满足公务员培训个性化和多样化的培训需求;有效整合培训资源,降低培训成本;能够激发公务员学习培训的兴趣和愿望。[①] 袁金辉还提出了办好培训超市的四条路径[②]:①营造良好的学习氛围,让公务员产生培训消费冲动。②提供丰富的课程资源,让公务员自由选择消费。③加强超市产品质量监控,让公务员满意放心消费。④利用现代信息技术,让公务员方便灵活消费。

此外,还应建立干部教育培训需求调研制度,明确调研程序和要求。同时,在需求调研中还应综合运用观察法、访谈法、资料分析法、菜单法、座谈会等方式方法,把需求调研的情况进行分类汇总和深入分析,作为制定培训方案的重要依据。[③]

二、培训后的精细化追踪分析

《2013～2017年全国干部教育培训规划》提出,要“全面开展培训质量评估,从培训设计、实施、管理以及培训效果等方面入手,对每个培训项目进行考核测评,把评估结果作为评价党校、行政学院、干部学院和社会主义学院办学质量的重要依据,作为确定高等学校、社会培训机构、境外培训机构承担培训任务的重要标准,作为干部教育培训机构推动教学改革、提高教学质量的重要指引。结合不同培训项目特点,合理设置评估标准,把培训需求适配度、课程设计科学性、师资选配合理性、教学内容满意度、教学方法有效性、教学组织有序性、学风校风良好度以及培训对干部能力素养提高的帮助程度等,作为质量评估的主要内容,努力探索科学的项目质量评估办法”。《2013～2017年全国干部教育培训规划》从质量的高度,明确要求将培训项目评估贯穿于培训的所有环节。然而,目前我国干部教育培训普遍存在“缺乏深层次培训效果的评估”[④]的问题,培训效果评估在理念、

① 参见袁金辉:《用超市自主选学模式和理念来提升公务员培训工作》,载2014年国家行政学院内部研究交流资料。

② 参见袁金辉:《用超市自主选学模式和理念来提升公务员培训工作》,载2014年国家行政学院内部研究交流资料。

③ 参见王东强、田书芹:《服务型政府视域下的公务员培训需求分析和设计探讨》,载《继续教育研究》2009年第12期。

④ 陈泓任:《公务员培训效果有效性分析——基于柯克柏里克四层次培训评估模型》,载《当代经济》2013年第8期。

技术、制度三个层面均存在较多问题[①]，其根源在于我国正处于由人事管理到人力资源管理转变的转型时期，其主观原因是“培训评估的意识淡漠”[②]。具体来说就是，培训管理者在潜意识里缺乏对培训进行深层次评估的意识，即使对部分培训项目进行了评估，这种评估也更多地停留在表面，没有精细化设计和实施，其客观原因是“缺乏培训效果深层次评估环境”。也就是说，干部教育培训效果评估在制度、技术和经济等层面缺乏必要的保障和标准。

目前，我国干部教育培训效果评估主要依据柯克帕特里克的培训效果四层次评估模型进行。[③] 该模型根据效果评估的深度和难度，将效果评估的内容分为四个层次，依次是反映、学习、行为和结果，每个层次都有各自的评估重点和评估方法（见表1），四个层次的培训效果既相互区别又紧密联系。

表1　　培训效果评估的四个层次[④]

层次	评估重点	评估方法	评估信息来源
反映	被培训的公务员的主观感受	访谈、问卷调查、观察法	被培训公务员
学习	知识、技能、态度方面的获取	笔试、情景模拟	被培训公务员、培训人员
行为	工作绩效、态度的改善	访谈法、360度评估、观察法	受训者、受训者上级
结果	对组织所产生的经济、社会效益	360度满意度调查、主观评定法	受训者的上级、同事、下级群众

① 参见何璨：《公务员培训效果评估的现存问题及其对策研究》，中共上海市委党校硕士学位论文，2010年。

② 陈泓任：《公务员培训效果有效性分析——基于柯克柏里克四层次培训评估模型》，载《当代经济》2013年第8期。

③ 参见何璨：《公务员培训效果评估的现存问题及其对策研究》，中共上海市委党校硕士学位论文，2010年。

④ 参见陈泓任：《公务员培训效果有效性分析——基于柯克柏里克四层次培训评估模型》，载《当代经济》2013年第8期。

（一）反映层的效果评估

该层次的效果评估主要是为了深入调查参训学员对本次培训项目的满意度。在培训课程结束时，培训管理者综合运用问卷调查、个别访谈、小型座谈会等方式：方法收集参训学员对培训内容、方法、师资、设施、资料等的评价，对学员评价结果进行定性量化分析（见表 2）。以表 2 为例，首先对评价的五个不同等级进行赋值：非常好（5 分）、好（4 分）、一般（3 分）、差（2 分）、非常差（1 分）。如果共有 50 名参训学员填写该调查问卷，其中，对培训效果评价为"非常好""好""一般""差""非常差"的分别为 5 人、10 人、20 人、10 人、5 人，则该培训项目的评估分数为（5×5＋10×4＋20×3＋10×2＋5×1）÷50＝3 分。

表 2　　反映层面调查问卷[①]

<table>
<tr><td colspan="5">所有的选择题目，请在相应的选项后面打"√"</td><td></td></tr>
<tr><td rowspan="2">项目</td><td colspan="5">评价</td></tr>
<tr><td>非常好</td><td>好</td><td>一般</td><td>差</td><td>非常差</td></tr>
<tr><td>1. 培训内容的有用性</td><td></td><td></td><td></td><td></td><td></td></tr>
<tr><td>2. 课程安排的有效性</td><td></td><td></td><td></td><td></td><td></td></tr>
<tr><td>3. 培训方法的多样性</td><td></td><td></td><td></td><td></td><td></td></tr>
<tr><td>4. 培训教师的优秀性</td><td></td><td></td><td></td><td></td><td></td></tr>
<tr><td>5. 培训时间安排的合理性</td><td></td><td></td><td></td><td></td><td></td></tr>
<tr><td>6. 培训设施的齐全性</td><td></td><td></td><td></td><td></td><td></td></tr>
<tr><td colspan="6">……</td></tr>
</table>

（二）学习层的效果评估

该层次的效果评估贯穿于干部教育培训项目的全过程，具体来说，综合运用了问卷调查、访谈等方式方法，在培训前、培训中和培训结束后的三个阶段，对参训学员的知识成果、技能成果和态度成果的变化情况进行深入比对。

知识成果主要指通过干部教育培训，掌握相关的工作原理和程序等方

① 参见陈泓任：《公务员培训效果有效性分析——基于柯克柏里克四层次培训评估模型》，载《当代经济》2013 年第 8 期。

面的信息。技能成果主要考察参训学员经过培训后其工作技能是否得到提高。态度成果主要指参训学员的工作积极性等态度的改善。

(三)行为层的效果评估

该层次的效果评估主要是指对培训结束返回原工作岗位后的参训学员,培训中所接受的知识、技能在现实工作中的实际运用或转化程度进行的效果评估,如表3所示。

表3　　培训效果跟踪表①

学员填写内容					
姓名		所属部门		培训时间	
培训课程		培训内容			
学员所在部门负责人填写					
该学员在日常生活中是否运用了所学技能,请举例说明					
你怎样督促该学员运用培训所学技能					
通过此次培训,该学员工作绩效有了怎样的改进					
您对培训工作有何建议与要求					
部门负责人签名					

(四)结果层的效果评估

该层次的效果评估主要是指培训管理者评估参训学员以及组织的工作质量、服务质量、工作态度和办事效率是否有所提高,是否能够达到组织的预期目标。因为同时涉及组织和参训学员的双重培训效果评估且难以量

① 参见陈泓任:《公务员培训效果有效性分析——基于柯克柏里克四层次培训评估模型》,载《当代经济》2013年第8期。

化，该层次的效果评估难度最大，因而主要采用主观与客观相结合的效果评估方法。效果评估的最佳时间为参训学员返回工作岗位后的半年到一年。

柯克帕特里克四层次评估模型的总体解释如表 4 所示。

表 4　　柯克帕特里克四层次评估模型的总体解释[①]

层次	待解决问题	衡量方法	优点	缺点
反应层	受训人员是否对培训课程感兴趣，对培训实施手段、教师有何评价或建议	问卷调查、座谈走访	有助于调查和完善培训内容，规范培训机构，在培训市场更具有竞争力	主观性较强，受训人员在评估中容易投入个人的感情色彩，可能造成培训评估的误差
知识层	受训人员在培训前后知识结构与管理技能提高程度的比较性评估	笔试问卷、心得报告、绩效考核、工作模拟	评估成绩量化，评估结果的准确性较高	耗时、耗人力，要有一定的经济投入
行为层	培训结束后参训人员的工作效率与工作态度有无变化	局部调查、走访上级及同事、参训人员的自我评价	评价客观、全面、可靠性较强	只能为下一个阶段的评估作准备，而且耗时，调查对象选取容易产生偏差
结果层	行政人员的工作态度改变是否影响行政机构的工作绩效	对硬数据、软数据做前后比较分析	有数据的定量分析更有助于行政机构的培训机构做比较性的研究	数据收集比较复杂、繁琐，且收集其中的软数据时，主观性较强

综上所述，无论是培训开始前的需求调研还是培训后的培训效果追踪评估，都是新时期对干部教育培训工作精细化的具体要求。参训学员培训结束后的行为改变是检验培训成效的唯一标准，这就需要我们在效果评估的基础上从各方面提出改进方案，用于下一期更高水平的培训，从而实现以终为始、循环改进。

① 参见徐进:《我国国家公务员培训评估体系的构建》，载《行政论坛》2005 年第 3 期。

后　记

TFT项目的实施源于学院发展的需求和一线教师们在转型时期对提升培训技能的集体渴望。

所谓转型指的是培训与学历教育的最终剥离。山东行政学院独立运行，进入全新的发展阶段，组织职能更加明确，业务方向渐趋清晰。对教师们而言，这意味着他们面临角色转型带来的挑战：培训将取代课堂讲授，培训师(Trainer)将取代教师(Teacher)，他们的主要工作已从知识的传授转变为针对每一位参训者进行的跟进、分享和改变，因此，提升教师们的培训软技能势在必行。

正是带着这份虔诚的愿望，14名教师远赴荷兰，投入了全部的精力，交回一份负责任的答卷。

感谢荷兰思腾集团的马塞尔先生、张禾青先生和张凡女士，他们为项目的实施付出了很多心血。感谢张先生百忙之中来到山东行政学院为团组义务作行前培训，也正是因为他我们才认识了思腾、接触到TFT项目。感谢张女士为培训所作的前期联络以及培训中全程贴心的服务。更感谢培训师威廉先生、维斯女士和翻译龙欣平女士，他们的敬业精神、专业水平令老师们感佩不已。

感谢省外专局出国培训处对这次出国培训项目的认可、支持，并在项目的规范性上给我们必要的业务指导。

感谢学院党委对这个项目自始至终的重视和关心，这是项目顺利实施的重要保证。

感谢每一位参训教师，他们的学习热情给思腾集团的培训师留下了深刻印象，展示了行政学院的良好形象。他们对培训理论和技能的孜孜探索，营造出浓厚的学术氛围，对学院学科体系建设和发展起到了引领作用，他们以积极向上的态度迎接挑战，让我们看到存在于他们内心的责任感、使命感。

特别感谢胡永安老师，在国际部人员不足的情况下助我们一臂之力。他设计的培训需求调查问卷以及信息汇总，既专业又严谨，使思腾集团为我们定制的培训方案更具针对性。

最后想说明一点，此书名为《跟进·分享·改变——山东行政学院TFT项目成果汇编》，但这里的“成果”却并非仅仅针对此次出国培训，而是由这次培训促成的老师们对多年培训经验的反思与提炼，是他们多年从事教学、培训工作的心血结晶。出版此书，意在与更多的同业人员分享这些成果，同时引发大家对培训这项事业更多的关注和思考，这是真正意义上的成果最大化，也是所有这些付出的价值所在。

编者

2015年12月